国家社科基金后期资助项目
出版说明

后期资助项目是国家社科基金设立的一类重要项目，旨在鼓励广大社科研究者潜心治学，支持基础研究多出优秀成果。它是经过严格评审，从接近完成的科研成果中遴选立项的。为扩大后期资助项目的影响，更好地推动学术发展，促进成果转化，全国哲学社会科学工作办公室按照“统一设计、统一标识、统一版式、形成系列”的总体要求，组织出版国家社科基金后期资助项目成果。

全国哲学社会科学工作办公室

国家社科基金
GUOJIA SHEKE JIJIN HOUQI ZIZHU XIANGMU
后期资助项目

民法典
一般人格权条款研究

Research on
the General Personality Rights Clauses of
the Civil Code

朱晓峰　著

法律出版社
LAW PRESS·CHINA
—— 北京 ——

图书在版编目(CIP)数据

民法典一般人格权条款研究 / 朱晓峰著. -- 北京 : 法律出版社, 2024
ISBN 978-7-5197-8970-1

Ⅰ. ①民… Ⅱ. ①朱… Ⅲ. ①人格－权利－研究－中国 Ⅳ. ①D923.14

中国国家版本馆CIP数据核字(2024)第063841号

民法典一般人格权条款研究
MINFADIAN YIBAN RENGEQUAN TIAOKUAN YANJIU

朱晓峰 著

策划编辑 沈小英
责任编辑 陈 妮 王 鸿
装帧设计 李 瞻

出版发行 法律出版社
编辑统筹 法治与经济出版分社
责任校对 王 丰
责任印制 吕亚莉
经 销 新华书店

开本 710毫米×1000毫米 1/16
印张 14 字数 269千
版本 2024年6月第1版
印次 2024年6月第1次印刷
印刷 固安华明印业有限公司

地址:北京市丰台区莲花池西里7号(100073)
网址:www.lawpress.com.cn
投稿邮箱:info@lawpress.com.cn
举报盗版邮箱:jbwq@lawpress.com.cn

销售电话:010-83938349
客服电话:010-83938350
咨询电话:010-63939796

书号:ISBN 978-7-5197-8970-1
定价:78.00元
凡购买本社图书,如有印装错误,我社负责退换。电话:010-83938349

基金项目
国家社会科学基金后期资助项目，项目批准号：20FFXB004

目　　录 Contents

导　言

对人本身的关注与保护，虽然在比较古老的法律实践如古罗马法中就曾经存在过，但直到近代以来，人类社会才真正将目光聚焦在个人的以人格尊严、人格自由为价值基础的人格权益的保护上来。特别是在经历了两次世界大战的残酷洗礼以及其间发生的对人本身的摧残蹂躏历史之后，各国才更深刻地领悟到对人格权以充分的承认与保护的重要意义，由此使人格权的法律保护制度在战争的废墟上得以发展和完善。其中，肇始于德国司法实践经验的一般人格权制度即在此期间发展起来。

德国法上的一般人格权制度肇始于司法实践，是因为 1900 年《德国民法典》并未规定一般人格权制度，其仅在第 823 条第 1 款把生命、身体、健康和自由与所有权并列规定下来进行保护，但是，这四项人格法益并不具有主观权利的性质，只是和所有权一样具有绝对性。[①] 并且在当时的立法者看来，该条规定的具有概括属性的“其他权利”概念，亦仅可以涵摄相当于所有权的绝对权如无体财产权等，并不包括人格权。[②] 该法对人格权保护不足的问题虽然在尤特-普吕施案（Jute-Plüsch-Entscheidung）[③]和俾斯麦案（Bismarck-Entscheidung）[④]中已经有所暴露，但囿于当时的时代背景，德国法律实践对人格权保护所持的保守立场并未有根本性的改变。第二次世界大战之后，特别是鉴于第二次世界大战期间纳粹严重侵害人格尊严的残虐暴行这一惨痛教训，促使德国法律实践在对待人格权的保护问题上采取了更积极主动的立场。其中，立法者在 1945 年《德国基本法》第 1 条第 1 款明确规定“人之尊严不可侵犯”，并在第 2 条第 1 款规定“人人有自由发展其人格之权利”，这就为法院通过法律续造方式创制民法上的一

① 参见杜景林、卢谌：《德国民法典——全条文注释》，中国政法大学出版社 2015 年版，第 666~669 页。

② 参见王泽鉴：《人格权法：法释义学、比较法、案例研究》，北京大学出版社 2013 年版，第 20 页。

③ 在尤特-普吕施案当中，帝国最高法院通过对《德国民法典》第 823 条第 1 款“其他权利”类型的解释，承认侵害营业权构成对第 823 条第 1 款意义上的权益的侵害。案情详见 RG 28.12.1899，RGZ 45，170。

④ 在俾斯麦案中，帝国最高法院通过对《德国民法典》第 823 条第 1 款“其他权利”类型的解释，承认侵害肖像权构成对第 823 条第 1 款意义上的权益的侵害，受害人有权主张金钱损害赔偿。案情详见 RG 27.02.1904，RGZ 58，24。

般人格权制度以填补《德国民法典》之缺陷提供了合法性基础。在立法者未因时代变化而及时修订《德国民法典》的背景下，为了给予现实生活中的个人的人格尊严、人格自由的保护与实现以更充分的法律保障，德国联邦最高法院在嗣后的一系列案件，特别是读者来信案（Leserbriefe－Entscheidung）、骑士案（Herrenreiter－Entscheidung）等案件的审理过程中，通过将《德国基本法》第 1 条第 1 款的“人的尊严”和第 2 条第 1 款的“人格自由发展”与《德国民法典》第 823 条第 1 款的“其他权利”结合起来，从而创造性地推导出了一般人格权概念，并巧妙地将之隐藏在《德国民法典》的一般侵权条款，即第 823 条第 1 款中，通过侵权法规则为一般人格权的保护提供规范支持。① 这一人格权保护模式有别于法国基于自然权利观的概括保护模式，②不仅解决了德国法上人格权保护规范供给不足的问题，也为其他国家的人格权保护提供了更多的可供讨论的空间。

在我国，自清末修律以来，虽然历次民法典编纂为人格权保护规则在我国的引入与确立作了尝试，但受限于时代背景，尊重人格尊严、人格自由并给予自然人之人格权以充分保护的法律实践直到改革开放以后，特别是在 1982 年《中华人民共和国宪法》（以下简称《宪法》）第 38 条明确规定公民人格尊严不受侵犯后，③才真正发展起来。其中，具有里程碑意义的是 1986 年的《中华人民共和国民法通则》（已废止，以下简称《民法通则》），该法在我国首次系统规定了各种具体人格权类型并将这些人格权在其他法律没有特别规定时交由一般侵权条款，即《民法通则》第 106 条第 2 款保护，为人格权的保护提供了明确的规范基础。④ 但该法并未明确关于人格权的一般规定，具体人格权之外的其他人格权益的保护只能交由一般侵权条款解决，难谓合理。⑤ 为此，嗣后的司法实践在《民法通则》确立的人格权保护规则基础上因应时代之需求而进一步丰富并发展了现行法秩序中的人格权保护规范体系。其中，尤为值得一提的是 2001 年最高人民法院《关于确定民事侵权精神损害赔偿责任若干问题的解释》（2020 年已修改，以下简称《精神损害赔偿司法解释》），该解释在第 1 条第 1 款第 3 项明确规定“人格尊严权、人身自由权”，并在第 2 款规定“其他人格利益”

---

① Vgl. Helmut Köhler, BGB Allgemeiner Teil, 32. Aufl., C. H. Beck, 2007, S. 256.

② 参见龙卫球：《民法总论》，中国法制出版社 2001 年版，第 266～268 页。

③ 参见王锴：《论宪法上的一般人格权及其对民法的影响》，载《中国法学》2017 年第 3 期。

④ 参见柳经纬：《改革开放四十年民法之变迁》，载《中国法律评论》2018 年第 5 期。

⑤ 参见温世扬、李运达：《从民事单行法到〈民法典〉：守成与创新》，载《江西社会科学》2020 年第 12 期。

等概念,从而将一般人格权概念引入我国现行法秩序中来,①为人格权保护规范体系的完善提供了有益的尝试。尽管 2009 年通过的《中华人民共和国侵权责任法》(已废止,以下简称《侵权责任法》)并未完全接受最高人民法院在前述司法解释中对人格权保护所持的立场而将人格尊严或其他人格利益概念明确纳入该法第 2 条第 1 款规定的"民事权益"范畴,其通过在第 2 条第 2 款列举 18 种具有绝对权属性的具体权利类型+概括规定"等人身、财产权益"的模式,明确了该法保护的"民事权益"的内涵外延,并在其他法律对该民事权益未作特别保护规定时将之交予经由该法第 6 条第 1 款确立的一般侵权条款保护,使《民法通则》在人格权保护问题上存在的不足只能留待之后的法律实践来解决。与《侵权责任法》等在对待人格权保护问题上的保守立场不同,2017 年《中华人民共和国民法总则》(已废止,以下简称《民法总则》)接受了最高人民法院通过《精神损害赔偿司法解释》第 1 条表达的承认一般人格权制度的观点,在第 109 条规定"自然人的人身自由、人格尊严受法律保护",从而在我国民事制定法体系中正式确立了一般人格权制度,②为之后编纂的《中华人民共和国民法典》(以下简称《民法典》)在人格权规范体系的创新作了铺垫。

2020 年通过的《民法典》继承了之前的法律实践经验,除在总则编第 109 条继续规定"自然人的人身自由、人格尊严受法律保护"外,还在人格权编第 990 条第 2 款规定"除前款规定的人格权外,自然人享有基于人身自由、人格尊严产生的其他人格权益",从而将《精神损害赔偿司法解释》第 1 条第 1 款第 3 项规定的"人格尊严权、人身自由权"与该条第 2 款的"其他人格利益"概念结合起来,进一步完善了经由《民法总则》第 109 条确立的一般人格权制度,并由此使我国司法实践上早已承认且被广泛运用的一般人格权制度获得了制定法的明确承认,为具体人格权之外的其他人格权益的保护提供了更充分的规范基础。在数字时代,《民法典》明确规定一般人格权条款的做法既有助于立法者充分保护人格尊严之目的的实现,也与当今世界各国尊重与保护人格尊严的时代法治精神相一致。③

当然,由于《民法典》规定的一般人格权条款属于一般性条款,并且其在具体表述和规范构造上也存在较多问题,导致要通过《民法典》中的一

---

① 参见唐德华主编:《最高人民法院〈关于确定民事侵权精神损害赔偿责任若干问题的解释〉的理解与适用》,人民法院出版社 2015 年版,第 27 页。

② 参见梁慧星:《民法总论》,法律出版社 2021 年版,第 104 页;王利明:《人格权法》,中国人民大学出版社 2021 年版,第 64 页。

③ 参见杨震、孙毅:《我国民法典的时代价值》,载《求是学刊》2021 年第 5 期。

般人格权条款来发挥补充、解释和创设功能，解决具体人格权规则之不足，要实现立法者充分保护自然人人格尊严之立法目的，还需要在《民法典》一般人格权条款确立的基本框架内，进一步厘清一般人格权条款所涉基本概念的内涵外延及彼此之间的规范关系，并在此基础上明确一般人格权条款在具体适用中的价值基础、保护领域、考量因素、界定标准、规范竞合等问题，以平衡一般性条款在具体适用中的开放与安全之间的关系。为此，本书以“民法典一般人格权条款”为研究主题，主要运用规范分析法、案例分析法、比较分析法等，围绕一般人格权条款的本质及立法选择、一般人格权条款价值基础的表达方式、作为一般人格权条款价值基础的人身自由与人格尊严、一般人格权条款与具体人格权条款的适用关系以及一般人格权侵害民事责任的认定方式等六部分内容展开研究，希冀为《民法典》一般人格权条款的准确理解适用奠定砖石基础，最终助益于现实生活中每一个人的人格尊严的充分实现。

整体而言，《民法典》一般人格权条款是法律因应社会发展而生的，为自然人基于人格尊严、人格自由而生的人格权益的保护提供了合法性基础。但由于一般人格权条款本身的抽象性与开放性，导致其在具体适用中必须通过法官个案中的利益衡量和具体化才能够加以确定。因此，如何合理控制法官个案审理中的自由裁量权以最大限度地发挥立法者创制一般人格权条款的目的，是学说理论和司法实践应持续关注的重点。在此意义上，本书的研究仅是通往这一目的的开始。

第一章 民法典一般人格权条款的本质与立法选择

人格权的概念在欧洲大陆具有非常古老的渊源。① 这种渊源在学说观念史上首先表现为人格(Persönlichkeit)、人格人(Person)与自然人(Mensch)这三项既有区别又有联系的概念。人格人概念来自拉丁语的*persona*,原指古希腊剧场中表演使用的面具,后来引申为与社会地位、出身等相联系的社会生活中的角色。② 自然人并非天然就是人格人,③要成为人格人就必须享有自然权利和承担自然义务,这样人格人就通过权利能力(Rechtsfaehigkeit)与自然人联系上了。亦即,人格人是具备权利能力的法律主体,具有权利能力的自然人才是法律上的人格人。④ 与此不同,人格是康德(Kant)基于自然人自由且道德地发展的本质而提出的,是对人格人概念进行革新的结果。康德放弃了原来功能化的"人格人"概念而将"人格"作为伦理学上的一个重要范畴。在康德看来,人格是指"具备理性能力的人超脱于自然整体的机械作用的自由与独立性,这种伦理属性使人成为一个尊贵的存在"。康德的伦理性人格概念被后来的德国学说汇纂学派所采用,后者的代表人物如普赫塔(Puchta)认为,人格是自然人成为主体的属性,是一种能力或力量,即权利能力。⑤ 于此,人格与权利能力就重合起来,人格亦不再像人格人一样内含身份、地位等信息,而是一个承载现代民法内涵的一般法律思想,亦即任何自然人皆独立、平等与自由的价值符号。由此,人格、权利主体、权利能力获得了基本相同的内涵。⑥ 我国学者坚持的"人格是人格权的承载者,是人格权存在的前提。人格的产生或

---

① 参见[日]五十岚清:《人格权法》,[日]铃木贤、葛敏译,北京大学出版社 2009 年版,第 1 页。

② 参见周枏:《罗马法原论》,商务印书馆 2001 年版,第 106 页。

③ 对于这个问题学理上存在争议,有观点认为,对罗马人而言,任何生物人都是人格人(persona),奴隶也是,尽管后来通常把自由人称为人格人。另外关于人格人的最初含义为面具也是存在争议的。参见[德]马克斯·卡泽尔、罗尔夫·克努特尔:《罗马私法》,田士永译,法律出版社 2018 年版,第 158~159 页。

④ 参见王锴:《论宪法上的一般人格权及其对民法的影响》,载《中国法学》2017 年第 3 期。

⑤ Vgl. Georg Friedrich Puchta, Vorlesungen über das heutige roemische Recht, Bd. I, 4. Aufl., Bernhard Tauchniss, 1854, S. 56.

⑥ 参见杨代雄:《主体意义上的人格与客体意义上的人格:人格的双重内涵及我国民法典的保护模式选择》,载《环球法律评论》2008 年第 4 期。

消灭,必然导致人格权的产生或消灭。在现代民法上,既没有无人格权的人格,也没有无人格的人格权”,[①]本质上就是坚持这种主体意义上的人格观念。因此,如果坚持在主体意义上理解和使用人格概念,那么就会得出否定将人格权作为权利来对待的消极结论。[②]

另外,如果全面考察欧洲学说观念史即可发现,将人格与客体联系起来进行理解的理论构造亦早已有之。这种客体意义上的人格概念可以追溯至注释学派的多勒鲁斯(Donellus),其在对私权进行分类时提出把权利分为支配权和债权的观点,其中,支配权的对象又分为人和物,前者即对自己的人身如生命、身体以及自由等的权利,这种权利与物权、债权相并列。[③] 19世纪的德国学者在此基础上进一步对以人格为客体的权利予以了充分论证。例如,施玛尔茨(Schmalz)将私权的客体区分为人身与人身以外的东西,以人身为客体的权利是自然权利,区别于以物为客体的物权和以某人的给付为客体的债权。[④] 普赫塔亦将人身纳入权利客体的范围,认为作为权利客体的人身包括权利主体之外的人身与包含于权利主体之中的人身,其以此为基础首次明确提出了人格权概念。[⑤] 基尔克(Gierke)则在前人的基础上对主体意义上的人格与客体意义上的人格展开了充分论证。基尔克将人格的各项具体构成部分如生命、身体、健康等视为人格权的客体,使之区别于作为权利主体的抽象人格亦即权利能力。[⑥] 这样,主体对人格的某一部分进行支配的权利即为人格权,其属于私权体系;而作为权利主体的抽象人格则是一种受法律保护的要求被视为人格人的资格或能力。[⑦] 因此,如果承认人格的客体属性,那么在民法典中规定人格权自无疑问。

囿于学说观念中对人格主客体属性的不同认识,近代以来,各国民法典在如何对待人格以及人格权的问题上态度大不相同。

一方面,各国民法典对于主体意义上的人格普遍予以承认,普遍承认

---

① 梁慧星:《民法总论》,法律出版社2021年版,第93~94页。

② 参见[日]五十岚清:《人格权法》,[日]铃木贤、葛敏译,北京大学出版社2009年版,第2页。

③ 参见[日]五十岚清:《人格权法》,[日]铃木贤、葛敏译,北京大学出版社2009年版,第2页。

④ Vgl. Theodor Anton Heinrich Schmalz, Lehrbuch des teutschen Privatrechts, Duncker & Humblot, 1818, S. 35.

⑤ Vgl. Georg Friedrich Puchta, Vorlesungen über das heutige roemische Recht, Bd. I, 4. Aufl., Bernhard Tauchniss, 1854, S. 100-102.

⑥ Vgl. Hans Hattenhauer, Grundbegriffe des Bürgerliche Rechts: Historisch-dogmatische Einführung, 2. Aufl., C. H. Beck, 2000, S. 13-14.

⑦ 参见杨代雄:《主体意义上的人格与客体意义上的人格:人格的双重内涵及我国民法典的保护模式选择》,载《环球法律评论》2008年第4期。

自然人在法律上都具有平等的人格或权利能力。① 例如,1804 年《法国民法典》第 8 条规定:“所有的法国人都享有民事权利。”1811 年《奥地利普通民法典》比《法国民法典》走得更远,其第 16 条规定:“每一个自然人生来就因为理性的缘故而享有天赋的权利,并因此而被视为是人格人。”1863 年《撒克逊民法典》与《奥地利普通民法典》一脉相承,其第 30 条规定:“每一个自然人都具有权利能力。”1885 年《苏黎世私法法典》第 8 条规定:“每一个人通常情形下都能够享有所有的民事权利,没有人不能享有权利。”1907 年《瑞士民法典》第 11 条规定:“每一个人皆享有权利能力;在法律规定的范围之内,自然人都平等享有权利能力与义务能力。”我国 1986 年《民法通则》第 10 条也作了相同规定,②该规定被《民法典》第 14 条继受。

另一方面,由于各国立法者对客体意义上的人格存在不同理解,导致在对待人格权的问题上采取了不同立场,主要表现为多元主义模式和一元主义模式。采取人格权多元主义保护模式的典型如《法国民法典》《奥地利普通民法典》等,立法者并未承认一般人格权或者人格权保护的一般条款,对于民法上人格权的确认和保护,需要法官通过一般侵权条款而在个案中采取扩展解释或类推适用机制;与此不同,采取人格权一元主义保护模式的典型如《瑞士民法典》《荷兰民法典》等,则将自然人置于统一的保护范围而对人格权实行更明确和综合的保护,该模式最典型的特征就是承认一般人格权的存在而使人格权概念成为向纷繁复杂之社会充分开放的权利群。③ 由于这两种模式各有利弊,因此,如何准确把握一般人格权本质,并在此基础上将之与我国的法律实践结合起来理解《民法典》所采取的保护模式,是研究一般人格权条款的一个基础性问题。

一、一般人格权的本质

关于一般人格权的本质,学说观念史上向来有典型权利说与框架性权利说之争,我国学理在继受一般人格权概念时,亦主要针对这两个学说展开讨论,并在此基础上进一步发展出了权利论、法益论和框架性条款论 3 种观点。我国一般人格权条款的司法实践与嗣后的立法选择也在对一般人格权本质认识的深化基础上发展而来。

---

① 参见徐国栋:《“权利能力平等、不得放弃、不得剥夺”三错论批判——兼论〈民法典〉第 14 条的司法解释方向》,载《财经法学》2020 年第 4 期。

② 参见《民法通则》第 10 条规定:“公民的民事权利能力一律平等。”

③ 参见石佳友:《人格权立法的历史演进及其趋势》,载《中国政法大学学报》2018 年第 4 期。

(一)德国法上的争议与解决

在德国法上,由于以《德国基本法》第1条第1款"人的尊严"和第2条第1款"人格自由发展"为基础而纳入《德国民法典》第823条第1款"其他权利"领域的人格利益类型非常丰富,导致其指向的客体未如其他传统权利类型一般具有明确性,德国联邦最高法院在判决中曾使用十几种表达方式,如人格形象、人格权性的利益、人格的专属领域等,来说明一般人格权保护的客体,但整体效果并不理想。①

1. 学理上的主要争议

德国私法理论受司法实践就一般人格权范畴含混不清态度的影响,以致在很长的一段时间内深陷一般人格权概念本质属性之争的泥淖。这场争论的焦点是:一般人格权究竟是否属于《德国民法典》第823条第1款所明确列举的典型权利类型。

持肯定意见的学者认为:传统意义上的典型权利关于客体为确定及有形的基本要求,②无法合理解释并兼容现代社会以尊重和保护人格为基本法律价值基础而发展出的一般人格权。因此需重新界定的是权利本身的内涵,而非拒绝一般人格权的权利属性。在此前提下,持该观点的学者将权利概念定义为:"属于特定主体以便其自主实现的合理利益。"③这种以客观价值为导向的权利不再以是否存在确定和有形的客体为标准,来界定某种应受法律保护的利益的权利归属。④ 这样,即使一般人格权缺乏确定明确的权利客体,也不影响其作为权利本身的存在。

反对者则表示,作为绝对权的人格权只可以针对单个的客体而存在,因为从法律概念本身的逻辑出发,只有存在确定的客体和内容,才可以确定相应的权利概念;只有人格概念被确定,才可以界定是否存在人格权和对该人格权的侵害,没有确定客体或者说一个针对多个客体的权利是不存在的。德国联邦最高法院在未遵循这一逻辑体系的前提下使用的一般人格权概念,是空洞而无任何内容的。⑤ 因此,一般人格权并非典型权

---

① Vgl. Ernst Wolf, Allgemeiner Teil des Bürgerlichen Rechts, 2. Aufl., Carl Heymanns, 1976, S. 110-111.

② Vgl. Andreas von Tuhr, Der Allgemeine Teil des Deutschen Bürgerlichen Rechts, Duncker & Humblot, 1957, S. 133.

③ Vgl. Heinrich Hubman, Das Persönlichkeitsrecht, 2. Aufl., Böhlau, 1967, S. 128.

④ Vgl. Heinrich Hubman, Das Persönlichkeitsrecht, 2. Aufl., Böhlau, 1967, S. 120.

⑤ Vgl. Ernst Wolf, Allgemeiner Teil des Bürgerlichen Rechts, 2. Aufl., Carl Heymanns, 1976, S. 110, 111.

利,其只不过是一个具有秩序功能的上位概念。①

2. 司法实践的法律续造与争议的解决

德国学理上的前述争议尽管因为持续的司法实践而逐渐失去它的意义,②因为一般人格权已因德国法院在司法实践中的努力而通过判例逐渐完成了对制定法的法律续造并成为德国私法的重要构成。③ 但这种教义学上的理论争议所反映出来的问题,在具体的法律实践中依然存在。在德国人格利益民法保护的个案适用上,通常会因民事主体利益保护的现实需要而区分两种情形:

第一种是存在如肖像、名誉以及隐私等具体和特定人格利益的,于此一般人格权被视为源权利或基本性的母权利,具体的人格利益为该源权利中产出的具体化的权利,属于从一般人格权中截取下来的权利片段,是一般人格权的特别表现形式。④

第二种是不存在明确的特定人格利益,无法通过前述类型化的涵摄而纳入具体的人格利益中去,这种情形下权利主体亦可直接依据一般人格权被侵害而主张侵权法上的救济,无法归纳到具体的人格利益类型并不能排除权利主体通过一般人格权从而获得法律上的救济。⑤

在第一种情况下,一般人格权的实质就是权利束,权利主体主张侵权法上的救济,实际上是通过确定且具体的人格利益以及相应的救济规则来实现,一般人格权仅是为这种具体人格利益的保护提供正当的论证基础;在第二种情况下,一般人格权所表现的就不仅仅是权利束,它是实实在在的权利,权利主体据此权利类型可以直接主张相应侵权法上的救济。亦即,在该情形下一般人格权的适用符合权利规则的基本构造,如果按照前述权利论的观点,在这种场合下一般人格权所指向的恰是因具体人的实现所必需的人格尊严和人格自由发展的客观价值,应该受到法律的充分保护。⑥

这两种情形的存在决定了德国民法一般人格权内部构造的双重性:一部分是处于该范畴的核心领域,即已通过当代法律实践的论证与发展而被广泛认识并接纳的人格利益,因为有较明确的内涵与外延,因此相应的法

---

① Vgl. Karl Larenz, Lehrbuch des Schuldrechts, Bersonderer Teil, C. H. Beck, 1956, S. 336.

② Vgl. Josef Esser/Hans Leo Weyers, Schuldrecht: Band 2, 8. Aufl., C. F. Müller, 2000, S. 157.

③ Vgl. Jürgen Helle, Privatautonomie und Kommerzielles Persönlichkeitsrecht, JZ, 2007, S. 444 ff.

④ Vgl. BGHZ 24, S. 72 ff.

⑤ Vgl. BGH 2. 7. 1974, NJW 1974, S. 1947 ff.

⑥ Vgl. BGHZ 24, S. 72 ff.

律保护亦是通过特定规则来实现的。例如,对肖像、名誉及隐私等人格利益的法律保护即为如此。① 另一部分是该核心领域之外的其他人格利益,一方面为使具体人的实现这一法律首要目的不至落空,②另一方面又得保证民法典与司法实践之间的适当关系以防止司法实践的恣意对法本身的侵害,以及进而可能导致危及具体人之实现这一目的本身的危险,所以对该部分人格利益的法律涵摄与保护毋宁是小心翼翼且通过个案利益衡量来实现,而这恰是作为抽象概括且具有一定弹性的一般人格权所具有的典型特征。③

3. 简要评析

因此,德国民法中的一般人格权的本质,实质上包含了前述教义学争议中的两种立场:就处于一般人格权核心领域的人格利益而言,一般人格权是权利束而非为典型权利类型,在这种情形下,一般人格权无直接适用的功能,其必须让位于特别规则;④对于那些在一般人格权核心领域之外的人格利益,一般人格权规则可以直接适用。就此而言,一般人格权被当作一般条款,以作为其他规范调整中之保护利益的补充。⑤

借此,前述德国联邦最高法院多次变换措辞而亟欲说明的一般人格权的客体,也可以从该院持续性的法律续造而得以发展出的一般人格权内部双层构造结构中得到根本性的解决。尽管一般人格权内部因被保护对象内涵外延是否明确而区分为核心领域与非核心领域两层,但这种差异实质上是由于抽象法律本身内在缺陷所导致的法律技术上的安排,其并非应然的价值取向。对法律首要目的,即具体人来讲,人格利益在一般人格权内部结构中的区分,并不会构成其作为该规则所保护之客体的真正难题。只是在外在表现形式上,如果处于一般人格权内部的人格利益,存在较为明晰且成型的内涵外延,则可通过技术性处理,将之类型化为类似于《德国民法典》第 823 条第 1 款所明确规定的、存在明确表现形式的人格利益,如肖像、名誉、隐私等,以使其与典型的人格法益如生命、身体、健康、自由等在法律概念构成之形式逻辑体系上保持一致。在这种情形下,一般人格权保护的客体即人格利益,即可能与类型化技术处理过程中所使用的人格要素概念重合。由于人格要素是从人格构成本身出发的,而现代法治社会背景

① Vgl. Hein Kötz/Gerhard Wagner, Deliktsrecht, 14. Aufl., Fran Vahlen, 2021, S. 148, 154 ff.

② Vgl. Christian Starck Hrsg., Das Bonner Grundgesetz Kommentar (Bd., 1), Fran Vahlen, 1999, S. 37.

③ Vgl. Hein Kötz/Gerhard Wagner, Deliktsrecht, 14. Aufl., Fran Vahlen, 2021, S. 148 f.

④ Vgl. BGHZ 80, S. 311, 319.

⑤ Vgl. BGHZ 60, S. 296-301.

下的权利主体系具备法律人格者，因此在形式逻辑上人格要素并不符合成为法律客体的构成要件。但抽象法律规范本身存在的缺陷以及语言本身的匮乏，却可能导致作为一般人格权所欲保护之客体与权利主体本身的构成在概念表现形式上重合，特别是在人格利益存在明确内涵外延而具备成为典型权利类型的场合尤其明显。处于一般人格权非核心领域的人格利益则较少存在这种因同一概念的使用而导致的认识上的混淆，因此，相较于核心领域的一般人格权保护客体的认知，该部分可能更加一目了然。①

(二)我国学理上的主要争议与应对方案

对前述第一个问题，我国学理上主要存在两种观点：第一种是视一般人格权为一种权益，该观点内部又可分为权利论、②法益论③两种；第二种则认为一般人格权既非权利，亦非法益，而是法律对人格予以保护的框架性条款。④

1. 权利论

我国支持权利论的学者并未如德国学者胡布曼教授等那样，通过重新界定权利概念本身的内涵外延而另辟蹊径为一般人格权纳入权利范畴体系提供合理性论证，他们试图通过确立一般人格权与具体人格权之间存在种属关系的方式来回避德国民法理论争议中的核心问题。这方面较有代表性的观点包括："一般人格权是民事主体享有的，概括人格独立、人格自由、人格尊严全部内容的一般人格利益，由此产生和规定具体人格权、并对具体人格权不能保护的人格利益进行保护的抽象人格权"⑤，"一般人格权是法律采用高度概括的方式而赋予自然人的基于人身自由、人格尊严所享有的人格权益"⑥，"一般人格权是与具体人格权相对应的概念。一般人格

---

① 参见朱晓峰：《作为一般人格权的人格尊严权——以德国侵权法中的一般人格权为参照》，载《清华法学》2014 年第 1 期。

② 参见王利明：《人格权法》，中国人民大学出版社 2021 年版，第 63、67 页；杨立新：《人格权法》，法律出版社 2020 年版，第 64 页；程啸：《人格权研究》，中国人民大学出版社 2022 年版，第 28 页；姚辉、周云涛：《人格权：何以可能》，载《法学杂志》2007 年第 5 期。

③ 参见梁慧星：《民法总论》，法律出版社 2021 年版，第 104 页；张红：《人格权总论》，法律出版社 2022 年版，第 422 页；龙俊：《权益侵害之要件化》，载《法学研究》2010 年第 4 期；薛军：《揭开"一般人格权"的面纱——兼论比较法研究中的"体系意识"》，载《比较法研究》2008 年第 5 期；熊谞龙：《权利，抑或法益？——一般人格权本质的再讨论》，载《比较法研究》2005 年第 2 期；谢怀栻：《论民事权利体系》，载《法学研究》1996 年第 2 期。

④ 参见黄薇主编：《中华人民共和国民法典人格权编解读》，中国法制出版社 2020 年版，第 18 页；马俊驹：《人格和人格权理论讲稿》，法律出版社 2009 年版，第 200 页。

⑤ 杨立新：《人格权法》，法律出版社 2020 年版，第 64 页。

⑥ 王利明：《人格权法》，中国人民大学出版社 2021 年版，第 63 页。

权是关于人格尊严和人格发展的权利，是法律采取高度概括的方式，赋予民事主体享有的具有权利集合性特点的‘框架性’权利”①，以及“一般人格权是指自然人和法人享有的，概括人格独立、人格自由、人格尊严全部内容的一般人格利益，并由此产生和规定具体人格权的基本权利”②，等等。这种观点与德国民法理论争议中之权利观的创设初衷并不完全相同。就后者而言，其并非想为《德国民法典》第 823 条第 1 款规定的典型权利类型创制一个上位概念。就此而言，我国权利论者所持的观点更类似于德国非权利论者的观点，即一般人格权是具有秩序功能的上位概念。③ 在权利论者看来，既然一般人格权是具体人格权的上位概念，那么其涵摄范围就非常广泛，既包含权利又包含法益，具有价值导向性、基础性和源生性。④

2. 法益论

法益论者试图通过正本清源以校正权利论者在引入和说明德国一般人格权时的偏差。他们通过引用当时德国学者反对权利论者所持之观点为论据，用以否定权利论者所持之观点。该观点认为，权利是法律为主体所划定的确定的利益空间，通过权利的设定，法律能够在主体之间划定一个大致明晰的利益保护界限；因一般人格权的内涵不能如典型权利一般具有确定性，主体无法据此预见其行为在人格权法层面的法律效果。亦即，一般人格权无法调整民事主体之间的行为，民事主体亦不能据此规划相互之间的关系。⑤ 相较于权利而言，法益是特定情形下根据法之基本理念应当予以保护的特定利益，对于这些特定利益的保护即是制止那些违反了法之基本理念的行为，所以其不需要如权利一般要有确定性、可预期性等特征。这也决定了法律对于法益的保护没有权利那样高。当然，受法律保护的利益在法律保护的民事权益体系中的位置并非一成不变，而是随着社会发展而变化，因此，受法律保护的利益也可能因为社会的发展而上升为法律保护的权利，从而强化对其保护的力度。⑥ 尤为重要的是，民事主体可以依据法律明确赋予的权利向义务主体主张为或不为特定行为，而法益则仅仅具有消极防御的性质，主体只能在法益被非法侵害的情形下，才

---

① 程啸：《人格权研究》，中国人民大学出版社 2022 年版，第 28 页。

② 王利明、杨立新、王轶、程啸：《民法学》（第 6 版）（上），法律出版社 2020 年版，第 886 页。

③ Vgl. Karl Larenz, Lehrbuch des Schuldrecht: Bersonderer Teil, C. H. Beck, 1956, S. 336.

④ 参见王利明：《人格权法》，中国人民大学出版社 2021 年版，第 65 页。

⑤ 参见薛军：《揭开“一般人格权”的面纱——兼论比较法研究中的“体系意识”》，载《比较法研究》2008 年第 5 期。

⑥ 参见张红：《人格权总论》，法律出版社 2022 年版，第 422 页。

可能主张法律上的救济。① 鉴于此，一般人格权非为权利，而是法益的性质即可证成。

3. 框架性条款论

框架性条款论者认为，一般人格权在本质上属于一种框架性条款，由于一般人格权在法律属性上属于民法所生的宪法性权利，并且是一项无法私法化的宪法权利，若将之直接纳入民法典中，会导致人格权体系的龃龉。另外，作为一般人格权之价值基础的人格尊严、人身自由还必须与其他价值进行协调，因此，关于一般人格权的条款"应当是框架性的、有待价值填充的，不确定的一般条款。被侵犯的人格权益在个案中是否值得保护，必须通过在个案中顾及所有情况，并通过以比例原则为导引的利益权衡予以确定"。② 持此论者据此认为，我国民法典应以"一般条款"替代"一般人格权"而使人格权体系变成以具体人格权为主体，辅之以一般条款的立法模式。③

4. 简要评析

与框架性条款论者不同，对于将一般人格权视为具体人格权之上位概念的权利论者来说，在我国法律实践中承认一般人格权的优点是显而易见的。在他们看来，一般人格权也具有一般性条款的基本性质，因此明确在制定法上规定一般人格权也会产生规定人格权保护兜底条款的效果，由此提高抽象法律规则对现实生活的涵摄能力，使人格权制度成为向丰富社会生活开放的体系，从而为法院处理各种新的人格权纠纷提供法律依据，最终实现现代社会背景下各种新型人格利益的充分法律保护。④

法益论者对应否在中国法律实践中确立一般人格权条款，在内部则存在较大的争议。尽管他们如权利论者一般，也承认一般人格权的主要功能是对具体人格权之外的其他没有被制定法明确规定的人格法益提供救济。⑤ 但针对中国社会的具体社会背景，部分学者对法律实践中采用一般人格权条款存在疑虑，这种疑虑主要表现为两点：

第一，从被采用之规则本身是否能与我国既有法律体系无缝对接出发，持反对意见者认为，德国法语境下的一般人格权作为框架性权利是通

---

① 参见易军：《论人格权法定、一般人格权与侵权责任构成》，载《法学》2011 年第 8 期。

② 黄薇主编：《中华人民共和国民法典人格权编解读》，中国法制出版社 2020 年版，第 18 页。

③ 参见马俊驹、王恒：《未来我国民法典不宜采用"一般人格权"概念》，载《河北法学》2012 年第 8 期。

④ 参见程啸：《人格权研究》，中国人民大学出版社 2022 年版，第 146 页。

⑤ 参见熊谓龙：《权利，抑或法益？——一般人格权本质的再讨论》，载《比较法研究》2005 年第 2 期。

过侵权行为构成要件中的违法性要件的认定模式来实现与典型权利的区分，而在我国侵权行为构成要件中是否存在违法性要件本身存在争议，加之德国法上的行为不法与结果不法在我国法上也是陌生概念，因此采用一般人格权概念会导致规范意义上与典型权利区分的困难。①

第二，一般人格权内涵外延的不确定性对法官的影响。这里存在两种相互矛盾的观点：一种认为，规则的不确定性可能导致司法裁判个案处理时自由裁量权的扩张从而加剧司法的恣意，②另一种则认为，当前司法实践中的法官因为司法职业中强烈官僚等级制度色彩的存在，因此在具体个案裁判中出于职业活动安全性的考虑，在不存在相对明确具体规则的时候，如同德国法官一般灵活而积极地衡量这种利益并作出适当的判断，是不现实的。③

据此，法益论者认为，我国法律实践中不宜采用一般人格权概念，同时鉴于现代社会背景下具体人之法律上充分实现的必要性，因此，需以规范功能上类似于一般人格权的其他制度代替之。在他们看来，未来我国的民法典采用《瑞士民法典》第 28 条关于人格权之一般规定的立法例，在列举各种具体人格权后，使用保护“其他人格法益”之类的概括表述，则可以避免使用使人容易产生误解的“一般人格权”的概念。④

从立法论的视角分析，法益论和框架性条款论对待一般人格权的基本立场并无根本分歧，他们都反对直接在民法典中规定一般人格权概念，而是认为应当以一个具有类似功能的概括条款或者人格权的一般规定代替。例如，梁慧星教授主编的《中国民法典草案建议稿》第 16 条“一般人格权”规定：“自然人的自由、安全和人格尊严受法律保护。（第 1 款）自然人的人格权不得转让，非依法律规定，不得予以限制。（第 2 款）”该条的立法说明认为：“一般人格权为人格关系的法律表现，其标的为受法律保护的人格利益之总和，具体表现为自然人的自由、安全和人格尊严。同时，一般人格权为特别人格权的渊源。……一般人格权之主要功能，在于弥补法定的特别人格权之不足。”⑤与此不同，王利明教授主编的《中国民法典学者建议稿及立法理由：人格权编、婚姻家庭编、继承编》第 292 条虽然同样也规

① 参见薛军：《揭开“一般人格权”的面纱——兼论比较法研究中的“体系意识”》，载《比较法研究》2008 年第 5 期。

② 参见易军：《论人格权法定、一般人格权与侵权责任构成》，载《法学》2011 年第 8 期。

③ 参见薛军：《人格权的两种基本理论模式与中国的人格权立法》，载《法商研究》2004 年第 4 期。

④ 参见易军：《论人格权法定、一般人格权与侵权责任构成》，载《法学》2011 年第 8 期。

⑤ 梁慧星主编：《中国民法典草案建议稿附理由：总则编》，法律出版社 2013 年版，第 44~45 页。

定:“自然人的人格尊严、人格平等和人格自由受法律保护。”且该条的立法理由也认为:“一般人格权为具体人格权的渊源,产生并规定具体人格权。其内容不但包括具体人格权的内容,而且包括具体人格权所不能包含的人格利益。其不仅是具体人格权的集合,而且为补充和完善具体人格权立法不足提供切实可靠的法律依据。”①但值得注意的是,该建议稿第 293 条还规定:“自然人的生命、健康、身体、姓名、肖像、名誉、信用、荣誉、人身自由、隐私、婚姻自主等人格利益受法律保护。(第 1 款)法人和其他组织的名称、名誉、信用、荣誉等人格利益受法律保护。(第 2 款)”这种“具体列举+概括规定”的条款实质上包含了法益论和框架性条款论主张的一般人格权的替代机制。② 与这两部建议稿不同,徐国栋教授主编的《绿色民法典草案》中只有一个关于人格权的一般性条款而没有直接承认一般人格权,因为该建议稿第 300 条第 1 款规定:“本民法典承认人格权不能穷尽地列举,除了法律明文规定的人格权外,自然人依其自由裁量,在不干扰他人的前提下,对其私人生活领域中享有的利益享有人格权。”③这是一个类似于人格权保护一般性规定的条款。

二、人格权民法保护的域外相关规定

如前所述,尽管人格权概念在欧洲的学说史上具有古老渊源,但在制定法实践中明确对人格权的保护,却出现得比较晚。在罗马法中,人格权的概念并未出现,对名誉侵害的保护也只是在保护人身不受侵害的侵权行为之诉中逐步得到认可的。④ 罗马《十二表法》第 8 表第 2~4 条规定了侵害他人人身的三项事实构成:第一,若某人毁伤他人肢体,只要他和受害人没有达成和解,就应当同态复仇;第二,若某人用手或者棍棒造成他人骨折,如果伤的是自由人,应当支付 300 阿斯罚金,如果伤的是奴隶,则应支付 150 阿斯罚金;第三,若某人对他人构成“侵辱”,应当支付 25 阿斯罚金。这项规则被后来的裁判官法规则替代,后者废除了第一项的同态复仇效果和由于货币贬值而不再有意义的固定罚金标准。对于“侵辱”导致的 25 阿斯罚金的废除与卢奇乌斯·韦拉提乌斯(Lucius Veratius)骑士案有关。韦拉提乌斯是古罗马的贵族,行为放肆,以扇迎面所遇之人的耳光取乐,其后

① 王利明主编:《中国民法典学者建议稿及立法理由:人格权编、婚姻家庭编、继承编》,法律出版社 2005 年版,第 18 页。

② 参见马俊驹、王恒:《未来我国民法典不宜采用“一般人格权”概念》,载《河北法学》2012 年第 8 期。

③ 徐国栋主编:《绿色民法典草案》,社会科学文献出版社 2004 年版,第 83 页。

④ 参见[日]五十岚清:《人格权法》,[日]铃木贤、葛敏译,北京大学出版社 2009 年版,第 1 页。

面就跟着他的奴隶,随身携带着装满阿斯的钱袋,韦拉提乌斯每扇人一耳光,这个奴隶就立刻支付受害人25阿斯罚金,而这个金额在后来因货币贬值而变得越来越微不足道。因此,在公元前3世纪末和公元前2世纪初之交时裁判官颁布了一项侵辱谕令,在该项谕令中,侵辱(iniuria)除了被理解为对他人身体的伤害外,还被理解为人格侵害,即任何蓄意无视他人人格和因此而抬高自身的行为,如背俗辱骂或聚众在房前用脏话、粗话当众谩骂等,对所有这些行为有一项共同诉讼,即侵辱之诉(actio iniuriarum),其指向的是支付罚金,具体金额由法官依据个案具体情形考虑其作为罚金并具有抚慰功能而估定。① 尽管这项谕令突破了之前盖尤斯(Gaius)等法学家所坚持的自由人本身并不能用金钱来衡量,对自由人本身的伤害当然也不适用金钱赔偿的规则这一立场,②但其保护的人格利益仅是个别性的,并不具有普遍意义,并且对于这些被承认的具体人格利益的保护方式也比较有限,其承认因人身损害所支出的医疗费以及误工费等财产损害属于可赔损害范畴而给予受害人以金钱赔偿,但自始至终否认因人格利益被侵害而遭受的精神损害的可赔偿性,在罗马法中并不能找到关于精神损害赔偿的具体制度痕迹。③

就此而言,对人格权的承认与保护是近现代以来社会发展与法治进步的产物。一方面,近代以来科学技术的进步,如照相机、针孔摄像技术等出现以及传播手段、大众传媒的飞速发展,使人格利益受侵害的可能性显著提高,造成的相应损害也急剧扩大,法律上需要对侵害人格利益的各种不法行为以及时调整;另一方面,社会发展使个人从以前各种身份、阶级束缚中解放出来,个人自我认同和自主决定的意识得到了根本增强,同时整个社会亦因人类经历的多次深重灾难而深刻认识到人格尊严和人格自由的重要性。④ 在此背景下,各国或是通过修改制定法明确承认人格权以增强对其保护的力度,或是通过司法实践的努力强化对人格权的保护程度,保护人格权由此成为一种全球化的趋势。⑤

---

① 参见[德]马克斯·卡泽尔、罗尔夫·克努特尔:《罗马私法》,田士永译,法律出版社2018年版,第548~549页。

② Gaius Dig. 9, 3, 7 und 9, 1, 3. 事实上这种观念普遍存在于古罗马法学家的著作中,如同为罗马五大法学家的保罗(Paulus)也在相同的道德判断基础上,坚持认为自由是无价的,对于自由的侵害并不能用金钱的形式予以赔偿。Paulus Dig. 50, 17, 106 und 50, 17, 176 § 1.

③ Vgl. Nils Jansen, Die Struktur des Haftungsrechts: Geschichte, Theorie und Dogmatik, Mohr Siebeck, 2003, S. 364.

④ 参见[日]五十岚清:《人格权法》,[日]铃木贤、葛敏译,北京大学出版社2009年版,第1页。

⑤ 参见王泽鉴:《人格权法:法释义学、比较法、案例研究》,北京大学出版社2013年版,第4页。

（一）法国

1804年《法国民法典》未对人格权作任何规定，其既没有明确规定“人格权”概念，也没有对人格权的一般保护或者具体保护作出任何规定，这种状况一直持续了近170年。[①] 从1970年开始，法国立法者逐渐放弃之前完全无视人格权的基本立场而开始在法典中规定人格权，主要包括：[②]

第一，1970年7月17日第70-643号法律在《法国民法典》第9条新增规定：“任何人均享有私生活受到尊重的权利。（第1款）法官得规定采取诸如讼争物寄托、扣押或其他适于阻止或制止侵害私生活隐私的任何措施，且不影响对受到的损害给予赔偿；如情况紧急，这些措施得依紧急审理程序命令之。（第2款）”该条明确了私生活受尊重权。

第二，1994年7月29日第94-653号法律在《法国民法典》第一卷第一编新增第二章“尊重人的身体”，并在该章第16条明确规定：“法律应当确保自然人的头等地位，并禁止任何侵犯自然人尊严的行为，从而保证每个人从他的生命开始之时起就受到尊重。”在第16-1条规定：“每一个人均享有其身体受到尊重的权利。（第1款）人的身体不得侵犯。（第2款）人体、人体之组成部分及其所生之物，不得作为财产权利之标的。（第3款）”在第16-1-1条规定：“对人体的尊重，不随人死亡而停止。（第1款）死者的遗体，包括遗体火化后的骨灰，应当受到尊敬、尊严与体面的对待（第2款）。”该条明确了身体受尊重权。

第三，2000年6月15日第2000-516号法律第91号在第9-1条规定“任何人均享有无罪推定的权利（第1款）”。该条明确了无罪推定权。

第四，2002年3月4日第2002-303号法律第4-1条在民法典第16-13条明确规定“任何人都不因其遗传特征而受到歧视”。该条明确了遗传基因平等对待权。

第五，2019年9月18日第2019-964号法律授权法令规定，对人的身份通过遗传标记进行鉴别，必须满足法定情形的要求，强化了对人的尊严的保护。

第六，2021年8月2日第2021-1017号法律第16-4条明确规定对人种的完整性的保护，调整关于人体试验、器官移植、基因编辑等内容。

但值得注意的是，立法者在《法国民法典》第9条以下新增的私生活受尊重权、身体受尊重权、无罪推定权等皆属于具体人格权，法国法上始终未

---

① 参见张民安：《法国人格权法》（上），清华大学出版社2016年版，第26页。

② 参见《法国民法典》，罗结珍译，北京大学出版社2023年，第16~21页。

曾发展出一般人格权概念,迄今为止法国法事实上也没有这项权利存在。① 对此,学理上认为,立法者既未在民法典中对姓名权、肖像权、名誉权或声音权等重要具体人格权作出任何规定,亦未在民法典中对人格权的保护作出一般性规定,导致民法典在人格权的法律保护方面存在漏洞。② 但事实上,由于《法国民法典》第 1382 条是一项极具弹性的大的一般性侵权条款,司法实践可以通过该条而将现实生活中各种侵害人格利益的行为如公开他人信件、散布他人性爱照片、非法使用他人姓名等行为纳入侵权法的保护范畴,所以法国的司法实践及学说理论也越来越多地将民法典中关于损害的一般规定即第 1382 条,看作人身权和人格利益法律保护的重要渊源,一般人格权理论的形成以及在实践领域的普遍适用就是建立在第 1382 条的基础之上,③该条已经成为人格权进入民事法律体系的一个通道。④

(二)德国

《德国民法典》秉承了启蒙主义以来关于人之尊严的思想,同时它受到康德伦理思想的深刻影响。康德思想斩断了人格要素同自然法以及自然权利的哲学纽带。⑤ 一方面,他认为,以人为目的的法律应该对人之为人的人格要素以法律保障;另一方面,他又坚持人在任何情形下都是目的,以这一绝对前提为基点,他坚决否认人在任何情况下支配自己身体的组成部分,⑥包括反对自杀。⑦ 继承康德思想而对《德国民法典》的制定有直接影响的萨维尼,也担心在制定法中规定关于个体对其人格要素的一般权利会导致自杀权的产生,因此其对于将人格权作为权利来认可持消极态度,否认自然人就其人格要素享有如所有权一样的权利,他仅支持在制定法中对人格要素需通过具体的保护性条款予以保护。⑧ 受此影响,1900 年《德国民法典》对人格的保护采取了较为保守的立场,其关于人格的保护主要有三个条款:

第一,《德国民法典》第 12 条规定:"他人对权利人使用一个姓名的权

① 参见王泽鉴:《人格权法:法释义学、比较法、案例研究》,北京大学出版社 2013 年版,第 25 页。

② 参见张民安:《法国人格权法》(上),清华大学出版社 2016 年版,第 26 页。

③ 参见[日]五十岚清:《人格权法》,[日]铃木贤、葛敏译,北京大学出版社 2009 年版,第 2 页。

④ 参见[法]加兰-卡瓦尔:《法国法律中的非金钱损失》,载[英]W. V. 霍顿 · 罗杰斯主编:《比较法视野下的非金钱损失赔偿》,许翠霞译,中国法制出版社 2012 年版,第 121 页。

⑤ Vgl. Franz Wieacker, Privatrechtsgeschichte der Neuzeit: Unter besonderer Berücksichtigung der deutschen Entwicklung, Vandenhoeck & Ruprecht, 1996, § 351.

⑥ 参见[德]康德:《法的形而上学原理》,沈叔平译,商务印书馆 1991 年版,第 86 页。

⑦ 参见[德]康德:《康德文集》,刘克苏等译,改革出版社 1997 年版,第 92 页。

⑧ Vgl. Savigny, System des heutigen römischen Rechts, Bd. 1, Berlin, 1840, § 53.

利有争议的,或者权利人的利益因他人擅自使用同一姓名而受到侵害的,权利人可以请求他人除去妨害。存在继续妨害之虞的,其可以提起不作为之诉。"该条规定的姓名权实际上是一种具体人格权。①

第二,《德国民法典》第 823 条第 1 款规定:"因故意或过失而不法侵害他人生命、身体、健康、自由、所有权或其他权利的,应对因此所生之损害负赔偿义务。"该条属于德国侵权法上的 3 项小的一般侵权条款中的一款,其将生命、身体、健康和自由等 4 项人格法益与所有权并列规定下来予以保护,但这 4 项人格法益并不具有主观权利的性质,只是和所有权一样具有绝对性。② 并且该条的其他权利依据立法者的原初预设,仅是相当于所有权的其他绝对权如无体财产权,并不包括人格权。③

第三,《德国民法典》第 253 条规定:"对于非为财产损害的损害,仅在法律有规定的情形,始可以请求以金钱赔偿。"第 847 条又规定:"侵害他人身体、健康或剥夺他人人身自由的,被害人对遭受的非财产损害亦可主张合理的赔偿。"这就把对人格利益侵害导致的非财产损害赔偿限制在身体、健康、自由等极有限的具体人格法益范围内,④非财产损害原则上不适用金钱赔偿规则救济。⑤

通过这三个条款可以发现,1900 年德国立法者在人格权问题上的保守立场主要表现为三个方面:一是不承认生命、身体、健康、自由等人格法益具有权利的本质,仅承认其与所有权一样具有绝对性而应受侵权法保护;二是没有对类似于生命等具有绝对权属性的人格法益作出一般性保护规定;三是将非财产损害的金钱赔偿限制在狭小的范围内,使人格法益侵害的侵权法救济手段极为有限。⑥ 这种保守立场导致《德国民法典》无法对实践中人格权益被侵害的自然人以充分救济的缺陷在尤特-普吕施案

---

① 参见杜景林、卢谌:《德国民法典:全条文注释》,中国政法大学出版社 2015 年版,第 12 页。

② 参见杜景林、卢谌:《德国民法典:全条文注释》,中国政法大学出版社 2015 年版,第 666~669 页。

③ 参见王泽鉴:《人格权法:法释义学、比较法、案例研究》,北京大学出版社 2013 年版,第 20 页。

④ Vgl. Klaus Vieweg, § 847, in: J. von Staudingers Kommentar zum Bürgerlichen Gesetzbuch mit Einführungsgesetze und Nebengesetzen, Buch 2, Recht der Schuldverhältnisse, § § 840–853, Anne Röthel/Klaus Vieweg Bearb., Sellier-Gruyter, 2002, S. 320.

⑤ Vgl. Dieter Medicus, § 253, in: J. von Staudingers Kommentar zum Bürgerlichen Gesetzbuch mit Einführungsgesetze und Nebengesetzen, Buch 2, Recht der Schuldverhältnisse, § § 243–254, Dieter Medicus/Karsten Schmidt Erläut., J. Schweitzer Verlag & KG Walter de Gruyter Co., 1983, S. 161 ff.

⑥ 参见王泽鉴:《人格权法:法释义学、比较法、案例研究》,北京大学出版社 2013 年版,第 20 页。

(Jute-Plüsch-Entscheidung)①和俾斯麦案(Bismarck-Entscheidung)②中就已经凸显出来了,但立法者对此的反应却非常缓慢,其在20世纪70年代虽然有制定保护人格的立法草案,但该草案因反对过于激烈而没有通过。直到2002年债法现代化时,立法者才将1900年《德国民法典》第847条中相应的内容规定到《德国民法典》第253条,扩大了非财产损害赔偿的条件与范围。③

德国立法者之所以在人格权保护问题上持消极保守立场,一方面,是因为其对传统的坚守;另一方面,也与德国联邦最高法院通过法律续造发展出一般人格权条款,从而基本上解决了实践中对人格权保护的难题有关。鉴于第二次世界大战期间纳粹严重侵害人格尊严的残虐暴行的惨痛教训,1945年《德国基本法》第1条第1款规定:"人之尊严不可侵犯。"第2条第1款规定:"人人有自由发展其人格之权利。"德国联邦最高法院在读者来信案(Leserbriefe-Entscheidung)、骑士案(Herrenreiter-Entscheidung)等案件的审理过程中,通过将《德国基本法》第1条第1款的"人的尊严"和第2条第1款的"人格自由发展"与《德国民法典》第823条第1款的"其他权利"创造性地结合起来,从而推导出了一般人格权,并巧妙地将之隐藏在《德国民法典》的一般侵权条款中,通过侵权法的涵摄规则来为一般人格权的保护提供合法性基础。④ 鉴于德国司法实践在人格权保护规则的法律续造上的显著特点,所以学理上特别指出:"德国法关于人格权保护的改造全赖法院造法及学说理论,由数以百计的具体案件以接力赛的方式,建构而成,体现法律生命的开展与实践。"⑤

(三)日本

日本制定法上对于人格权的承认和保护受欧洲大陆民法典人格权立法模式的影响。其中,日本旧民法以《法国民法典》为蓝本,其中亦无关于人格权的规定,而现行民法则是仿照《德国民法典》第一草案,其在第709条规定"因故意或过失侵害他人权利者,负因此而产生损害的赔偿责

---

① 在尤特-普吕施案当中,帝国最高法院通过对第823条第1款"其他权利"类型的解释,承认侵害营业权构成对第823条第1款意义上权益的侵害。案情详见RG 28. 12. 1899, RGZ 45, 170.

② 在俾斯麦案中,帝国最高法院通过对第823条第1款"其他权利"类型的解释,承认侵害肖像权构成对第823条第1款意义上权益的侵害,受害人有权主张金钱损害赔偿。案情详见RG 27. 02. 1904, RGZ 58, 24.

③ 参见朱晓峰:《侵权可赔损害类型论》,法律出版社2017年版,第368页。

④ Vgl. Helmut Köhler, BGB Allgemeiner Teil, 32. Aufl., C. H. Beck, 2007, S. 256.

⑤ 王泽鉴:《人格权法:法释义学、比较法、案例研究》,北京大学出版社2013年版,第22页。

任”,同时在第710条规定“不论侵害身体、自由、名誉,还是侵害财产,依据前条规定应负赔偿责任的,也应赔偿财产之外的损害”。① 因此,与《德国民法典》一样,《日本民法典》也没有承认身体、自由、名誉等人格法益的权利属性,只是将之纳入了应受一般侵权条款涵摄的范畴。② 但与德国法不同的是,作为《日本民法典》一般侵权条款的第709条更像是《法国民法典》第1382条一样的大的一般侵权条款,而且第710条一体承认了对侵害人格法益和财产权益所致的非财产损害的金钱赔偿,③为人格法益的侵权法救济提供了可能的解释空间。

由于《日本民法典》第709条规定可以纳入一般侵权条款涵摄范畴的必须是权利,因此在民法典生效之后的早期适用中,判例与学说通常将权利侵害要件与故意、过失要件置于同样的位置,严格审视被侵害的利益是否符合权利侵害要件。④ 因此,每次出现新的需要保护的人格利益时,都需要运用信用权、营业权、贞操权等明确的人格权概念来解决问题。⑤ 在判例上,这一现象直到1925年的大学汤案件才有改观。在该案中,日本大审法院认为,侵权行为“侵害的对象可以是所有权、地上权、债权、无形财产权、名誉权等所谓的一种具体的权利,也可以是与此同一程度的严格意义上尚未视为权利的却是法律上被保护的一种利益”,⑥这就为并非典型权利的人格法益的保护提供了更大空间。

在日本学理上,1930年末川博提出违法性说,该说的主要观点是:《日本民法典》第709条规定的权利侵害并不是侵权行为成立的本质要件,侵权行为成立的本质要件是违法性,而权利侵害仅是违法性的一种表面现象,即使不存在权利侵害,有违法的利益侵害也成立侵权行为,或者说,“民法设立侵权行为制度赋予受害人损害赔偿请求权,其宗旨就是为了给予因故意或者过失的违法行为遭受损害的人获得平等的保护,不能解释为是承认其中能给予保护者和不能给予保护者具有差别的制度”。⑦ 对此,虽然日本学理上尚存在诸多反对观点,如权利扩大说、违法性要件不要说等,⑧

---

① 参见孙鹏:《“生命的价值”:日本死亡损害赔偿的判例与学说》,载《甘肃政法学院学报》2005年第4期。

② 参见[日]五十岚清:《人格权法》,[日]铃木贤、葛敏译,北京大学出版社2009年版,第3页。

③ 参见于敏:《日本侵权行为法》,法律出版社2015年版,第560页。

④ 参见[日]吉村良一:《日本侵权行为法》,张挺译,中国人民大学出版社2013年版,第21页。

⑤ 参见[日]五十岚清:《人格权法》,[日]铃木贤、葛敏译,北京大学出版社2009年版,第3页。

⑥ [日]圆谷峻:《判例形成的日本新侵权行为法》,赵莉译,法律出版社2008年版,第63页。

⑦ [日]圆谷峻:《判例形成的日本新侵权行为法》,赵莉译,法律出版社2008年版,第65~66页。

⑧ 对此的详细讨论参见于敏:《日本侵权行为法》,法律出版社2015年版,第207~211页。

但是,违法性说在日本始终居于通说地位,并且立法者在2004年修改《日本民法典》时在第709条增加了“法律上保护之利益”,从而将该条修改为“因故意或过失侵害他人权利或法律上保护之利益者,负因此所生之损害赔偿责任”,更被认为是将违法性说固定下来了。①

对于2004年《日本民法典》第709条规定的权利和法律上保护之利益的关系,日本学理上认为,前者为绝对权,对其侵犯本身即具有违法性,后者则属于与绝对权属性不同的其他法益,二者属于不同的法益,属于并列关系,后者无法包含前者。在此意义上,名誉权、隐私权等人格权或自己决定权,就必须解决属于前者还是后者的问题。对此,日本学理上提出将第709条被保护的权利和利益区分为绝对人格权、绝对权与绝对利益,相对人格权、相对权与相对利益的二分说,从而达到对前两者和后两者分开进行评价的目的。② 以此为基础,生命、身体、健康是受到最强有力保护的人格利益,对这些人格利益的侵害可以直接判定违法性,阻却违法性的只有违法性阻却事由;生活上的安宁利益以及自由的侵害原则上应认定为违法,但有可能存在考虑侵害行为的样态而否定其违法性的情形;身份上的利益以及名誉、隐私、姓名、肖像受到侵害的场合,就可能存在因考虑包含侵权行为的样态在内的各种要素而否定违法性的场合;最后是各种新型人格利益,不仅要综合考虑包含侵害行为的样态在内的各种要素,而且关于这些利益是否说得上被侵害,不少场合还得考虑行为的目的、方法的恰当性等问题。③

虽然日本学理上有在《日本民法典》中增加一项关于以保护人格权为宗旨的一般性规定的呼声,但其始终没有变为实际的立法行动,直到第二次世界大战日本投降之后受到外在政治上的巨大压力,立法者才在《日本民法典》增加第1条之一明确规定:“对于本法,应以个人尊严及两性实质的平等为主旨解释之。”该条遂成为司法实践中法院为随诸社会发展而新出现的新型人格利益提供保护的正当性论证基础。④ 例如,对于法院在判决中运用个人尊严作为判决结果正当性的说明,在《逆转》案中有非常充分的体现。在该案中,对于被告在自己的出版物《逆转》中使用原告曾作为某刑事案件被告人被判有罪并服刑的前科事实及其真实姓名的行为,法

① 参见[日]圆谷峻:《判例形成的日本新侵权行为法》,赵莉译,法律出版社2008年版,第67~68页。

② 参见[日]圆谷峻:《判例形成的日本新侵权行为法》,赵莉译,法律出版社2008年版,第68页。

③ 参见[日]吉村良一:《日本侵权行为法》,张挺译,中国人民大学出版社2013年版,第36页。

④ 参见[日]五十岚清:《人格权法》,[日]铃木贤、葛敏译,北京大学出版社2009年版,第12页。

院认为:“对于前科这样的事实,有值得法律保护不被公开的利益的场合,同时也有可以允许公开的场合。将与某人前科有关的事实使用实名在著作物上公开发表,是否构成侵权,不仅要看该人以后的生活状况,案件自身历史及社会的意义,还应对照该著作物的目的、性质等使用实名的意义及必要性来综合判断,其结果,判断不公开与前科相关的事实的法利益处于优先时,应该说有权请求赔偿因公开而遭受的精神痛苦。那么这样的解释,不能认为是对著作权的表述自由的不正当限制。盖表述的自由虽然必须要受到尊重,但不是永远优越于其他基本人权的,公布与前科相关的事实即使属于宪法保障的表述的自由的范围,但并非无追究侵权行为责任的余地。”①另外,在“耶和华见证人”信徒拒绝输血案中,法院在论证自我决定权时指出,如果患者认为自己的宗教信仰与其接受输血的行为相悖,并且因此而明确拒绝与信仰相冲突的输血行为,那么这种意思表示属于其人格权的构成部分,法律应予尊重。② 法院这里的对患者自主决定权的解释论证显然体现了《日本民法典》第1条之一要求的对于个人尊严的尊重。

(四)瑞士

对于人格权立法具有重要作用的是《瑞士民法典》。这部于1907年通过并于1912年起正式施行的民法典,在第28条第1款明确规定:“人格关系受不法侵害者,得请求除去侵害。请求损害赔偿或者精神抚慰金的,仅在法律有特别规定时,才可以提起诉讼。”1982年《瑞士民法典》修正时又将该款的表述修改为“人格受不法侵害者,有权向法院提起诉讼”。可以发现,修改后的第28条第1款以“人格”概念取代了“人格关系”概念,在表述上更严谨。对于第28条的人格/人格关系与人格权的关系,瑞士学理上的观点认为:前者是指某人仅基于其作为人的存在而享有的利益价值的总和,包括身体完整性、心理完整性、名誉、姓名、隐私领域等,后者是指与相关人格利益相对应并保护此人格利益的那些权利,具体包括身体和心理完整权、名誉权、姓名权等,所有自然人都享有人格权。③

由于《瑞士民法典》第28条第1款并没有对受法律保护的人格利益以明确的界定,这实质上是将该条保护的人格利益范围的确定交予了司法实践和学说理论。对此,鉴于瑞士联邦法院将第28条所涵盖的对象理解为是“任何鉴于个人间关系依照道德将某个人个体化的、值得保护的东

---

① [日]圆谷峻:《判例形成的日本新侵权行为法》,赵莉译,法律出版社2008年版,第97~98页。

② 参见[日]五十岚清:《人格权法》,[日]铃木贤、葛敏译,北京大学出版社2009年版,第188页。

③ 参见[瑞]贝蒂娜·许莉蔓-高朴、耶尔格·施密特:《瑞士民法:基本原则与民法》,纪海龙译,中国政法大学出版社2015年版,第292页。

西”,因此,瑞士学理上,一方面,认为对于该条保护的内容的列举从来都不可能是完整的;另一方面,又努力将该条包括的内容予以类型化,主要包括物质性人格权、情感/情绪性人格权及社会性人格权。其中,物质性人格权包括生命权、身体(物理或心理)完整性的权利、行动自由权、性自由权、关于自己尸体的决定权;情感/情绪性人格权包括与近亲属关系相关的人格权、对亲属的追思权、尊重情感生活的权利;社会性人格权包括姓名权、肖像权和声音权、名誉权、私生活受尊重权、在经济上行动与发展的自由权等。①

在学理上看来,《瑞士民法典》的最大贡献在于对人格权的保护提供了一般规定,②具有广阔的涵摄能力而向纷繁复杂的现实生活开放,为现实生活中的具体人提供更为充分的保护。这也意味着,当人格权保护上存在构成要件与法律效果上的特别规定的,如《瑞士民法典》第28g条规定的反对陈述、第29条和第30条第3款规定的姓名保护、《瑞士债务法》第328条及以下规定的针对劳动者的人格保护、《数据保护法》规定的数据保护、《联邦宪法》以及《男女平等法》针对性别歧视的保护等,③那么自然应当依据特别规定判断人格权侵害责任。

(五)小结

虽然将人格权独立成编的先例乏善可陈,但将一般人格权条款或者人格权保护一般条款明确规定在民法典中,从而为自然人人格利益的实现提供充分保护的立法例却不鲜见。如前述首次在民法典中明确规定了人格权保护一般条款的《瑞士民法典》即为适例。④ 这种人格权保护的一般规定可以有效适应社会变迁并满足人格权保护之现实需要。⑤ 即使没有明确规定人格权的一般性保护条款,而是通过侵权法上的一般侵权条款为人格权的充分保护提供通道的立法例如《法国民法典》《德国民法典》《日本民法典》,实际上都通过学说判例而发展出来了相应的解决方案。因此,不管是人格权一元主义保护模式还是多元主义保护模式,都是在应对社会变迁及层出不穷的侵害方式,扩大人格权的保护范围的实践基础上而发展形

---

① 参见[瑞]贝蒂娜·许莉蔓-高朴、耶尔格·施密特:《瑞士民法:基本原则与民法》,纪海龙译,中国政法大学出版社2015年版,第295~300页。

② 参见王泽鉴:《人格权法:法释义学、比较法、案例研究》,北京大学出版社2013年版,第22页。

③ 参见[瑞]贝蒂娜·许莉蔓-高朴、耶尔格·施密特:《瑞士民法:基本原则与民法》,纪海龙译,中国政法大学出版社2015年版,第295页。

④ 参见曹险峰:《论一般人格权的立法模式——以德国与瑞士立法例之对比考察为中心》,载《当代法学》2006年第3期。

⑤ 参见王泽鉴:《人格权法:法释义学、比较法、案例研究》,北京大学出版社2013年版,第97页。

成的,①都有其存在的合理性基础。我国《民法典》颁布前的民事法律体系中的一般人格权保护规则,也主要是从一般侵权条款和人格权保护的一般条款或一般人格权条款这两方面来展开。

三、《民法典》编纂前我国人格权民法保护模式的选择与嬗变

我国对于人格以及人格权益的关注与保护,起自法律现代化的起步阶段,并最终形成了自己独有的特色。这固然是受到了先进立法体例的影响,但最根本的还是立法者基于我国社会发展的现实需求而对于既有实践经验的总结。

(一)清政府

19 世纪末,在西方列强坚船利炮的威胁下,清政府开始变法图强。②关于人格权的民法保护,在此背景下进入立法者的视野中。于 1911 年完成的《大清民律草案》,虽然立法体例及总则编、债编的主要内容基本上是采撷德、日民法典的规定,③但其关于人格权的一般性规定显然仿自《瑞士民法典》第 28 条第 1 款。《大清民律草案》第 51 条规定:"人格关系受侵害者,得请求摈除其侵害。前项情形以法律特别规定者为限,请求损害赔偿或慰抚金。"该条基本上是对《瑞士民法典》第 28 条第 1 款的原文照搬。除该一般规定外,《大清民律草案》第 52 条以下至第 55 条还对姓名权的享有与保护作了详细规定。第 51 条结合第 52 条等采用了"一般规定+具体列举"保护的立法技术,与当时法典编纂者所追求的法典编纂的目标即"注重世界最普通之法则,原本后出最精确之法理,求最适于中国民情之法则,期于改进上最有利益之法则"一致,④符合新时代关于给予人格权充分民法保护之基本理念的要求。但在《大清民律草案》完成后仅两个月就爆发了辛亥革命,清政府随即崩溃,导致这部在当时具有先进性的草案并未正式颁布施行。

(二)北洋政府

中华民国建立后,北洋政府即在《大清民律草案》的基础上继续进行清政府未及完成的民法典编纂工作,并于 1915 年和 1926 年先后完成了《中华民国民律亲属法草案》《中华民国民律草案》。在这两部草案的起草

---

① 参见王泽鉴:《人格权法:法释义学、比较法、案例研究》,北京大学出版社 2013 年版,第 251 页。

② 参见杨鸿烈:《中国法律发达史》,中国政法大学出版社 2009 年版,第 492 页。

③ 参见谢振民编著:《中华民国立法史》(下),张知本校订,中国政法大学出版社 2000 年版,第 748 页。

④ 杨鸿烈:《中国法律发达史》,中国政法大学出版社 2009 年版,第 506 页。

者看来,由于《大清民律草案》"仿于德日,偏重个人利益,未以社会为本位,不足以应时势之要求;多继受外国法,于本国固有法源,未甚措意"等,①因此,要以该草案为基础,从形式和内容上进行完善。其中,关于人格权民法保护的一般性规定,主要见于《中华民国民律草案》第 18 条及第 262 条。其中,第 18 条规定:"人格权受伤害者,得请求摒除其伤害;前项情形,以法律有特别规定者为限,得请求损害赔偿或慰抚金。"相较于《大清民律草案》第 51 条第 1 款,该条最大的修改是在概念表述上将原来的"人格关系"概念修改为"人格权"概念,表达更为准确,其余措辞则未进行修改。第 262 条规定:"不法侵害他人生命、身体或自由者,若被害人依法令之规定,对于第三人应给付家事上或职业上之劳务者,应向第三人赔偿其相当之金额。"这实质上承认了生命、身体和自由 3 项人格权被侵害场合的纯粹经济损失的可救济性,尽管相应的赔偿附有相当严格的限制条件。虽然《中华民国民律亲属法草案》和《中华民国民律草案》最终都未正式颁布施行,但在当时的司法实践中,最高审判机关大理院在解释"现行律民事有效部分"、确认民事习惯、引用条理的过程中,将这些草案中的有益规则通过其发布的 2000 余则民事判例、解释例阐释出来,对于当时的社会生活产生了实质的影响。②

(三)南京国民政府

北洋政府结束后的南京国民政府依然没有放弃法典化的努力。这种努力的最终成果为 1929 年颁行的《中华民国民法》。该法对人格权的一般保护采取了综合继受的立场,主要表现为:一方面,该法继续坚持自《大清民律草案》以来并经《中华民国民律草案》进一步确认完善的瑞士人格权保护的基本模式,自始规定有一个一般性的人格权条款,即第 18 条第 1 款,该款明确规定"人格权在遭受侵害时,可以向法院提出请求停止侵害",这为人格权的充分保护提供了一个具有极强涵摄能力的概括性请求权基础;另一方面,该法也和《德国民法典》第 823 条第 1 款一样,通过在第 192~195 条明确列举受侵权法保护的具体人格法益,即生命、身体、健康、自由,为相应具体人格权提供侵权法上的保护提供了请求权基础。

(四)中华人民共和国

1. 改革开放以前

我国自 1949 年全面废止"六法全书"以后,在相当长的一段历史时期

① 谢振民:《中华民国立法史》(下),中国政法大学出版社 2000 年版,第 748 页。

② 参见张生:《中国近代民法法典化研究:1901—1949》,中国政法大学出版社 2004 年版,第 114~115 页。

内,关于人格权民法保护的一般规定在制定法上基本付诸阙如。虽然立法者在 1954 年以后到 1964 年之间先后开展了两次民法典起草工作,并完成了两部民法典草案的起草,①但受制于当时主流社会观念对于人格权民法保护尤其是通过损害赔偿的方式予以保护的方法所持的保守立场,使两部草案自始至终都没有出现关于人格权保护的一般规定。②

从两部草案的起草背景来看,第一部草案主要受 1922 年《苏俄民法典》影响,而后者又受 1900 年《德国民法典》影响,因此第一部草案所使用的概念和体系,基本与《德国民法典》一致。在《德国民法典》的起草过程中,由于民法典之父们受康德哲学和萨维尼学说的影响,原则上否认自然人可以就其人格要素而享有如所有权一样的权利,这种保守立场最终导致《德国民法典》仅对个别典型人格法益作了列举规定并将之置于一般侵权条款的涵摄范畴,受害人原则上仅得在这些人格法益被侵害而遭受财产损害时主张侵权法上的损害赔偿请求权。③ 对于侵害人格法益导致的非财产损害是否可以通过赔偿的方式予以救济,《德国民法典》的起草者持比较严格保守的立场。其中,第一草案的起草者认为,损害赔偿法应坚持损害的可计算性以限制法官的自由裁量权,而对非财产损害的赔偿与这种立场相悖,因此不应在民法典中规定。④ 第二草案的起草者在第一草案的基础上还认为,将非财产损害纳入可赔范围与现代德意志法律与道德上的民族意识相悖,承认非财产损害的可赔性可能导致为金钱赔偿而生的各种不道德现象及因不正当的动机而引发的恶意诉讼的爆炸性增长。⑤ 因此,《德国民法典》最后对非财产损害的赔偿问题予以严格限制。

1922 年《苏俄民法典》制定时,苏联民法理论将《德国民法典》起草者的担忧予以全盘接受,依据当时苏联民法理论对人格权民法保护的主流观点,给予人格以金钱赔偿,等于将人格商品化,这与社会主义价值观相违背。因为依据社会主义理论中人的基本伦理价值观标准,人的尊严以及人本身被赋予了更深层次的含义。而以往资本主义的价值观则以货币作为

---

① 参见魏振瀛主编:《民法》(第 8 版),北京大学出版社、高等教育出版社 2021 年版,第 8 页。

② 参见朱晓峰:《侵权可赔损害类型论》,法律出版社 2017 年版,第 177 页。

③ Vgl. Horst Ehmann, Das Allgemeine Persönlichkeitsrecht: Zur Transformation unmoralischer in unerlaubte Handlungen, Im: 50 Jahre Bundesgerichtshof: Festgabe aus der Wissenschaft, C. H. Beck, 2000, S. 3.

④ Vgl. Motive zum Entwurfe eines Bürgerlichen Gesetzbuch für das Deutsche Reich: Recht der Schuldverhältnisse, Band 2, Verlag von J. Guttentag, 1888, S. 22 f.

⑤ Vgl. Protokolle zum Entwurf des Bürgerlichen Gesetzbuch: Allgemeiner Teil und Recht der Schuldverhältnisse Abschn. 1, Abschn. 2 lit. 1, Band 1, J. Guttentag Verlagsbuchhandlung, 1897, S. 622-623.

通约一切的媒介反映在法律制度规范当中,就是人的生命以及内在于人的诸人格性要素,蜕变为可以用交换价值衡量的类似于商品的存在,这与社会主义价值理念是不相容的。①

当时,我国无论法学理论还是司法实践都反对资本主义价值观,拒绝给予受害人因侵害行为致肉体或精神痛苦以侵权法上的金钱赔偿。② 依据我国当时流行的学术观点,将精神损害纳入侵权可赔损害范畴,与社会主义性质相违背,也不符合社会主义的基本原则,只有否定给予精神损害特别是人格损害以财产赔偿,才能避免马克思早在《资本论》中就反复论证和批判过的资本主义制度下人格、良心、荣誉等都商品化的倾向。③ 因此,我国于 1956 年完成的第一部民法典草案,即拒绝了将人格损害以及其他的非财产损害纳入侵权可赔损害的范畴,其仅规定了对于财产的损害赔偿责任。而 1964 年完成的第二部草案因为发生在中苏关系破裂之后,所以这一部草案既试图摆脱苏联民法的影响,又想与资产阶级民法划清界限,导致其适用的基本概念与主要体系整体性地异于之前的其他类型的民法典。④ 受此影响,这一部草案中完全失去了人格权保护的踪影。

2. 改革开放后至《民法通则》颁布

20 世纪 70 年代末以后,我国各项立法工作开始逐步恢复并很快取得了阶段性的成果,最为引人注目的是 1982 年《宪法》以及 1986 年《民法通则》的颁布。其中,《宪法》第 37 条第 1 款明确规定公民人身自由受法律保护,第 38 条规定公民人格尊严不受侵犯。这两条尤其是第 38 条因为明确规定了人格尊严,所以其被认为是我国宪法上的一般人格权条款。但对于这一条款与民法一般人格权条款之间的规范关系,学理上存在不同理解。

双重属性说认为,人格权具有双重属性,既是民事权利又是宪法权利。民法上的人格权借助宪法上的基本权利概括条款升华为基本权利,从而具备对抗公权力的防御功能。宪法重申民事权利旨在宣告此种权利的神圣性,若要对之予以限制,则必须遵循法律保留原则与比例原则。⑤ 而宪法人格权条款与民法人格权条款的这种互动关系,将实质性地促进人格权内

① See H. Stoll, *Consequence of Liability: Remedies*, in: *Inernational Encyclopedia of Comparative Law: Torts*, *XI*, André Tunc ed., J. C. B. Mohr and Martinus Nijho, 1983, p. 36.

② 参见[苏]约菲:《损害赔偿的债》,中央政法干部学校翻译室译,法律出版社 1956 年版,第 85 页。

③ 参见佟柔等主编:《民法概论》,中国人民大学出版社 1982 年版,第 307 页。

④ 参见梁慧星:《民法总论》,法律出版社 2021 年版,第 19~20 页。

⑤ 参见黄忠:《人格权法独立成编的体系效应之辨识》,载《现代法学》2013 年第 1 期。

容的丰富和发展。[①] 从域外法规定上看，德国法上的一般人格权是法院基于《德国基本法》第 1 条人的尊严及第 2 条人格自由发展两项宪法权利而推导论证出来的，一般人格权被认为是民法的宪法化进程的“准生证”。因此，德国法上的一般人格权同时具有宪法权利和民事权利的双重属性。在我国，《民法典》上的一般人格权条款与《宪法》上的基本权利条款之间是否存在前述关系，以至于民法上的一般人格权是否亦应发挥基本权利与主观权利的双重效能，值得探讨。

价值基础说认为，宪法上的人格尊严条款既不是一般人格权，亦不是基本权利，而是所有权利的价值基础。[②] 该价值为基本权利和民事权利所共有，其中前者针对国家，后者针对民事主体，两种权利平行共存，基本权利不对民事主体产生规范效力。基于此，一般人格权条款纯属私法范畴，相应的民法典表达应立足于民法本身进行构建而不必受限于宪法规定。[③]

事实上，无论是宪法一般人格权条款，还是民法一般人格权条款，在统一的法秩序或法律体系中，都应遵循法秩序内部体系和外部体系之间的规范关系来处理。构成法秩序外部体系的诸项概念、规则、原则应当以内部体系内含的一般法律思想或价值基础为指引，前者通过具体法律条款的构造彰显并践行后者内含的价值基础，由此确保作为外在体系构成部分的抽象概念构筑起来的法律规则，彼此之间契合形式逻辑的要求且能经受得住价值评判而彼此无矛盾之虞，并使法秩序形神合一、内外一致。在此意义上，宪法与民法上的一般人格权条款彼此之间的关系应当从作为二者之共同价值基础的人格尊严处着手进行理解。

另外，从法律适用的角度来看，尽管我国宪法上所承认的基本权利规则并没有直接的第三人效力，但该法明确规定人身自由、人格尊严受法律保护的实践价值依然不可低估：一方面，宪法明确规定人身自由、人格尊严本身就具有权利宣示的作用，它既表明国家对个人权利所持的肯定态度，也为这种权利通过具体制度予以保护提供正当说明；另一方面，宪法具有母法地位，其他法律制度只能对该法所确立的原则予以具体阐述，其不能违背该法的规定与立法意旨。[④] 事实上，正是由于宪法所确立的对于私

---

① 参见张红：《〈民法典各分编（草案）〉人格权编评析》，载《法学评论》2019 年第 1 期。

② 参见房绍坤、曹相见：《论人格权一般条款的立法表达》，载《江汉论坛》2018 年第 1 期。

③ 参见张平华、曹相见：《人格权的“上天”与“下凡”——兼论宪法权利与民事权利的关系》，载《江淮论坛》2013 年第 2 期。

④ 参见程啸：《人格权研究》，中国人民大学出版社 2022 年版，第 143~144 页。

权的基本态度,决定了中华人民共和国成立后第四部民法草案关于民法人格权一般保护条款的基本构造和主要内容。尽管该草案最后因立法时机不成熟而被搁置,但以草案总则编为基础的《民法通则》却在 1986 年顺利通过。①

《民法通则》没有规定独立的人格权保护一般性条款,而是将人格权纳入一般侵权条款,即《民法通则》第 106 条第 2 款的涵摄范畴。另外,《民法通则》还以专节具体列举了应受民法保护的具体人格权类型。该法第五章"民事权利"第四节"人身权"部分即明确列举了生命权、健康权、姓名权、名称权、肖像权、名誉权、荣誉权、婚姻自主权等具体人格权类型。对于作为一般侵权条款的《民法通则》第 106 条第 2 款所采用的立法体例,我国学理上存在较大的分歧。

小的一般侵权条款说认为,尽管《民法通则》第 106 条第 2 款并未言明应受侵权法保护的利益类型,但从体系解释的角度出发,依据《民法通则》第 118~120 条等所保护的权益性质,也可以将第 106 条第 2 款保护的权益性质限定在绝对权性质的范畴之内。②

大的一般侵权条款说认为,从历史解释的角度出发,立法者立法时并未有意识地区分事实损害和规范损害,因此在这种情形下自然就不存在将该款适用范围仅限制在绝对权性质之权益侵害的领域。对于相对权或其他领域的权益的侵害,典型的如对债权的侵害,当然也可以通过该条纳入进来。③

折中说认为,原则上,《民法通则》第 106 条第 2 款的适用范围仅包括绝对权性质的权益,仅在例外的情形下,才可以将相对权性质的权益类型纳入进来。因此,与第二种观点不同的是,该观点并不承认该款具有一般性的调整绝对权性质之外其他权益的功能。④

当然,由于人格权具有绝对权属性,⑤因此无论其是作为典型权利类型而被明确规定在制定法中,还是因内涵外延并不清晰而未被制定法明确规定,无论是将第 106 条第 2 款解释为小的一般侵权条款,还是将之解释为大的一般侵权条款,事实上都可以纳入第 106 条第 2 款的涵摄范畴。

---

① 参见梁慧星:《民法总论》,法律出版社 2021 年版,第 21~22 页。

② 参见张谷:《作为救济法的侵权法,也是自由保障法——对〈中华人民共和国侵权责任法(草案)〉的几点意见》,载《暨南学报(哲学社会科学版)》2009 年第 2 期。

③ 参见张新宝、李倩:《纯粹经济损失赔偿规则:理论、实践及立法选择》,载《法学论坛》2009 年第 1 期。

④ 参见葛云松:《纯粹经济损失的赔偿与一般侵权行为条款》,载《中外法学》2009 年第 5 期。

⑤ 参见韩强:《人格权确认与构造的法律依据》,载《中国法学》2015 年第 3 期。

3.《民法通则》至《侵权责任法》颁布

虽然《民法通则》采取列举人格权的“具体类型+一般侵权条款”的模式对人格权提供一般性的保护，能在确保人格权保护规则的相对确定性的同时使其向社会现实生活开放，满足因实践发展而不断显现的新型人格权益的保护需求，但这种保护模式也存在一些不足。

第一，在保护范围上，明确列举应受民法保护的人格权的类型，固然可以提高人格权保护规则的确定性和可预见性，但采取决疑式的列举提高了法院因应社会实践之发展而承认或创设新型人格权益的难度，难以迅捷及时地回应现实生活对于制定法提出的需求。例如，在隐私权被承认为典型权利之前，对隐私的民法保护主要是通过名誉权保护规则来完成，由于隐私权与名誉权二者之间的本质区别，导致隐私被侵害的受害人的诉求很难获得法律上的支持。① 1988 年发布的最高人民法院《关于贯彻执行〈中华人民共和国民法通则〉若干问题的意见（试行）》（已失效，以下简称《民通意见》）第 140 条中对于隐私的保护表达了这样的观点，即将宣扬他人隐私并导致不良影响的行为认定为对他人名誉权构成侵害的行为。1998 年最高人民法院《关于审理名誉权案件若干问题的解释》（已失效，以下简称《名誉权解释》）第 8 条中亦持同一立场，即侵害隐私，只有在名誉受损的情形下，才能纳入民事法律救济的范畴。这表明，这一时期的司法实践将侵害隐私的民事法律救济纳入名誉权的保护范畴内。但是，从侵害名誉权的构成要件来看，将隐私的法律保护纳入其范畴体系内并不合理。因为名誉权侵害主要涉及以虚假事实或讥诮性批评使受害人社会评价度降低的问题，而侵害隐私则未必涉及受害人社会评价度降低的问题，如在有些情况下隐私被侵害可能仅涉及“受害人心灵的宁静”，②甚至在有些情况下隐私被侵害还可能提升受害人社会知名度，且被侵犯的隐私信息与虚假事实或讥诮性批评相比，本身并非虚假或错误，而是客观存在的。③ 例如，在肖某诉陕西《收藏》杂志社侵害隐私权案中，被告未经原告同意而将其住址及邮政编码等私人信息在被告公开发行的杂志上公布，慕名而来者络绎不

---

① 参见朱晓峰：《比较法视野下隐私保护机制的分歧与效果：以中德比较为例》，载《兰州学刊》2016 年第 10 期。

② See Thermo v. New England Newspaper Publishing Co., 306 Mass. 54, 57, 27 N. E. 2d 753, 755 (1940).

③ See Time, Inc., a New York Corporation, Appellant - Cross - Appellee, v. Neil Johnston, Appellee-Cross-Appellant., 448 F. 2d 378 (4th Cir. 1971).

绝，致使原告宁静的私人生活遭到破坏。[①] 在该案中，原告隐私遭受侵害的事实显然并未导致对受害人的负面社会评价，如果依据《民通意见》保护隐私的规则处理，则原告被侵害之隐私就无法纳入名誉权保护范畴，这对原告的法律保护显然是不利的。

第二，在责任成立上，由于《民法通则》并未区分人格权益和财产权益的内在差异而径以一般侵权条款无差别地涵摄包括人身权益和财产权益在内的所有民事权益，只有当这些民事权益被侵犯了且满足了相应的侵权责任成立要件时才能获得法律保护，就具有绝对权属性的人格利益在法律上的充分实现而言，这可能并不充分。尤其是在这些人格利益有被侵害之虞或虽然符合侵权责任成立要件但需要通过利益权衡规则才能决定是否予以保护的情形下，这种不足更明显。[②]

第三，在责任承担上，对于人格权益遭受侵害的受害人可以主张的损害赔偿类型，《民法通则》制定前后都存在激烈的争议。其中，对于侵害人格权益导致的财产损失，受害人有权主张通过金钱赔偿的方式获得救济，在理论和实践上并无太大争议。争议的焦点集中在，将非物质性损害，特别是将那些反映人之为人的基本构成性要素的侵害所产生的精神损害的救济，与金钱赔偿的责任承担方式联系起来，是否会导致人格利益的商业化，并降低人作为法律所欲实现之目的本身的伦理性价值？反对将该等损害与赔偿责任方式联系起来的理论主张，与源自德国民法典编纂时反对普遍承认精神损害可予赔偿并经苏联民法继承和绝对化的立场一脉相承。他们将承认受害人被非法侵害时所遭受的肉体与精神上的痛苦可以通过金钱赔偿的方式予以救济的立场视为资产阶级性质的，并强烈地加以反对。[③] 他们认为："把人格商品化是与社会主义的崇高思想大相径庭的，资产阶级把人的尊严变成了交换价值，是资本主义腐朽思想的表现。精神损害的金钱赔偿被认为是一切具有价值的资产阶级哲学概念。社会主义体制下人的尊严的更深层次的含义被认为是禁止这种形式的损害赔偿。"[④]对他们来讲，"在社会主义国家里，人是社会上最宝贵的财富，人的生命健康不能用金钱来估价，所以对于人身的损害，只有引起财产上的损

---

① 参见祝铭山主编：《典型案例与法律适用 43：精神损害赔偿纠纷》，中国法制出版社 2004 年版，第 267～271 页。

② 参见王利明：《民法典人格权编草案的亮点及完善》，载《中国法律评论》2019 年第 1 期；崔建远：《绝对权请求权抑或侵权责任方式》，载《法学》2002 年第 11 期。

③ 参见佟柔等主编：《民法概论》，中国人民大学出版社 1982 年版，第 307 页。

④ H. Stoll, *Consequence of Liability: Remedies*, in: *Inernational Encyclopedia of Comparative Law: Torts*, XI, André Tunc ed., J. C. B. Mohr and Martinus Nijho, 1983, p. 36.

失时,行为人才负赔偿责任。如果对人身的侵害没有引起财产上的损失,只能以其他法律责任加以制裁,不负民事责任。"①给予物质性人格要素在内的其他非物质性损害以金钱赔偿,都是违背社会主义性质和基本原则的。②"只有坚持不用给付财产的手段对人格损害予以补偿,才能避免马克思早在《资本论》中就反复论证和批判过的资本主义制度下人格、良心、荣誉等都商品化了的倾向。"③这种普遍反对将非物质性损害纳入侵权可赔损害范畴的理论实质性地影响了我国《民法通则》制定者对于侵害物质性人格要素所导致的精神损害是否属于可赔损害范畴的基本判断。对此在立法上的主要表现包括:一方面,该法并未将侵害诸如生命、身体、健康等在内的物质性人格要素所造成的精神损害纳入侵权可赔损害的范畴;④另一方面,对于《民法通则》第 120 条规定的赔偿规则是否也适用于精神损害的救济,在理论上存在着较大的争议。⑤ 这种限制甚至拒绝给予因人格权益被侵害而遭受精神损害的人以金钱赔偿的立场,与现实生活中具体人的真实需求并不一致。

从我国司法实务上长期以来的经验观察,鉴于《民法通则》在人格权益保护方面存在的上述不足,为了满足现实生活的需求,对那些不被制定法明确承认的人格权益,主要是由法官在具体案件的审理中,在适用《民法通则》规定的一般侵权条款,即第 106 条第 2 款时,通过运用法律解释方法引入宪法上的基本权利所内含的一般法律思想或价值基础来进行涵摄。⑥经由裁判者以法律解释或续造的方式来实现制定法漏洞的填补和对具体人格利益的保护。问题是,此种通过法官自由裁量权的运用来确定个案中的人格权益是否受法律保护以及如何保护的模式,可能存在自由裁量权滥用并威胁法的安定性的风险。⑦

对此,最高人民法院通常以司法解释的方式将实践中发现的内涵外延

① 于敏:《我国现行法律规定与精神损害赔偿》,载梁慧星主编:《民商法论丛》第 9 卷,法律出版社 1998 年版,第 232 页。

② 参见王利明主编:《民法 · 侵权行为法》,中国人民大学出版社 1993 年版,第 738 页。

③ 申政武:《论人格权及人格损害的赔偿》,载《中国社会科学》1990 年第 2 期。

④ 参见王利明:《人格权法研究》,中国人民大学出版社 2005 年版,第 712~713 页。

⑤ 对于《民法通则》第 120 条是否包括了精神损害赔偿,学理上的讨论参见余延满:《我国〈民法通则〉并未规定精神损害赔偿制度:〈民法通则〉第 120 条新解》,载《法学评论》1992 年第 3 期。

⑥ 参见张红:《论一般人格权作为基本权利之保护手段——以对"齐玉苓案"的再检讨为中心》,载《法商研究》2009 年第 4 期;刘志刚:《基本权利影响侵权民事责任的路径分析》,载《东北师大学报(哲学社会科学版)》2018 年第 5 期。

⑦ 参见朱晓峰:《比较法视野下隐私保护机制的分歧与效果:以中德比较为例》,载《兰州学刊》2016 年第 10 期。

已经较为清晰的人格利益类型典型权利化并固定下来,希冀在法的安定性与人格利益充分保护的现实需求之间寻得妥适的平衡。其中,2001 年《精神损害赔偿司法解释》的意义尤其重大。该解释第 1 条(已修改)通过"具体列举+一般规定"的方式规定了人格权保护的一般性条款,扩展了人格权益的保护范围。① 然而问题是,该解释不恰当地将宪法上的基本权利和作为民法一般人格权价值基础或一般法律思想的人身自由、人格尊严直接规定为具体权利,即人身自由权、人格尊严权。就人身自由而言,其不管是作为基本权利而存在,还是作为民法上具体人格权的价值基础或一般法律思想,实质上均指向人的行动自由,因此,《精神损害赔偿司法解释》将之明确规定为具体人格权之一种的人身自由权,并不会导致严重问题。但对于人格尊严而言,由于作为价值基础或一般法律思想的人格尊严概念本身内涵外延并不确定,②导致相应的人格尊严权亦仅是具有典型权利之名而无权利之实。尤为严重的是,人格尊严的权利化会使原本作为一般条款解释基础的基本价值实体化,严重削弱一般人格权的涵摄能力,无益于制定法上漏洞的填补和现实生活中具体人之人格利益的充分保护。鉴于此,后来的《侵权责任法》亦未采纳这种做法。

4.《侵权责任法》至《民法总则》颁布

2009 年颁布的《侵权责任法》并未接受最高人民法院经由《精神损害赔偿司法解释》所开创的人格权益保护的一般条款模式,而是继承了源自《民法通则》的通过一般侵权条款为人格权益保护提供依据的立场。但从《侵权责任法》确立的一般侵权条款来看,其与《民法通则》第 106 条第 2 款之间仍存在不同。从表现形式来看,《侵权责任法》中作为一般侵权条款的第 6 条第 1 款规定的"行为人因过错侵害他人民事权益,应当承担侵权责任"与《民法通则》第 106 条第 2 款的规定之间并无实质差异。但从体系解释的角度来看,要准确理解第 6 条第 1 款所保护的"民事权益"的性质与范围,就不能脱离《侵权责任法》的其他条款尤其是第 2 条。依据体系解释规则,《侵权责任法》中作为一般侵权条款的既非第 6 条第 1 款,也非第 2 条,而应是第 6 条第 1 款结合第 2 条共同构成一般侵权条款。

依据《侵权责任法》第 6 条第 1 款的规定,因过错致他人"民事权益"

---

① 参见王利明:《人格权法》,中国人民大学出版社 2021 年版,第 64 页。

② 关于人格尊严的内涵,学理上存在激烈的争议。例如,在德国法上,对于《德国基本法》第 1 条第 1 款规定的人的尊严的思想来源和内涵外延,存在基督教神学、人文主义-启蒙主义、康德主义、马克思主义、系统理论及行为主义等思想理论的激烈争议。在中国,对于《宪法》上人格尊严的理解,亦存在来自启蒙主义、康德主义、马克思主义的人格尊严观和我国传统观念中的固有人格尊严观的分歧。中西方对人格尊严的不同理解,亦普遍存在于法学的其他领域。

遭受损害的,行为人皆应承担侵权责任。对“民事权益”的内涵,该法第2条通过“列举+概括”的模式予以了明确。从该条所采用的立法技术来看,一方面,该条并未采取区分权利与利益的保护标准,而是一体承认了权利与利益皆为侵权法所保护的对象;①另一方面,该条第2款具体列举的民事权益以内涵外延是否清晰为标准而规定了18种具有绝对权属性的民事权利。对于第2款具体列举的典型民事权利,依据权利内容为标准,可以区分为财产权和人身权。② 在第2条第2款具体列举的权利遭受非法侵害的情形下,权利人当然有权主张侵权法上的救济。尽管我国学理上对于究竟应如何理解第2条第2款的具体列举与之后的概括规定之间的规范关系存在分歧,③从而影响到对《侵权责任法》第6条第1款究竟是大的一般侵权条款还是小的一般侵权条款的认识。但对具有绝对权属性的人格权益而言,《侵权责任法》第6条结合第2条与《民法通则》第106条第2款在对待人格权保护问题的基本立场上并无实质不同。

从司法实践中人格利益的保护现状来看,由于一般侵权条款具有较强的涵摄能力,因而对于那些随着社会发展而逐渐发展出来但尚未被制定法明确承认的人格利益来说,在满足这些侵权条款规定的涵摄要件时,即能够获得侵权法的保护。例如,在贞操权纠纷案中,对于隐瞒已婚事实与人恋爱同居并使对方怀孕的,受害人在终止妊娠后以贞操被侵犯为由提起侵权损害赔偿之诉,即获得了法院的支持。审理法院认为,“贞操是指男女性纯洁的良好品行,其主要表现为性的不可侵犯性,以使民事主体保持自己性的纯洁性。而贞操权作为一种独立的以人的性自由、性安全、性纯洁为特定内容的人格权,应当由法律予以保护”,在该权利受到侵犯时,可以依一般侵权条款确定行为人应承担的侵权责任。④ 同样地,在祭奠权纠纷案当中,对于同样不为制定法明确承认的祭奠权,法院亦认为,“祭奠权是近亲属对于死者进行祭祀的权利……近亲属之间应互相尊重对祭奠权的行

① 参见王利明:《我国〈侵权责任法〉采纳了违法性要件吗?》,载《中外法学》2012年第1期;梁慧星:《中国侵权责任法解说》,载《北方法学》2011年第1期。

② 参见葛云松:《〈侵权责任法〉保护的民事权益》,载《中国法学》2010年第3期。

③ 相应的讨论参见刘士国:《〈侵权责任法〉第二条规定之解析》,载《暨南学报(哲学社会科学版)》2010年第3期;程啸:《侵权责任法》(第2版),法律出版社2015年版,第62页;王利明:《侵权法一般条款的保护范围》,载《法学家》2009年第3期;梁慧星:《中国侵权责任法解说》,载《北方法学》2011年第1期。

④ 参见李某某、胡某一般人格权纠纷案,湖南省岳阳市中级人民法院(2021)湘06民终3012号民事判决书。

使”,①因个人不当行为侵犯他人祭奠权利,并对其情感造成伤害的,可以依一般侵权条款支持当事人的精神损害赔偿请求权。事实上,现实生活中出现的被遗忘权②、个人信息权③、性自主权④等,实际上都可以通过一般侵权条款而纳入法律评价的范畴。问题是,以一般侵权条款涵摄人格利益,只有当这些人格利益被侵犯了且满足相应的侵权责任成立要件时才能获得法律保护,就具有绝对权属性的人格利益在法律上的充分实现而言,这可能并不充分。尤其是在这些人格利益有被侵害之虞或者虽然符合侵权责任成立要件但需要通过利益权衡规则才能决定是否予以保护的情形下,这种不足更为明显。⑤ 另外,将一般侵权条款作为人格权民法保护的一般条款所关注的主要是人格权作为防御性权利的一面,在新时代背景下,这种保护模式过于消极,可能不利于现实生活中具体人的人格权益的现实保护需求。例如,在钱某书书信案中,被告发布公告称其将公开拍卖钱某书与友人的私人信件,并在拍卖前举行预展活动,原告即钱某书先生的夫人杨某康先生提出申请,请求法院发布禁令。⑥ 在该案中,由于侵害行为尚未发生,自然无法通过一般侵权条款为人格权益有被侵害之虞的民事主体提供积极充分的保护。另外,即使本案中法院可以通过侵害著作权的行为保全措施为原告提供法律上的救济,但通过著作权法规定的行为保全制度保护一般性的人格权并不周延,因为并非所有人的信件都可以成为著作权法保护的对象。⑦ 在此背景下,在一般侵权条款之外承认独立的人格权民法保护的一般条款显得颇为必要。

事实上,通过独立的一般条款为人格权益提供民法保护的法律实践首先出现在《精神损害赔偿司法解释》(已修改)中。尽管对于该解释第1条

① 参见王某礼诉陈某人格权纠纷案,北京市第三中级人民法院(2017)京03民终7025号民事裁定书。

② 参见任某玉与北京百度网讯科技有限公司名誉权纠纷案,北京市第一中级人民法院(2015)一中民终字第09558号民事判决书;郭某与杭州野生动物世界有限公司服务合同纠纷案,浙江省杭州市富阳区人民法院(2019)浙0111民初6971号民事判决书。

③ 参见庞某鹏诉北京趣拿信息技术有限公司、中国东方航空股份有限公司隐私权纠纷案,北京市第一中级人民法院(2017)京01民终509号民事判决书。

④ 参见陶某诉上海黄金海岸金玉兰俱乐部有限公司侵犯人格权案,上海市卢湾区人民法院(2000)卢民初字第2525号民事判决书;牛某强奸案,上海市第二中级人民法院(2021)沪02刑终484号刑事裁定书。

⑤ 参见王利明:《论人格权请求权与侵权损害赔偿请求权的分离》,载《中国法学》2019年第1期。

⑥ 参见杨某康(笔名杨绛)诉中贸圣佳国际拍卖有限公司、李某强侵害著作权及隐私权纠纷案,北京市高级人民法院(2014)高民终字第1152号民事判决书。

⑦ 参见王利明:《论侵害人格权的诉前禁令制度》,载《财经法学》2019年第4期。

第1款和第2款(已修改)所确立的一般性条款的性质与适用规则,在学理和实践中仍有不同认知。实务中有观点认为,该解释第1条第1款第3项(已修改)的"人格尊严权"为一般人格权条款,其以一般人格权的宪法渊源即《宪法》第38条为基础,将《宪法》上的人格尊严扩展到民事活动的普遍适用范围中。在具体的法律适用中,作为一般人格权的人格尊严权具有补充具体人格权立法不足的功能。亦即,在具体的法律事实涵摄中,应优先适用具体人格权的规定,而将人格尊严权作为补充条款。① 而学理上的观点则认为,《精神损害赔偿司法解释》(已修改,以下不再赘述)第1条第1款第3项的人格尊严权作为一般人格权条款并不适当,因为将作为一般人格权的人格尊严权与其他具体的人格权类型并列规定,在内在的逻辑构成上存在明显缺陷,不符合既有法律体系关于形式逻辑体系内在统一性的要求。尤为重要的是,将一般人格权条款的价值基础唯一性限定为人格尊严,将会使一般规则向复杂多变的社会生活开放的广阔涵摄能力大打折扣,与最高人民法院创制一般人格权的初衷相悖。② 基于这种考虑,学理上认为,《精神损害赔偿司法解释》第1条第1款前两项与第3项所坚持的人格权的保护策略即特别人格权结合一般人格权的结构,在规范性上不如第1条第1款结合第2款,即特别人格权结合人格权保护一般条款的形式,人格权立法应当采纳后一种形式,即在规定具体人格权的同时,通过人格权保护的一般条款保护尚未类型化的人格利益,以发挥兜底条款的功能,从而保持人格权的开放性。③ 亦即,在解释论上应将《精神损害赔偿司法解释》第1条第1款理解为具体人格权的规定,将第1条第2款理解为一般人格权条款或人格权保护的一般性条款。因为"其他人格利益"条款无论是在具体规则设计上,还是体系构造和向社会生活的开放程度上,都更能担当一般人格权之大任。④ 另外,将《精神损害赔偿司法解释》第1条第1款与第2款之间的规范关系作此理解,更容易被我国司法实践中的多

---

① 参见唐德华主编:《最高人民法院〈关于确定民事侵权精神损害赔偿责任若干问题的解释〉的理解与适用》,人民法院出版社2015年版,第27页。

② 参见朱晓峰:《作为一般人格权的人格尊严权——以德国侵权法中的一般人格权为参照》,载《清华法学》2014年第1期。

③ 参见冉克平:《一般人格权理论的反思与我国人格权立法》,载《法学》2009年第8期。

④ 参见朱晓峰:《作为一般人格权的人格尊严权——以德国侵权法中的一般人格权为参照》,载《清华法学》2014年第1期。

数法院所认同。[①] 在司法实务中，法院在相关判决书中对此的典型表述是："一般人格权是民事主体所享有的，包括人格平等、人格独立、人格自由和人格尊严等内容的一般人格利益，用以解释和补充具体人格权之不足。"[②]

2017年《民法总则》（已失效）第109条和第110条，与《精神损害赔偿司法解释》第1条第1款和第2款的关于人格权益保护的"一般人格权条款+具体人格权"模式基本上保持了一致。对此，一般条款论者从体系解释的角度出发，认为《民法总则》第109条应被理解为规定一般人格权的一般条款，而第110条列举规定重要的具体人格权。在具体适用时，能够纳入具体人格权范畴的适用第110条，其他的人格利益则交由具有高度抽象概括性的第109条处理。[③] 亦即，作为一般人格权条款的《民法总则》第109条可以作为人格权保护的兜底条款使用，为未来因社会生活发展而出现的新型人格权益的保护提供法律依据。[④] 这样，《民法总则》围绕第109条与第110条而确立起了人格利益保护的"一般性条款+具体人格权"的基本模式。[⑤] 与一般条款论的观点相近，功能主义论者认为，《民法总则》第109条虽然在形式上属于一般性条款，但其在功能上却事实性地创设了民法上的一般人格权，对此的核心理由在于：第一，《民法总则》第109条在体系性视角下来看，事实上处于总则编第五章"民事权利"的首要位置，因此其规定和创设的自然就是民事权利，即民法一般人格权；第二，与单纯的一般条款不同，该条是具有权益创设功能的一般条款，赋予当事人对其人格领域以自我发展和自主决定的能力；第三，民法一般人格权创设的根本动因在于立法者希冀经由该条来解决具体人格权涵摄能力不足的问题，我国法律实践急需一般人格权条款这种人格利益规范化构造的有益经验，因而应坚持民法一般人格权；第四，在学理上承认《民法总则》第109条所创

---

① 在中国裁判文书网上检索生效的裁判文书可以发现，法院对于未被制定法明确承认的人格利益的涵摄主要是通过"其他人格利益"条款而非"人格尊严权"条款完成。相关判决可参见宗某等与董某荣一般人格权纠纷案，北京市第三中级人民法院（2022）京03民终5836号民事判决书；宗某与北京市东郊殡仪馆等人格权纠纷案，北京市朝阳区人民法院（2021）京0105民初64805号民事判决书；杨某武与杨某志等名誉权纠纷案，山东省济南市中级人民法院（2021）鲁01民终4333号民事判决书。

② 参见江某某与彭某某一般人格权纠纷案，上海市第一中级人民法院（2014）沪一中民一（民）终字第2315号民事判决书。

③ 参见梁慧星：《民法典编纂中的重大争论：兼评全国人大常委会法工委两个民法典人格权编草案》，载《甘肃政法学院学报》2018年第3期。

④ 参见王利明：《关于制定民法总则的几点思考》，载《法学家》2016年第5期。

⑤ 参见叶金强：《〈民法总则〉"民事权利章"的得与失》，载《中外法学》2017年第3期。

设的一般人格权规则，可以进一步推动理论研究与法律实践之间的有益互动。此种观点值得肯定。事实上，在司法实践中，民法一般人格权于《精神损害赔偿司法解释》首次得到司法实践的明确承认，并且从2008年开始就被法院当作独立的案由而予以适用，充分表明一般人格权条款已完全被司法实践所接受。① 因此，虽然学理上对《民法总则》第109条的认知存在不同观点，但在基本点上却已达成共识，即第109条实质上已经承认了民法一般人格权。② 通过该条，可以将社会生活中出现的新型人格权益纳入民法的涵摄范畴，为具体人的充分实现提供法律上的保护。

四、《民法典》编纂中的理论争议与立法选择

在民法典编纂过程中，对于应否在人格权编中再次规定一般人格权以及应如何具体表述，学理上存在不同意见。

（一）学理上的主要分歧

支持在《民法典》人格权编再次规定一般人格权条款的观点认为，《民法典》人格权编的主题是保护人格尊严，虽然《民法总则》对该主题已经予以了宣示，但在人格权编规定以人身自由、人格尊严为基础的其他人格权益受法律保护，将会使整个《民法典》人格权编的具体规则构造和内在的一般法律思想全部围绕人格尊严的保护和实现这一主题而展开，更加全面突出立法者通过《民法典》保护人格尊严的时代主题，充分彰显民法典的人文主义色彩，更加彰显民事主体的人格和地位。③

反对在人格权编中再次规定类似于《民法总则》第109条的一般人格权条款的观点则认为，由于《民法总则》第109条事实上已经宣告了人身自由、人格尊严作为一般人格权的价值基础，部分学者倡导的在《民法典》中确立宣告性规则的目的事实上业已实现。④ 在此背景下，在人格权编中再规定作为价值基础的人身自由、人格尊严，显然会导致内容重复，与立法者强调的科学立法精神不符。⑤ 相反，人格权编中的一般人格权条款删除关

---

① 参见刘召成：《民法一般人格权的创设技术与规范构造》，载《法学》2019年第10期。

② 参见梁慧星：《民法总论》，法律出版社2021年版，第104页；程啸：《人格权研究》，中国人民大学出版社2022年版，第145页。

③ 参见杨立新：《人格权编草案二审稿的最新进展及存在的问题》，载《河南社会科学》2019年第7期。

④ 参见孙宪忠：《十九大科学立法要求与中国民法典编纂》，载《北京航空航天大学学报（社会科学版）》2018年第1期。

⑤ 参见李建国：《关于〈中华人民共和国民法总则（草案）〉的说明——2017年3月8日在第十二届全国人民代表大会第五次会议上》，载《民法总则立法背景与观点全集》编写组编：《民法总则立法背景与观点全集》，法律出版社2017年版，第6页。

于人格尊严等价值基础的重复表述，却可以理顺《民法总则》第109条与人格权编人格权保护之一般条款之间的规范关系。具体而言，在解释论上可以将《民法总则》第109条作为人格权编人格权保护之一般条款的核心价值基础或一般法律思想渊源，由于《民法总则》第109条是宣告性的，因此，其并不必然排除自然人基于其他价值基础或一般法律思想而享有的人格利益，由此可以使人格权编的人格权保护之一般条款具备向社会开放的广阔涵摄能力。①

折中观点则认为，《民法典》人格权编第990条第2款虽然被部分学者认为是一般人格权条款，但其与《民法总则》第109条规定截然不同。在该观点看来，第109条是规定一般人格权，规定的是权利，②而《民法典》人格权编第990条属于人格权一般条款，符合了学理上否定一般人格权而改采人格权一般条款的新趋势。③

（二）《民法典》的选择

显然，前述学理上关于一般人格权的争议主要集中在人格权编应如何表述一般人格权以使其能够与《民法总则》第109条兼容，避免法条重复并实现法典内部体系构造的科学性。《民法典》颁布之前公布的关于人格权编的五部草案亦是围绕这一问题而展开。④

2018年3月15日《中华人民共和国民法典各分编（草案）（征求意见稿）》（以下简称征求意见稿）第7条规定："除本编规定的人格权益外，自然人享有基于人格尊严产生的其他人格权益。"⑤

2018年8月27日《中华人民共和国民法典各分编（草案）（一次审议稿）》（以下简称一次审议稿）对之前的征求意见稿作了较大幅度的调整，其在第774条规定："民事主体的人格权受法律保护。除本编规定的人格权外，自然人享有基于人身自由、人格尊严产生的其他人格权益。"2019年4月12日《中华人民共和国民法典人格权编（草案）（二次审议稿）》（以

① 参见朱晓峰：《人格权编一般人格权条款的具体表达》，载《吉林大学社会科学学报》2020年第1期。

② 参见石佳友：《守成与创新的务实结合：〈中华人民共和国民法人格权编（草案）〉评析》，载《比较法研究》2018年第2期。

③ 参见房绍坤、曹相见：《〈民法典人格权编（草案）〉的贡献与使命》，载《山东大学学报（哲学社会科学版）》2019年第6期。

④ 参见石佳友：《人格权立法的进步与局限——评〈民法典人格权编草案（三审稿）〉》，载《清华法学》2019年第5期。

⑤ 何勤华、李秀清、陈颐编：《新中国民法典草案总览（增订本）续编》，北京大学出版社2020年版，第109页。

下简称二次审议稿)继续维持了一次审议稿第774条的规定。①

2019年8月16日《中华人民共和国民法典人格权编(草案)(三次审议稿)》(以下简称三次审议稿)对于第774条第1款作了大幅度调整,详细列举了典型的具体人格权类型,第2款仍维持不变。具体规定为:"人格权是民事主体享有的生命权、身体权、健康权、姓名权、名称权、肖像权、名誉权、荣誉权、隐私权等权利。除前款规定的人格权外,自然人享有基于人身自由、人格尊严产生的其他人格权益。"2019年12月28日《中华人民共和国民法典(草案)》(以下简称《民法典(草案)》)第990条继续维持了三次审议稿第774条的规定。②

从立法机关民法典编纂过程中公布的这些草案来看,其对人格权编一般人格权的具体表达也是举棋不定,数易其稿。依据文义解释和体系解释方法进行解释,可以发现,前述第7条、第774条第2款和第990条第2款作为一般人格权的具体表达形式,主要存在如下显著区别:③

第一,就相应条款在人格权编具体安放的位置而言,征求意见稿将之安置在具体人格权之后,在民法典的体系构造上,与规定其他具体人格权的条款并列;而后面各审稿则将相应条款的位置提前,与规定具体人格权类型的一般条款,即第774条第1款并列,共同置于人格权编的首要位置。

第二,就相应条款的具体概念使用而言,征求意见稿用"其他人格权益"作为被明确列举规定的"人格权益"的补充;而嗣后各审稿则在沿用"其他人格权益"的基础上,以"人格权"概念取代第1款的"人格权益"概念,作为被《民法典》明确规定的人格权的法典表述。与之前的草案存在显著不同的是,三次审议稿在第774条第1款将具体人格权的类型详细列举出来,与第2款的一般人格权并列以观。

第三,就一般人格权的价值基础而言,各部草案皆将一般人格权的价值基础明确宣示了出来。存在显著差异的是,征求意见稿将一般人格权的价值基础限定为"人格尊严",而之后的各部草案都将价值基础的范围作了扩张,在"人格尊严"的基础上增加了"人身自由"。

最终获得通过的《民法典》第990条共包括两款,其中作为一般人格权条款的第990条第2款维持了三次审议稿的表述方式,将一般人格权的价

① 何勤华、李秀清、陈颐编:《新中国民法典草案总览(增订本)续编》,北京大学出版社2020年版,第216、400页。

② 参见何勤华、李秀清、陈颐编:《新中国民法典草案总览(增订本)续编》,北京大学出版社2020年版,第445、600页。

③ 参见朱晓峰:《人格权编一般人格权条款的具体表达》,载《吉林大学社会科学学报》2020年第1期。

值明确予以宣示并限定在人身自由、人格尊严的范畴;将以此为基础而生的纳入一般人格权涵摄范围的内容以“其他人格权益”表述,区别于第990条第1款的具体人格权利;并且将纳入第990条第2款保护范围的其他人格权益的享有者限定为自然人,区别于第990条第1款的权利主体。另外,从《民法典》第990条的整体表述来看,其在第1款列举规定了具体人格权类型,在第2款规定了人格权的一般性条款即一般人格权,形成了区别于多元主义保护模式和一元主义保护的折中模式。

《民法典》关于人格权保护模式的选择,实际上亦遵循了司法实践的前述立场。关于《民法典》第109条,学理上认为,其是“总则编第五章的第一个条文,它充分彰显了立法者优先保护人格尊严的价值取向,对于确定民事权益的位阶具有重要的指导意义”,①并进而认为应当从体系解释的角度出发,将该条理解为一般人格权条款。② 该条之后的第110条列举规定重要的具体人格权,在具体适用时,能纳入具体人格权范畴的适用第110条,其他的人格利益则交由具有高度抽象概括性的第109条处理。③亦即,作为一般人格权条款的《民法典》第109条可以作为人格权保护的兜底条款使用,为未来因为社会发展而出现的新型人格权益的保护提供依据。④ 这样,围绕第109条、第110条,《民法典》总则编构建出了人格权益民法保护的“一般人格权条款+具体人格权”模式。⑤ 在此之后,《民法典》人格权编的第990条,则被认为是对《民法典》总则编人格权保护规定的具体展开。⑥ 由此,《民法典》确立了完整的一般人格权制度。

五、本章小结

从域外法规定视角来看,对于具体人格权之外的其他因时代背景变化而产生的新型人格利益的保护,既有通过一般人格权条款来实现的,也有通过一般侵权条款来实现的,还有通过人格权保护一般性条款模式来实现的。各国采取不同的保护模式,事实上都与各自的具体社会生活背景与法制发展现状相适应而无高低优劣之分。虽然我国不同时期对具体人格权

① 参见王利明:《论民事权益位阶:以〈民法典〉为中心》,载《中国法学》2022年第1期。

② 参见《民法典》第109条规定:“自然人的人身自由、人格尊严受法律保护。”

③ 参见张新宝:《〈中华人民共和国民法总则〉释义》,中国人民大学出版社2017年版,第215页。

④ 参见王利明:《关于制定民法总则的几点思考》,载《法学家》2016年第5期。

⑤ 参见叶金强:《〈民法总则〉“民事权利章”的得与失》,载《中外法学》2017年第3期;程啸:《人格权研究》,中国人民大学出版社2022年版,第146~147页。

⑥ 参见王利明:《论人格权保护的全面性和方法独特性——以〈民法典〉人格权编为分析对象》,载《财经法学》2020年第4期。

之外的其他人格权益的保护采取了不同的保护模式，但《民法典》第990条第1款、第2款所确立的人格权保护模式，坚持了发轫于《精神损害赔偿司法解释》第1条第1款、第2款并由《民法总则》第109条、第110条加以确认的人格利益保护的“一般人格权条款+具体人格权”的模式，值得肯定。从立法模式上来看，一般人格权肇端于德国，其重要背景在于《德国民法典》仅规定了姓名权、信用权、贞操权等十分有限的类型，而对名誉权、隐私权等重要类型未作任何规定，因此，法院不得已才以判例形式填补立法漏洞。采纳一般人格权模式的其他国家大多也如此，缺乏关于具体人格权的详细规定。与其他立法例不同，我国《民法典》既规定了十分详尽的具体人格权清单，又规定了一般人格权条款，该模式的独特价值应予深入阐释。

我国民法典草案的起草者在一般人格权的具体表达上展现的犹豫不决的立场，实际上既涉及如何处理我国现行法秩序中关于一般人格权保护的实践经验问题，亦涉及如何理性对待各国一般人格权的保护经验问题；既涉及基本权利条款尤其是以人格尊严条款为核心的宪法一般人格权条款与民法一般人格权条款的规范关系处理问题，也涉及民法典体系内部的总则编的一般人格权条款、侵权责任编的一般侵权条款和人格权编的一般人格权条款在内在体系和外在体系上的思想融贯与逻辑衔接问题，等等。因此，就民法典编纂而言，需要审慎观察并妥善处理这些问题，才能更易于接近并实现立法者追求的“编纂一部适应中国特色社会主义发展要求，符合我国国情和实际，体例科学、结构严谨、规范合理、内容协调一致的法典”的目标。① 从《民法典》第990条的最终选择来看，其在具体表述上显然维持了三次审议稿的立场，一方面，确实在技术层面实现了制定法对具体与抽象二者紧张关系的处理，使该条规定能够较好地满足现实需求对法律规定的确定性与开放性的要求；另一方面，其在处理与《民法典》第109条、第110条以及第1165条等的规范关系上并未完全贯彻法典体系的科学性、体系性的基本要求，影响法典外在体系融贯性目的的实现。因此，对于继续维持四部人格权编草案所选择的人格利益保护“一般人格权条款+具体人格权”模式的《民法典》人格权编来讲，在理解与适用上尚需进一步明确人格权保护的一般人格权条款的具体构造，以解决与民法典体系内其他规则，尤其是《民法典》第109条、第110条以及侵权责任编中的一般侵权条款之间的紧张关系，保证法典外部体系的协调一致。

① 李建国：《关于〈中华人民共和国民法总则（草案）〉的说明——2017年3月8日在第十二届全国人民代表大会第五次会议上》，载《民法总则立法背景与观点全集》编写组编：《民法总则立法背景与观点全集》，法律出版社2017年版，第3页。

第二章　民法典一般人格权条款价值基础的表达方式

从《民法典》第 990 条第 2 款的具体表述来看,其明确宣示了一般人格权的价值基础,具体包括人身自由、人格尊严。① 对于此种立法模式的合理性,在立法过程中存在激烈争议。在《民法典》已明确将人格权价值基础予以宣示的背景下,相应地,对于被宣示出来的作为一般人格权之价值基础的人身自由与人格尊严的具体内涵,亦应予以廓清,以助益于该条的理解适用。

一、一般人格权条款价值基础的宣示

作为一般人格权之价值基础的人格尊严等,是否需要明确宣示出来?对此,如果从民法典编纂的科学性要求视角来看,进入民法典规范体系的民事法律规范应是行为规范或裁判规范,而不是单纯的政治口号或一般原则的宣示。② 因此,除不可或缺的一般条款或关于不确定概念的规定外,民法典应尽量避免不具备规范要素的宣示条款。③ 就此而言,《民法典》第 990 条第 2 款规定的人身自由、人格尊严应作何理解呢?

(一)价值基础宣示与民法典编纂的科学性

一般法律原则的不成文化,本质上是因其内含的价值基础或一般法律思想是不言自明的,④它们存在于具体的法律规范之中并通过这些规范发挥作用。⑤ 显然,将人格尊严等一般人格权的价值基础予以宣示有悖于法典编纂的科学性要求。另外,由于一般人格权条款的主要功能是填补具体人格权规则所可能存在的立法缺漏,而这必然要求一般人格权条款应当具有广阔的涵摄能力来满足复杂多变的社会生活的需要。将一般人格权的价值基础予以限定的做法,恰恰会严重削弱一般人格权的涵摄能力,无益

---

① 参见温世扬:《〈民法典〉视域下的一般人格权》,载《中国法学》2022 年第 4 期。

② 参见孙宪忠:《十九大科学立法要求与中国民法典编纂》,载《北京航空航天大学学报(社会科学版)》2018 年第 1 期。

③ 参见朱广新:《民法典编纂:民事部门法典的统一再法典化》,载《比较法研究》2018 年第 6 期。

④ 参见[德]卡斯滕·施密特:《法典化理念的未来——现行法典下的司法、法学和立法》,温大军译,载明辉、李昊主编:《北航法律评论》2012 年第 1 辑,法律出版社 2012 年版,第 57~58 页。

⑤ 参见叶金强:《〈民法总则〉"民事权利章"的得与失》,载《中外法学》2017 年第 3 期。

于制定法上漏洞的填补和现实生活中具体人之人格利益的充分保护。① 另外，由于《民法典》总则编已经宣告了人身自由、人格尊严，部分学者所倡导的在《民法典》中确立宣告性规则的目的事实上业已实现。② 在此背景下，在人格权编中再规定作为价值基础的人格尊严等，显然会导致内容重复，与立法者强调的科学立法的精神不符。③

（二）价值基础是否宣示的域外法规定

域外法通常并不将一般人格权的价值基础予以明确宣示。例如，德国民法上的一般人格权即未将价值基础明确宣示出来，而是由法院在判决书中通过援引《德国基本法》规定的基本权利所内含的价值基础或者一般法律思想进行论证说理时加以说明。这使一般人格权成为发展性、开放性的一般性条款，能随着共同体文化和社会经济的发展而不断扩展其范围并丰富其内容。④ 这种不明确宣示人格权保护之价值基础的做法，亦被其他国家所认同。例如，《法国民法典》第 1382 条、⑤《瑞士民法典》第 28 条第 1 款⑥均是通过一般性条款概括保护人格权但未明确宣示其价值基础的典型。当然，制定法未明确宣示一般人格权的价值基础并不会对司法实践和学说理论通过解释来填充和丰富其内涵产生不利影响。

不在制定法中明确宣示或规定一般人格权的价值基础，在当代社会背景下尤为重要。因为从当代法律实践中人格利益的保护现状来看，现实生活中具体人的充分实现所需的人格利益类型因人之需求的多样化而错综复杂，需要制定法在保护法的安定性的前提下为人格利益的保护提供具有较高涵摄能力的一般性条款。⑦ 在保护人格利益的一般性条款的涵摄过

---

① 参见朱晓峰：《人格权编一般人格权条款的具体表达》，载《吉林大学社会科学学报》2020 年第 1 期。

② 参见孙宪忠：《十九大科学立法要求与中国民法典编纂》，载《北京航空航天大学学报（社会科学版）》2018 年第 1 期；杨立新：《人身自由与人格尊严：从公权利到私权利的转变》，载《现代法学》2018 年第 3 期。

③ 参见李建国：《关于〈中华人民共和国民法总则（草案）〉的说明——2017 年 3 月 8 日在第十二届全国人民代表大会第五次会议上》，载《民法总则立法背景与观点全集》编写组编：《民法总则立法背景与观点全集》，法律出版社 2017 年版。

④ Vgl. Jörg Paul Müller, Die Grundrecht der Verfassung und der Persönlichkeitsschutz des Privatrechts, Staempfli und Cie, 1964, S. 54.

⑤ 参见《法国民法典》，罗结珍译，北京大学出版社 2010 年版，第 351 页。当代法国学理普遍认为，基于第 1382 条而对非金钱损失进行赔偿，已经成为人格权进入法国法律体系的一个通道。参见［英］W. V. 霍顿 · 罗杰斯主编：《比较法视野下的非金钱损失赔偿》，许翠霞译，中国法制出版社 2012 年版，第 121 页。

⑥ 参见《瑞士民法典》，戴永盛译，中国政法大学出版社 2016 年版，第 12 页。

⑦ 参见方金华：《一般人格权理论分析及我国的立法选择》，载《法律科学（西北政法大学学报）》2015 年第 4 期。

程中，法官得因个案的具体需求而依据利益衡量规则进行处理，从而在法的安定性和对社会生活的开放性之间保持相对的平衡。在个案的利益衡量过程当中，作为人格权益保护之一般性条款的一般人格权，并非典型权利而是“一束受保护的地位”，[①]或是“框架性权利”。[②] 在该框架结构中，法官可以在个案中依据利益衡量规则自由裁量。

我国现行法中的人格尊严、人身自由仅是具体的基本权利，亦仅是民法上一般人格权之价值基础的一部分，所以法官在通过一般人格权条款进行涵摄时不应局限于这两种价值基础，而是应综合考虑涉案的各种价值，并“按照法律秩序下的妥当逻辑和方法去论证其所坚持的价值取向的正当性和裁判结果的正确性”，[③]实现最高人民法院在指导案例93号中所强调的“确保司法裁判既经得起法律检验，也符合社会公平正义观念”的理想目标。[④]

（三）《民法典》的选择

与上述立场不同，民法典编纂过程中公布的人格权编草案无一例外都将一般人格权的价值基础明确宣示了出来。存在不同的是，征求意见稿第7条把一般人格权的价值基础仅限定为“人格尊严”。而之后的各部草案都将一般人格权的价值基础宣示为“人身自由、人格尊严”，这显然与《民法典》总则编第109条保持了一致。依据我国学理上的意见，《民法典》第109条规定的“人身自由、人格尊严”被认为是对《精神损害赔偿司法解释》第1条第1款第3项“人身自由权、人格尊严权”的继承，其中“人身自由”包括身体自由和意志自由，也是人之为人的一般人格利益。[⑤] 基于此，《民法典》总则编在第109条将人身自由作为一般人格权的价值基础予以明确宣示之后，即在列举具体人格权的第110条没有再规定人身自由，显示了法律内在体系的自洽性。与此不同，2018年3月15日征求意见稿第21条和2018年8月27日一次审议稿第791条都将“人身自由”作为具体人格

---

① Vgl. Josef Esser, Schuldrecht, Bersonderer Teil, C. F. Müller, 1969, S. 401.

② Vgl. Dieter Medicus/Stephan Lorenz, Schuldrecht Ⅱ: Besonderer Teil, C. H. Beck, 2014, S. 479~480.

③ 李国强、孙伟良：《民法冲突解决中的利益衡量——从民法方法论的进化到解释规则的形成》，载《法制与社会发展》2012年第1期。

④ 参见于某故意伤害案，最高人民法院指导案例93号（2018年）。

⑤ 参见唐德华主编：《最高人民法院〈关于确定民事侵权精神损害赔偿责任若干问题的解释〉的理解与适用》，人民法院出版社2015年版，第26页。对此，学说理论上存在不同观点。有观点即认为，将“人格尊严”作为母权利或者渊源性权利并无疑义。但将“人身自由”同样作此理解，则存在困难。具体讨论参见张新宝：《〈中华人民共和国民法总则〉释义》，中国人民大学出版社2017年版，第215页。

权加以规定。其中,征求意见稿第 21 条规定:“自然人的人身自由不受侵犯。任何组织和个人以非法拘禁等方式剥夺、限制他人的行动自由,或者非法搜查他人身体的,受害人可以依法请求行为人承担民事责任。”一次审议稿第 791 条将第 21 条的“任何组织和个人”修改为“任何组织或者个人”,其他表述未作调整。因此,征求意见稿和一次审议稿于此存在的最大不同之处在于,征求意见稿仅将“人身自由”作为具体人格权对待,而一次审议稿既将“人身自由”作为一般人格权的价值基础予以宣示,又将之作为具体人格权对待。对此,在学理与实务的批评声中,①2019 年 4 月 12 日二次审议稿将一次审议稿第 791 条的“人身自由”修改为“行动自由”,从而将作为一般人格权之价值基础的人身自由与作为具体人格权类型的行动自由从概念表述上区分开来,符合法典编纂的体系性与科学性的基本要求,值得肯定。嗣后的各次审议稿以及最终的《民法典》保持了二次审议稿在区分“人身自由”概念和“行动自由”概念前提下将一般人格权之价值基础宣示为“人身自由、人格尊严”的做法。

二、一般人格权条款价值基础的类型限定

将一般人格权的价值基础直接宣示出来并限定为人格尊严或者人身自由和人格尊严,是否妥适?这种质疑首先来自人格尊严、人身自由作为一般法律思想的功能预设。

(一)一般人格权条款价值基础限定存在的问题

从人格尊严和人身自由二者的内涵来看,作为民法一般人格权价值基础的人格尊严的思想来源多元,内涵丰富,确实可以为提高一般人格权条款的涵摄能力提供充分的正当性论证,使以此为基础的一般人格权条款在人格尊严能发挥作用的领域之内发挥漏洞填补的功能。而人身自由的内涵外延较明晰,原则上仅指向行动自由,因此,以人身自由作为一般人格权的价值基础或一般法律思想来源,存在困难。② 亦即,从民法典外在体系的科学性、严谨性的角度来看,将这两种属性不同并且涵摄能力相差悬殊的基本价值置于同一位阶,共同作为一般人格权的价值基础,并不适当。另外,创制一般人格权的初衷在于克服具体人格权涵摄能力不足所可能导

① 参见杨立新、李怡雯:《人格自由与人身自由的区别及价值——〈民法典人格权编草案〉第 774 条第 2 款、第 784 条及第 791 条的规范分工》,载《财经法学》2019 年第 4 期。

② 参见张新宝:《〈中华人民共和国民法总则〉释义》,中国人民大学出版社 2017 年版,第 215 页。学理上对此存在不同观点,有观点认为人身自由权包括身体自由和意志自由,属于一般人格权,该观点参见唐德华主编:《最高人民法院〈关于确定民事侵权精神损害赔偿责任若干问题的解释〉的理解与适用》,人民法院出版社 2015 年版,第 26 页。

致的现实生活中人的人格利益无法被充分保护的问题,①其内含的价值或一般法律思想应当是开放的、发展的。若明确宣示以特定价值或一般法律思想为基础并将之封闭化,那么即使其宣示的某价值如人格尊严虽然内涵丰富,但是也会出现该价值无法辐射到的领域,产生一般人格权条款无法涵摄的法律漏洞,违背创制一般人格权条款的初衷。

关于价值基础或者一般法律思想的宣示,虽然《民法典》第 990 条第 2 款将一般人格权的价值基础由征求意见稿第 7 条的“人格尊严”扩展为“人身自由、人格尊严”,但这种扩展的规范意义仍极为有限,无法完成正当化应受一般人格权条款涵摄的人格利益的论证。例如,在生育纠纷案中,仅以人格尊严或人身自由为价值基础的一般人格权条款难以解决司法实践所遭遇的现实困境。具体而言,在婚姻存续期间,在妻子未经丈夫同意堕胎,②妻子单方决定生育,③甚至同居情形下女方欺骗男方其已采取避孕措施而事实上没有避孕并导致怀孕生子等情形中,④实际上均涉及生育权行使与保护的问题。依《中华人民共和国人口与计划生育法》(2021 年修正,以下简称《人口与计划生育法》)第 17 条规定公民有生育的权利;但《中华人民共和国妇女权益保障法》(2022 年修正,以下简称《妇女权益保障法》)第 32 条又规定,妇女依法享有生育子女的权利,也有不生育子女的自由。由于现行民事制定法中并未规定生育权益,法院仅得通过民事制定法中的一般性条款而将此处的生育权益纳入民法的涵摄范畴。⑤ 这里的一般性条款即为具有漏洞填补功能的一般人格权条款,其核心是在个案中进行利益衡量:在女方擅自堕胎场合,法院通常会依据一般人格权条款适用中所普遍采用的利益衡量方法处理。对此,生效判决中的通常表述是:“男性的生育权作为其他民事权利,需要自妻子怀孕起到胎儿出生这一段时间内的自觉自愿配合才能完全实现。但女方是否愿意继续孕育胎儿涉及女方的人身自由权和健康权,属于公民的基本权利,当其他民事权利和基本民事权利相冲突时,应当根据法益均衡、法益价值的原则,倾向于保护

① 参见张红:《人格权总论》,法律出版社 2022 年版,第 421~422 页;杨立新、扈艳:《〈中华人民共和国人格权法〉建议稿及立法理由书》,载《财经法学》2016 年第 4 期。

② 参见孙某、姜某离婚纠纷案,山东省烟台市中级人民法院(2019)鲁 06 民终 2187 号民事判决书。

③ 参见李某花、范某诉范某业、滕某继承纠纷案,载《最高人民法院公报》2006 年第 7 期;李某、郭某阳诉郭某和、童某某继承纠纷案,最高人民法院指导案例 50 号(2015 年)。

④ 参见赵某诉许某抚养费纠纷案,北京市海淀区人民法院(2013)海民初字第 23318 号民事判决书。

⑤ 参见石某、殷某泉与北京东方博大医院医疗损害责任纠纷案,北京市朝阳区人民法院(2014)朝民初字第 07701 号民事判决书。

公民的基本权利。”[①]在女方欺诈怀孕并生子场合，法院亦经常通过一般人格权条款来涵摄案件事实并进行处理，法院对此的通常观点是：“决定孩子是否出生属于生育决定权的范围。生育权具有明显的冲突性……但是男方的生育决定权与女性的人身自由权、生命健康权相比，处于下位阶。如果两种权利发生冲突，男性的生育权应当让步。从法经济学的角度出发，女性生育子女要历经受孕、怀孕、生产近十个月的时间，而男方生育子女仅发生性行为即可，女性的投入显然更多，因此生育决定权是女性独有的权利。”[②]通过实践中法院在解决生育权纠纷时使用的修辞来看，于此用于涵摄事实的一般人格权条款，显然在内涵上包括人格自由、人格尊严等基本权利所具备的一般法律思想时，才能完成对于相关事实的涵摄。若将一般人格权的价值基础仅限定为人格尊严或者人格尊严和实质上仅指向行动自由的人身自由，即难以完全涵摄前述案件事实，不能对案涉人格权益的保护提供合法性论证。

事实上，在我国司法实践中，还存在大量其他的非以人身自由、人格尊严为价值基础的人格利益受损的情形。例如，因法医错误鉴定导致受害人错失进入特定职业领域发展的机会[③]，具有人格象征意义的特定纪念物品如结婚活动照相胶卷[④]、父母生前的仅存照片因照相馆过错而遗失使受害人的人格利益受损[⑤]，错误火化尸体或丢失骨灰使死者近亲属人格利益受损[⑥]，故意阻碍迎亲车队使受害人的婚礼无法按预定程序和方式举办[⑦]，未经其他权利人允许擅自从殡仪馆取走他人骨灰致使他人对骨灰享有的感

---

① 魏继儒、刘鹤：《妻子私自堕胎不侵害丈夫的生育权》，载《人民法院报》2016 年 9 月 7 日，第 7 版。

② 孙欣：《女性单方面决定生育不构成对男性生育权的侵犯》，载《人民法院报》2014 年 5 月 29 日，第 6 版。

③ 参见刘某诉嘉信乒乓球俱乐部等以初诊但后被法医鉴定的结论为依据决定其离队影响其运动生涯赔偿纠纷案，载最高人民法院中国应用研究所编：《人民法院案例选》1999 年第 3 辑（总第 29 辑），时事出版社 2000 年版，第 64 页。

④ 参见肖某、刘某伟诉国营旭光彩色扩印服务部丢失交付冲印的结婚活动照胶卷赔偿纠纷案，载最高人民法院中国应用研究所编：《人民法院案例选》1995 年第 1 辑（总第 11 辑），人民法院出版社 1995 年版，第 74 页。

⑤ 参见王某云诉美洋达摄影有限公司丢失其送扩的父母生前照片赔偿案，载最高人民法院中国应用研究所编：《人民法院案例选》1999 年第 2 辑（总第 28 辑），时事出版社 1999 年版，第 82 页。

⑥ 参见艾某民诉青山殡仪馆丢失寄存的骨灰损害赔偿纠纷案，载最高人民法院中国应用研究所编：《人民法院案例选》1993 年第 3 辑（总第 5 辑），人民法院出版社 1993 年版，第 83 页。

⑦ 参见马某丽诉崔某红一般人格权纠纷案，河南省济源市人民法院（2011）济民一初字第 238 号民事判决书。

情受损①,以及婴儿照片因照相馆保存失误而伤害家属感情②,等等,均是以人身自由、人格尊严为价值基础的一般人格权条款难以完整涵摄的。如果将《民法典》第990条第2款确立的一般人格权条款的价值基础限定为"人身自由、人格尊严",就会出现前述司法实践中所展现的无法通过一般人格权条款涵摄的尴尬情形。这显然有违一般人格权条款创设的初衷,并不适当。

(二)一般人格权条款价值基础的法律规定

我国《民法典》第990条第2款在征求意见稿第7条人格尊严的基础上增加了人身自由,但我国《宪法》上的人身自由和人格尊严一样,从来都被认为是一项具体的基本权利,与之相关联的民法上的人身自由亦是具体的人格权,其核心意旨在于保护自然人的行动自由,对此之外的其他人格利益的保护,则无法提供正当性说明。亦即,《民法典》第990条第2款通过增加人身自由而与人格尊严共同作为论证"其他人格利益"受法律保护的价值基础,增强作为一般人格权的"其他人格利益"的正当性论证并提高其涵摄能力的原初目的无法实现。

因此,应仅在民法典中确立一般人格权条款而不宣示其价值基础,从而将一般人格权条款内含的一般法律思想或价值基础的发现与解释交给司法实践,由法官在个案审理中依现实需要而将民法典内在体系中的基本价值通过外在体系之具体构成的法律概念、规则显现出来。此种做法显而易见的好处是,其不但能使个案中具体适用的一般人格权条款获得充分的正当性论证,还可以向社会现实充分开放,具有强大的涵摄能力,③能够助益于立法者创制一般人格权条款之初始目的的实现。

(三)一般人格权条款价值予以开放的实践经验

在我国当前司法实践中,也有法院不拘泥于制定法明确宣示的价值基础来解决具体案件中包括以人格尊严、人格自由发展及其他一般法律思想为基础的人格权益涵摄甚至冲突的问题。

例如,在调取丈夫情人生子案中,妻子通过医院调查丈夫情人的病历,用来查明丈夫以夫妻共同财产支付其与情人所生之子的相关费用

① 参见李某与邓某勤一般人格权纠纷案,广西壮族自治区崇左市中级人民法院(2020)桂14民终894号民事判决书。

② 参见刘某等诉赵某人格纠纷案,河南省洛阳市西工区人民法院(2012)西民初字第45号民事判决书。

③ 参见曹险峰、邹潇:《论一般人格权的功能与制度价值》,载《行政与法(吉林省行政学院学报)》2005年第11期。

时,涉及丈夫情人以人格尊严为价值基础的隐私权和妻子以人格自由为价值基础的知情权的冲突。于此妻子的行为是否构成他人隐私权的侵犯?在一般情形下,不具有法定资格的第三人向负有保密义务的医院查询他人病历资料,因医院过失导致病人私密信息泄露,符合《民法典》侵权责任编第1172条规定的情形,第三人与医院应按照过错大小承担侵权责任。但在本案中,审理法院却认为:“丈夫情人的病历资料不仅含有其身体隐私部位的相关信息,更有其不愿为外人所知的生理疾病信息,医院依法负有保密义务,不得随意对外泄露。但妻子对与丈夫夫妻关系存续期间的消费情况享有知情权,有权了解丈夫在医院的消费情况而申请调取材料,其为维权而自行收集证据的行为并不违反法律规定,亦不构成对丈夫情人隐私权的侵犯;而医院未尽法定审查义务,向不具备调取丈夫情人病历资料法定条件的妻子提供了病历资料,违法泄露了丈夫情人的隐私,构成对其隐私权的侵犯,应承担侵权责任。”①法院于此通过衡量不同价值基础的人格权益而进行了区分处理,显然极大提高了一般人格权的涵摄能力,有别于德国司法实践依法律价值的位阶排序而进行的利益衡量方法。后者在隐私权和知情权发生冲突时,径直以人之尊严的优先性而认为以人之尊严为价值基础的隐私权应优先于以人格自由发展为基础的知情权的保护。② 在生育权纠纷案中,法院通过判决书表明:“决定孩子是否出生属于生育决定权的范围。生育权具有明显的冲突性……但是男方的生育决定权与女性的人身自由权、生命健康权相比,处于下位阶。如果两种权利发生冲突,男性的生育权应当让步。”③法院于此通过利益衡量规则而综合考量了处于通常所谓的一般人格权涵摄范围的各种人格利益和价值基础,并推出女性生育权优先保护的结论,论证的正当性和合法性基础更为充分。④ 此亦表明,不明确规定一般人格权的价值基础,事实上更有利于该一般性条款之立法目的的实现。

当然,由于这里的利益权衡更多地依赖于法官个人的价值判断,而在个案的利益权衡处理中,法官的性别、年龄、婚史、信仰甚至所属政党等都

---

① 田野、丛林:《调取前夫情人住院生娃病历是否构成侵权》,载《民主与法制周刊》2018年第20期。

② 参见朱晓峰:《侵权可赔损害类型论》,法律出版社2017年版,第613页。

③ 赵某诉许某抚养费纠纷案,北京市海淀区人民法院(2013)海民初字第233号民事判决书。

④ 参见朱晓峰:《评最高人民法院指导案例50号:兼论生育权保护》,载《西安电子科技大学学报(社会科学版)》2016年第5期。

会对相应的法律效果评价结果产生实质性的影响,①影响法的安定性。②例如,在2019年立案直到2022年7月18日才作出一审判决的单身女性冻卵案中,对于单身女性徐某枣依据一般人格权被拒绝给其实施冻卵手术的医院侵害为由而向该医院主张的侵权责任,虽然法院依据《民法典》第3条、第109条、第110条等认为:"人格权是法律确认或赋予民事主体享有的具有人格属性、以人格利益为客体的人身权利。人格权包括一般人格权和具体人格权,一般人格权又包括人格自由权、人格尊严权。人格权请求权是指民事主体在其人格权的圆满状态受到妨害或者有妨害之虞时,可以向加害人或者人民医院请求加害人为一定行为或不为一定行为,以恢复人格权的圆满状态或者防止妨害的权利。"③并因此承认单身女性享有的生育权属于《民法典》第109条规定的以人身自由、人格尊严为基础的一般人格权的调整范围,但是,其又以医院的行为不具有违法性而拒绝了原告主张的侵权责任。在法院看来:

第一,辅助生殖技术涉及医学、法律伦理和社会等多方面因素,为防范技术应用风险,保护人民群众合法权益和社会公共利益,该技术应被作为限制性应用的特殊临床诊疗技术来规范,在我国当前法律和行政法规尚未对人类辅助生殖技术具体应用作出明文规定的情形下,原卫生部发布的《人类辅助生殖技术管理办法》(2001年)、《实施人类辅助生殖技术的伦理原则》(2001年,已废止)等部门规章和技术规范中明确规定人类辅助生殖技术的应用必须以医疗为目的,且明令禁止给不符合国家人口和计划生育法规和条例的夫妇及单身妇女实施人类辅助生殖技术,对医疗机构及其从业人员产生法律约束力。

第二,医院作为受前述部门规章和技术规范约束的医疗机构,相应的诊疗活动必须按照核准登记的诊疗科目展开且必须遵守有关法律、法规、部门规章和医疗技术规范,亦即其只有在辅助生殖技术的需求方是以医疗为目的,其符合国家计划生育政策、伦理原则和有关法律规定的情形下,才负有提供人类辅助生殖技术服务的法定义务。

第三,身体健康的单身女性以迟延生育为目的向医院提出的冻卵服务要求,既非以医疗为目的,也不符合国家计划生育政策,因此医院拒绝为其

① See Julie E. Artis, *Judging the Best Interests of the Child: Judges' Accounts of the Tender Years Doctrine*, 38 Law & Society Review 769(2004).

② 参见杨力:《基于利益衡量的裁判规则之形成》,载《法商研究》2012年第1期。

③ 参见原告徐某枣与被告首都医科大学附属北京妇产医院一般人格权纠纷案,北京市朝阳区人民法院(2019)京0105民初6785号民事判决书。

实施冻卵服务不具有违法性。

法院在该案判决书中，一方面，承认单身女性的生育权属于基于人身自由、人格尊严而生的一般人格权的保护范畴；另一方面，又以医院的行为符合卫生管理部门制定的部门规章、技术规范为由认为其不具有违法性，从而拒绝给予一般人格权被侵害的单身女性以法律救济的裁判论证思路，也表明了法院在案涉利益的综合权衡中，认为单身女性基于人身自由、人格尊严而生的生育利益，在与医疗领域的管理秩序、计划生育政策、社会公共利益及女性、子代健康等发生冲突时，选择优先保护后者的基本立场。这一立场虽然与 2020 年 7 月 23 日国家卫生健康委员会《关于政协十三届全国委员会第三次会议第 2049 号（社会管理类 144 号）提案答复的函》中所明确表达的“生育行为不仅涉及女性，也涉及子代的健康和发展等基本权利，需要结合经济社会发展，逐步完善相关政策措施，保护妇女儿童合法权益”的立场一致，①但却可能导致个案中的单身女性基于人身自由、人格尊严而生的一般人格权被侵害。因此，如何解决一般人格权之价值基础在作用于相应法律效果评价时的具体方式与路径，是一般人格权条款适用中应予解决的核心问题。在此意义上，学理上认为《民法典》第 990 条第 2 款的规定“能够回应社会发展所产生的新型人格权益保护需求，避免具体列举人格权所产生的封闭性，有助于使得人格权益保护的体系更为完全，保护的范围也更为周延，适应社会的不断发展，发挥对人格权益进行兜底性保护的功能，保持人格权制度发展的开放性”，在司法实践中尚待进一步检验。②

三、本章小结

整体而言，在立法论上，《民法典》第 990 条第 2 款将一般人格权的价值基础限定为“人身自由、人格尊严”，并不妥当，其违反了民法一般人格权价值基础多元化的基本立场，缺乏正当性基础。这种正当性基础不足的直接后果可能就是，使原本价值多元而具有强大涵摄能力的一般人格权条款的漏洞填补和法律救济功能大打折扣，不利于现实生活中具体人在法律上的实现。但是考虑到《民法典》第 109 条、第 990 条第 2 款已明确宣示了

---

① 国家卫生健康委员会的详细论证参见其在 2020 年 7 月 23 日作出的《关于政协十三届全国委员会第三次会议第 2049 号（社会管理类 144 号）提案答复的函》。

② 参见朱虎：《人格权何以成为民事权利?》，载《法学评论》2021 年第 5 期。

一般人格权的价值基础的既成事实,[①]因此,在解释论的视野下尽量避免此种立法模式可能导致的弊端,可能对于法学来说更重要。对此,姚辉教授清晰地指出:“毕竟较之于理想的法典所预设的行为模式,真正的社会交往要更加现实,也更加复杂。因此,民法功能的实现不能仅依靠一种‘纸面上的法律’,更需要的是一种‘行动中的法律’。”[②]诚哉斯言!

---

① 参见温世扬:《〈民法典〉视域下的一般人格权》,载《中国法学》2022年第4期;李永军:《民法总则民事权利章评述》,载《法学家》2016年第5期。

② 参见姚辉:《当理想照进现实:从立法论迈向解释论》,载《清华法学》2020年第3期。

第三章　民法典一般人格权条款的价值基础(一):人身自由

《民法典》人格权编中明确规定自由概念的条款有3个:一个是第990条第2款,该款规定了人身自由概念;另外两个是第1003条和第1011条,规定了行动自由概念。从这两个概念在《民法典》体系中的具体位置来看,第990条第2款的人身自由是一般人格权的价值基础,并非具体人格权;[①]而第1003条、第1011条的行动自由则是具体人格权。行动自由往往表现为身体移动的自由,因此,在《民法典》的权利规范体系上被纳入身体权框架,[②]但是鉴于行动自由强调的重点在于自然人对其身体行动的自主决定权不受外界干预,我国学理上认为,可以扩张解释其内涵而将从事特定活动的自由也纳入第1003条规定的行动自由范畴。[③] 亦即,在人身自由和行动自由的规范关系界定上,应当将作为具体人格权的行动自由与作为一般人格权价值基础的人身自由予以明确区分,以便在统一的人格权概念体系下界定《民法典》中人身自由的内涵与规范边界,从而为一般人格权条款的具体适用奠定基础。

一、人身自由作为一般人格权价值基础的理论争议与法典选择

在《民法典》之前,尽管学理上不乏批评之声,但我国现行民事法律体系中的制定法,如《侵权责任法》,始终没有出现关于自由或者人格自由等更具有一般意义的概念。[④] 相较而言,《妇女权益保障法》(1992年,已修改)第34条、《中华人民共和国消费者权益保护法》(1993年,以下简称《消费者权益保护法》,已修改)第25条、《中华人民共和国国家赔偿法》(1994年,以下简称《国家赔偿法》,已修改)第3条、《中华人民共和国劳动法》(1994年,以下简称《劳动法》,已修改)第32条、《中华人民共和国执业医

① 参见黄薇主编:《中华人民共和国民法典人格权编解读》,中国法制出版社2020年版,第17页。

② 参见最高人民法院民法典贯彻实施工作领导小组主编:《中华人民共和国民法典人格权编理解与适用》,人民法院出版社2020年版,第138页。

③ 参见石佳友:《人格权立法的进步与局限——评〈民法典人格权编草案(三审稿)〉》,载《清华法学》2019年第5期。

④ 参见梁慧星:《中国人身权制度》,载《中国法学》1989年第5期。

师法》(1998 年,以下简称《执业医生法》,已废止)第 40 条、《中华人民共和国婚姻法》(2001 年,以下简称《婚姻法》,已废止)第 11 条等明确规定了自然人的“人身自由”受法律保护。但在这些具体的制定法中,人身自由无一例外都是作为具体人格权而被规定和保护的。① 对此,实践中有法院在判决书中明确表示,“人身自由是指身体活动的自由,即可以通过人的自主意志控制肢体行为等物理活动上的自由”。② 当然司法实践也并未完全坚守前述制定法的立场,最高人民法院 2001 年发布的司法解释,即《精神损害赔偿司法解释》第 1 条第 1 款第 3 项即直接规定“人身自由权”并将之与“人格尊严权”并列,共同作为一般人格权对待。③ 2017 年《民法总则》虽然没有如《精神损害赔偿司法解释》一样径直规定“人身自由权”“人格尊严权”,但其将“人身自由”和“人格尊严”并列规定在第 109 条,并置于第五章“民事权利”之首。④ 这实质上是将之前制定法中作为具体人格权的人身自由作为一般人格权的价值基础对待。⑤ 由此导致的问题是,《民法典》究竟应如何对待人身自由?

(一)《民法典》编纂过程中的学理分歧

对此,在《民法典》编纂过程中,学理上存在不同意见。

人身自由否定论认为,人身自由是一种具体人格权,若将之作为一般人格权的价值基础,会导致一般人格权的涵摄能力降低,无益于法律创制一般人格权规则之立法目的的实现。⑥ 徐国栋教授主编的民法典草案建议稿中即没有明确宣示一般人格权的价值基础。⑦

人身自由肯定论认为,《宪法》第 37 条以及《民法总则》第 109 条等均已使用人身自由概念作为一般人格权之价值基础的表述,基于现行法秩序之外在概念体系一致性的考虑,人格权编一般人格权之价值基础的概念表述应与之保持一致。

折中论认为,考虑到人身自由概念固有的缺陷以及我国现有法律体系

---

① 参见冉克平:《论人格权法中的人身自由权》,载《法学》2012 年第 3 期。

② 参见雷某、徐某明一般人格权纠纷案,四川省成都市中级人民法院(2018)川 01 民终 15876 号民事判决书。

③ 参见唐德华主编:《最高人民法院〈关于确定民事侵权精神损害赔偿责任若干问题的解释〉的理解与适用》,人民法院出版社 2015 年版,第 26 页。

④ 参见石宏主编:《中华人民共和国民法总则:条文说明、立法理由及相关规定》,北京大学出版社 2017 年版,第 257 页。

⑤ 参见陈甦主编:《民法总则评注》(下),法律出版社 2017 年版,第 750 页。

⑥ 参见朱晓峰:《作为一般人格权的人格尊严权——以德国侵权法中的一般人格权为参照》,载《清华法学》2014 年第 1 期。

⑦ 参见徐国栋主编:《绿色民法典草案》,社会科学文献出版社 2004 年版,第 83 页。

中的制定法传统,人格权编对一般人格权的价值基础应予宣示,但应当用其他更具一般性的概念取代人身自由概念,以确保作为一般人格权之价值基础的开放性和价值基础彼此之间的合体系性。

折中论在学理上获得了更多的认同。例如,梁慧星先生主编的民法典草案建议稿中,作为一般人格权之价值基础而被宣示出来的是“自由、安全和人格尊严”;①王利明教授主持的民法典草案建议稿中则是将一般人格权的价值基础规定为“人格尊严、人格平等和人格自由”;②杨立新教授主持的民法典草案建议稿中的一般人格权的价值基础则是“人格尊严、人格独立、人格自由”,其中人格尊严构成价值基础的核心,包括保持和发展人格的自由。③ 显然,折中论所使用的“自由”概念和“人格自由”概念均比肯定论的“人身自由”概念更符合法典外在体系基础概念彼此之间的逻辑规范要求。

(二)《民法典》的选择

民法典人格权编草案的征求意见稿部分接受了否定论的观点,在第 7 条规定了人格尊严为人格权编一般人格权的价值基础,而将人身自由作为具体人格权之一种,规定在身体权框架内。④ 但之后草案的各次审议稿却再次回到肯定论的立场而改变了征求意见稿的规定,重新将人身自由与人格尊严并列,作为一般人格权的价值基础加以规定。尽管在草案审议过程中,仍有全国人大常委会委员认为,应将一般人格权的价值基础修改为“人格平等、人格自由、人格尊严”,以提高一般人格权条款的涵摄能力,⑤或者直接规定“民事主体享有人格独立、人格平等、人格尊严和人格自由”,⑥并且学理上也有观点坚持认为,人格权是以人格平等为基点,以人格自由、人格尊严为双内核,⑦但否定论与折中论的观点均未被最后的《民法典》所接

① 参见梁慧星主编:《中国民法典草案建议稿附理由:总则编》,法律出版社 2013 年版,第 44 页。

② 参见王利明主编:《中国民法典学者建议稿及立法理由:人格权编、婚姻家庭编、继承编》,法律出版社 2005 年版,第 18 页。

③ 参见杨立新、扈艳:《〈中华人民共和国人格权法〉建议稿及立法理由书》,载《财经法学》2016 年第 4 期。

④ 参见何勤华、李秀清、陈颐编:《新中国民法典草案总览(增订本)续编》,北京大学出版社 2020 年版,第 186 页。

⑤ 参见王博勋、田宇:《民法典人格权编草案三审:进一步强化对人格权的保护》,载《中国人大》2019 年第 17 期。

⑥ 参见《民法典立法背景与观点全集》编写组编:《民法典立法背景与观点全集》,法律出版社 2020 年版,第 378 页。

⑦ 参见张平华:《认真对待人格权法律行为》,载《政法论坛》2019 年第 5 期。

受,《民法典》第 990 条第 2 款全盘采纳了肯定论的基本立场。①

事实上,在《民法典》编纂之初,立法者即明确表示:“编纂民法典不是制定全新的民事法律,而是对现行的民事法律规范进行科学整理;也不是简单的法律汇编,而是对已经不适应现实情况的规定进行修改完善,对经济社会生活中出现的新情况、新问题做出针对性的新规定。”②这表明,我国立法者为此次《民法典》的编纂设定了两项基本目标:第一项目标是实现对现有法律规则的科学化、体系化的整理,以实现民事立法的科学化、体系化;③第二项目标是对现有民事法律规则予以完善,从而及时回应现实生活对制定法提出的要求。就此而言,《民法典》第 990 条第 2 款的最后选择,即将我国现行法律体系中本来作为具体人格权的人身自由直接作为一般人格权的价值基础加以规定,可能会导致原本内涵外延相对比较清晰的人身自由概念以及相应的具体法律规则的理解适用出现混乱,因为同一概念既是一般人格权的价值基础,又是具体人格权本身,在理解与适用上难免会出现法律体系自身的违反,这显然与第一项目标并不完全吻合。因此,在《民法典》全面施行的背景下,如何在具体概念的理解与适用上区分《民法典》第 109 条以及第 990 条第 2 款在一般人格权价值基础的抽象意义上所使用的人身自由与《妇女权益保障法》(2022 年修正)第 19 条、《消费者权益保护法》(2013 年修正)第 27 条、《国家赔偿法》(2012 年修正)第 3 条、《劳动法》(2018 年修正)第 32 条、《执业医师法》(2009 年修正,已废止)第 40 条等在具体人格权意义上所使用的人身自由,是学说理论与司法实务亟须解决的问题,另外,对该问题的解决也可以间接回应立法者编纂《民法典》所追求的科学化与体系化的规范目的。

二、人身自由的界定方式

对《民法典》第 990 条第 2 款规定的“人身自由”的具体理解,既涉及《民法典》内部概念,如人身自由和行动自由、人身自由和人格尊严等概念的规范关系的认定问题,也涉及现行法律外部体系的概念、规则彼此之间的规范关系处理,尤其是与《宪法》第 37 条的人身自由、第 38 条的人格尊

---

① 参见黄薇主编:《中华人民共和国民法典人格权编解读》,中国法制出版社 2020 年版,第 17 页。

② 《民法总则立法背景与观点全集》编写组编:《民法总则立法背景与观点全集》,法律出版社 2017 年版,第 3 页。

③ 关于法典编纂的科学性以及法律条文表述技术和规则问题,可参见黄文煌:《民法典编纂中的法条表达技术——对〈中华人民共和国民法典(草案)〉条文的梳理》,载《暨南学报(哲学社会科学版)》2020 年第 1 期。

严之间的规范关系处理问题,还涉及以人身自由为价值基础的一般人格权的涵摄能力以及与此相关的立法目的的实现问题等,因此应仔细斟酌。

(一)《民法典》颁布后的理论分歧及评析

在《民法典》颁布后,对于其第 990 条第 2 款中规定的人身自由究竟应如何理解,学理上仍存在如下分歧:

一是人身自由误用论。该观点是对民法典编纂过程中的人身自由否定论的延续,其认为《民法典》第 990 条第 2 款将人身自由作为一般人格权的价值基础是一种失误,因为能产生其他人格权益的只能是抽象的人格自由而不是人身自由,后者是具体人格权,包括身体的行动自由和意志自由,或者说人身自由作为一种独立的主观权利、具体人格权,不能成为另一项独立的主观权利的渊源。① 依据该观点,该款作为一般人格权价值基础的只能是人格尊严,或者人格尊严所代表的就是一般人格权,人格尊严是一般人格权的代名词。但对如何处理该款规定的人身自由与人格尊严的关系,该观点并未予以说明。

二是一般自由论。该观点认为,该款的人身自由既包括身体自由,即自然人行动自由不受非法限制、身体不受非法搜查、不受非法逮捕和拘禁等,也包括自然人的自主决定自由、住宅不受侵犯、通信自由和通信秘密受法律保护、婚姻自主权等,②是自然人自主参加各项社会活动、参与各种社会关系、行使其他人身财产权利的基本保障。在该观点内部,又因为对人身自由和人格尊严的不同认识而分为三种不同意见:

第一种意见是将人身自由与人格尊严并列对待,认为该款的人身自由和人格尊严含义非常广泛,所有人格权都以这两种价值为基础,都是这两种价值的具体表现,它们共同构成认定新型人格权益的根本标准,具有权利创设、价值指引和兜底保护等多重功能。③ 该观点将人身自由作为一般性自由对待,并且在规范功能上与人格尊严并列,认为现行法律体系中的其他具体法律规则所使用的人身自由通过该款获得了抽象的一般意义,在理解与适用上能够与人格尊严同等对待。④

---

① 参见陈甦、谢鸿飞主编:《民法典评注:人格权编》,中国法制出版社 2020 年版,第 76 页。

② 参见最高人民法院民法典贯彻实施工作领导小组主编:《中华人民共和国民法典人格权编理解与适用》,人民法院出版社 2020 年版,第 25 页。

③ 参见黄薇主编:《中华人民共和国民法典人格权编解读》,中国法制出版社 2020 年版,第 16~17 页。

④ 参见温世扬:《民法典视域下的"人身自由"》,载《法制与社会发展》2022 年第 3 期。

第二种意见虽然将人身自由作为一般人格权的价值基础对待,①承认该款已经存在的事实,而未如人身自由误用论一样直接否定人身自由的一般人格权属性,但与将人格尊严和人身自由完全并列的观点不同,其并不认为人身自由与人格尊严居于同等地位,于此其又抛开该款的文义而认为人格尊严是自然人行使其他一切权利的前提和基础,构成其他人格权的渊源性权利。② 显然,这一观点折中了前述两种观点:一方面,尊重《民法典》的已有规定而认为该款的人身自由构成一般人格权的价值基础;另一方面,又受思想观念史上关于人格尊严和人身自由关系的影响,忽略该款将二者并列规定的做法,认为人格尊严构成所有人格权的价值基础,作为一般人格权之价值基础的人身自由只是人格尊严的一种重要表现形式。

第三种意见是受限制的一般自由论。该观点认为,应将人身自由理解为"一般行为自由或自主决定的自由。唯其如此,才能发挥人身自由这项一般人格权阐释具体人格权以及发展和保护新型人格利益的功能"。但该观点同时又认为,将人身自由理解为一般行为自由或自由发展人格的自由,并不等于将言论自由、集会自由、出版自由等基本政治权利涵盖在内,也不等于将意思表示自由、婚姻自由包括进去。因为前者规定在《宪法》中,不受《民法典》调整,后者《民法典》等另有特别规定。③

除前述三种直接讨论《民法典》第 990 条第 2 款的人身自由概念的内涵外延与性质的观点外,学理上还有观点是从宪法权利与民事权利之间的规范关系的视角,讨论作为《民法典》所保护的人格权益的价值基础的人身自由尤其是人格尊严,④但其未讨论人身自由本体及其与人格尊严和作为具体人格权的人身自由的规范关系。

整体而言,在《民法典》第 990 条第 2 款已将人身自由与人格尊严共同作为一般人格权的价值基础予以承认的背景下,在具体理解和适用该款的人身自由概念时,无论是第一种观点所持的误用论,还是无视该款的具体规定而直接以人格尊严作为一般人格权的价值基础,都无益于问题的解决。一般性自由论将《民法典》该款规定的人身自由与人格尊严在规范功能上同等对待的观点,在形式上符合该款的文义表述,但缺乏人身自由与

---

① 参见王利明、程啸、朱虎:《中华人民共和国民法典人格权编释义》,中国法制出版社 2020 年版,第 33 页。

② 参见杨立新:《人格权法》,法律出版社 2020 年版,第 71 页。

③ 参见程啸:《人格权研究》,中国人民大学出版社 2022 年版,第 149 页。

④ 参见杨立新、郭明瑞主编:《〈中华人民共和国民法典 · 人格权编〉释义》,人民出版社 2020 年版,第 10~11 页。

人格尊严内在规范关系上的有力论证来证成二者的此种关系,并且也未解决现行法律体系下,在《民法典》一般人格权条款中规定的“人身自由”与在其他制定法中规定的作为具体人格权的“人身自由”“行动自由”“婚姻自主权”等具体的自由类型在具体适用上的规范关系。相较而言,一般性自由论中的折中性观点既承认该款规定的人身自由是一般人格权的价值基础,又未将之与具有高度抽象意义的人格尊严完全等同对待,更能经受住学理上的诘难。但问题是,该观点亦没有厘定作为一般人格权价值基础的人身自由与作为具体人格权的人身自由之间的关系,也没有清晰界定该款内部的人身自由与人格尊严之间的规范关系,因此对本款规定的人身自由的规范内涵的界定仍有进一步考量的空间。

(二)在人身自由与人格尊严的规范关系中确定人身自由

事实上,在《民法典》第 109 条及第 990 条第 2 款已经将人身自由与人格尊严共同作为民法一般人格权的价值基础予以宣示的背景下,既不能如人身自由误用论一样直接否定或者无视《民法典》的这种规定,否则可能损害制定法本身的权威性;也不能如一般性自由论中的完全同等对待论一样直接从文义出发,将《民法典》第 990 条第 2 款规定的人身自由与人格尊严两种基本价值并列以观,因为无论是现行法律体系内人身自由既作为一般人格权之价值基础也作为具体人格权的基本现状,还是已公开的《民法典》颁布前后的立法资料及《民法典》颁布后对全面理解和实施《民法典》具有重要指导意义的文件,都没有将人身自由与人格尊严置于同等重要的位置。前者如全国人民代表大会常务委员会法制工作委员会主任沈春耀同志 2018 年 8 月 27 日在第十三届全国人民代表大会常务委员会第五次会议上所作的《关于〈民法典各分编(草案)〉的说明》,其中指出:“人格权是民事主体对其特定的人格利益享有的权利,关系到每个人的人格尊严,是民事主体最基本、最重要的权利。保护人格权、维护人格尊严,是我国法治建设的重要任务……落实宪法关于‘公民的人格尊严不受侵犯’的要求。”①全国人民代表大会常务委员会副委员长王晨同志 2020 年 5 月 22 日在第十三届全国人民代表大会第三次会议上所作的《关于〈中华人民共和国民法典(草案)〉的说明》继续维持了前述立场。② 后者如习近平总书记 2020 年 5 月 29 日在中央政治局第二十次集体学习时的讲话,以及同年

① 参见《民法典立法背景与观点全集》编写组编:《民法典立法背景与观点全集》,法律出版社 2020 年版,第 21 页。

② 参见《民法典立法背景与观点全集》编写组编:《民法典立法背景与观点全集》,法律出版社 2020 年版,第 13 页。

6月15日发表的《充分认识颁布实施民法典重大意义 依法更好保障人民合法权益》重要文章，即明确指出："民法典系统整合了新中国70多年来长期实践形成的民事法律规范……是一部体现对生命健康、财产安全、交易便利、生活幸福、人格尊严等各方面权利平等保护的民法典。"①这些权威性文件所展现出来的基本图像是：人格尊严是《民法典》所保护的人格权的基石所在，具有更基础的价值和地位，②而人身自由则并未被置于同等重要的位置。这一图像与我国现行法律体系中的既有规定，特别是与《宪法》和《民法典》中关于人格尊严和人身自由的具体规定，既有相契合的部分，也有迥异的内容，由此直观性地反映了1982年《宪法》明确规定人格尊严、人身自由以来法律实践与学说理论对该规定的继承与发展演进。因此，从法秩序内在体系和外在体系融贯的角度来看，在我国现行法律体系下应当将《民法典》第990条第2款人身自由与人格尊严的规范关系，与《宪法》第37条人身自由条款与第38条人格尊严条款联系起来进行体系解释，从而将《民法典》对人格权的保护作为宪法确立的基本价值及一般法律思想在民事领域的具体展开来理解。③

对于《宪法》第37条规定的人身自由，我国宪法学理上普遍认为，其核心内涵是自然人人身不受非法侵犯、自主支配身体的自由，在外延上第37条狭义的人身自由与第39条住宅不受侵犯、第40条通信自由和通信秘密受法律保护等共同构成广义的人身自由。④ 宪法学上的这种广义人身自由论观点与前述民法学上关于《民法典》第990条第2款规定的人身自由属于一般性自由的立场之间并无本质分歧，由此为把《民法典》第990条第2款规定的人身自由理解为一种一般性自由提供了宪法上的论证基础。相比较而言，对于《宪法》第38条的人格尊严及其与第37条的人身自由的关系，宪法学理上则存在广泛分歧：

具体的基本权利说认为，根据宪法解释方法，只能将第38条作为一个具体的基本权利理解，其与第37条的人身自由、第39条的住宅不受侵犯、第40条的通信自由和通信秘密受法律保护并列存在于广义的人身自由规

---

① 参见习近平：《充分认识颁布实施民法典重大意义 依法更好保障人民合法权益》，载《求是》2020年第12期。

② 关于人格尊严作为《民法典》人格权编的首要价值的具体论述，可参见王利明：《人格尊严：民法典人格权编的首要价值》，载《当代法学》2021年第1期。

③ 参见刘召成：《基本权利对民法人格权构造的发展与限定》，载《福建师范大学学报（哲学社会科学版）》2020年第5期。

④ 参见《宪法学》编写组编：《宪法学》，高等教育出版社、人民出版社2011年版，第221页。

范体系下。[①] 该观点被认为构成我国当前宪法学理上的多数说。[②]

内部规范地位统摄说认为,无论从《宪法》第 38 条所处的位置、规范的表达方式还是立宪修宪的历史来看,“人格尊严并不构成我国宪法上的一项具有根本性的、贯穿整部宪法的价值”[③]的权利,其目前只是我国宪法上的与人身自由等并列的一项重要的基本权利,要使该条规定的人格尊严成为整个基本权利体系的基础,只能通过修改宪法来完成。

双重规范地位统摄说认为,《宪法》第 38 条前半段即“中华人民共和国公民的人格尊严不受侵犯”可以理解为一个相对独立的规范性语句,表达了类似于《德国基本法》第 1 条第 1 款的“人的尊严”那样具有基础性价值的一般法律思想,从而能够作为我国宪法上基本权利体系的出发点和渊源。

一般人格权说认为,由于人与人格、人的尊严与人格尊严存在不同,因此我国《宪法》第 38 条规定的“人格尊严”无法与《德国基本法》第 1 条第 1 款规定的“人的尊严”进行简单类比或等同,该条将人格与尊严放在一起只是为了提高人格权的保护力度,在本质上是一般人格权。[④]

价值相互构成说认为,从价值上的相互构成与支撑视角来看,在《宪法》第 38 条的内部关系上,可以以前句统摄后句,形成原则对规则的拘束。在第 38 条的外部关系上,一方面,可以以第 38 条的人格尊严作为第 37 条人身自由、第 39 条住宅不受侵犯、第 40 条通信自由和通信秘密受法律保护的正当性基础;另一方面,人格尊严也可以成为这三个条文规定的基本权利的构成性要素。在此基础上,该学说认为人格尊严构成了这些权利的基础。[⑤]

可以说,我国现行《宪法》第 38 条规定的人格尊严与第 37 条规定的人身自由、第 39 条规定的住宅不受侵犯等在立法者初始的设定中都是以具体的基本权利形象出现的。只是后来随着时代的发展,这种把人格尊严的意涵限定在与侮辱、诽谤等相关的名誉权、荣誉权、隐私权等保护的狭窄范围内已不能满足现实生活对制定法的需求,在此背景下,学理上希冀通过解释跳出宪法文本的窠臼,从而在更具基础价值的意义上理解人格尊严以有效回应现实生活的要求。因此,除了具体的基本权利说之外,其他观点

---

① 参见郑贤君:《宪法“人格尊严”条款的规范地位之辨》,载《中国法学》2012 年第 2 期。
② 参见王旭:《宪法上的尊严理论及其体系化》,载《法学研究》2016 年第 1 期。
③ 谢立斌:《中德比较宪法视野下的人格尊严》,载《政法论坛》2010 年第 4 期。
④ 参见王锴:《论宪法上的一般人格权及其对民法的影响》,载《中国法学》2017 年第 3 期。
⑤ 参见王旭:《宪法上的尊严理论及其体系化》,载《法学研究》2016 年第 1 期。

都希望突破文本的限制而将《宪法》第 38 条的人格尊严作为一种比第 37 条的人身自由更具有基础性地位的基本权利对待。依据这些观点，无论是将第 38 条的人格尊严作为所有基本权利的渊源而使之成为贯穿现行法秩序的一般法律思想，还是将之作为宪法上的一般人格权并通过《民法典》中的人格权一般性保护条款而投射到民事法律关系领域，都可以将第 37 条的人身自由涵摄其中。这种以人格尊严作为现行法秩序的元价值的观念被民法典人格权编草案的内部稿接受，其明确以人格尊严作为民法一般人格权的价值基础，①没有再像《民法总则》第 109 条一样，将人身自由与人格尊严并列，共同作为民法一般人格权的价值基础。尽管后来立法者为了保持《民法典》概念体系在外在形式上的一致性而再次将人身自由与人格尊严并列，共同作为第 990 条第 2 款规定的一般人格权的价值基础，但前述以人格尊严作为贯穿现行法秩序的一般性法律思想的观点却被立法者在其他场合明白无误地表达出来。② 这就为围绕人格尊严理解《民法典》中作为一般人格权之价值基础的诸法律价值的规范关系提供了可能。

具体来讲，一方面，《民法典》第 990 条第 2 款所使用的人格尊严概念虽然脱胎于宪法，但其内涵实质上已经突破了 1982 年《宪法》制定者通过第 38 条赋予人格尊严的狭窄意涵，而能在新的时代背景下作为《民法典》的价值基础和贯穿其中的一般法律思想；另一方面，囿于前见及现行法律规范既有概念的使用传统等因素，更具基础价值的概念，如人格自由等未被立法者作为民法上一般人格权的价值基础而承认，人身自由这一现行法律体系中仅被作为具体权利对待的概念却又被立法者作为民法一般人格权的价值，而与更具基础性价值的人格尊严并列规定，这也是《民法典》颁布之后人身自由误用论所诟病的关键之所在。在此背景下，若从现行法秩序外在体系的科学性与合体系性视角进行评价，在《民法典》第 990 条第 2 款已经明确规定“自然人享有基于人身自由、人格尊严产生的其他人格权益”的背景下，基于对制定法权威的维护和对该条文义的基本解释，一方面，应如一般性自由论中的折中观点一样，重新认识现行法律体系下的人身自由概念，并像宪法学理上一样在广义上承认人身自由具有一般人格权的性质，从而在外在体系上和人格尊严并列，共同作为一般人格权的价值基础；另一方面，从历史解释、目的解释的视角来看，于此亦不能生硬地严

① 参见何勤华、李秀清、陈颐编：《新中国民法典草案总览（增订本）续编》，北京大学出版社 2020 年版，第 186 页。

② 参见《民法典立法背景与观点全集》编写组编：《民法典立法背景与观点全集》，法律出版社 2020 年版，第 13、21 页。

守《民法典》第 990 条第 2 款的文义而认为人身自由与人格尊严是完全并列的、处于同等重要位置的基本价值,否则即会与立法者通过人格尊严创设一般人格权的基本目的相违背。这实质上就要求,在理解《民法典》第 990 条第 2 款的一般人格权的价值基础时,既要承认人身自由作为一般人格权的价值基础,也要明确人身自由与人格尊严的规范关系,而不是把前者作为与后者同等重要的价值基础。或者说在坚持以人格尊严为元价值的前提下,①来理解同样作为一般人格权之价值基础的人身自由与人格尊严的规范关系及其规范内涵。

将人格尊严作为法秩序的元价值而以之为基础来理解作为民法上一般人格权价值基础的人格尊严与人格自由的规范关系,进而确定后者的规范内涵,在域外法上存在先例。例如,德国民法一般人格权的价值基础虽然是《德国基本法》第 1 条第 1 款的"人的尊严"和第 2 条第 1 款的"人格自由发展",但在德国现行法律体系中,人的尊严和人格自由发展在法律价值体系中并不是并列关系。在《德国基本法》确立的法律价值体系中,人的尊严是整个基本权利体系的基础,是不能触碰的基本权利,②而人格自由发展是以人的尊严的实现为核心目的的重要基本权利。保障人格自由发展,是为了充分实现人的尊严。因此受人的尊严所内含的相互尊重原则及经济社会发展现状所限,人格自由发展实质上是一种社会发展中的自由,要求自然人既对自己负责,也对社会中的其他人负责。③ 这就表明,德国民法上一般人格权的价值基础,即人的尊严和人格自由发展之间的规范关系是:内含内在自由和外在自由以及自我决定的人格自由发展以人的尊严为基础,而保护人格自由发展是为了人的尊严的实现,应当在人的尊严框架下为人格自由发展提供充分的法律保护。④ 这种规范关系具体表现为:一方面,人的尊严除了自然人内外在自由的自主实现外,还包括自然人所担负的社会责任与社会中其他每个人自我的自主实现相统一;另一方面,抽象的人的尊严主要经由人格自由发展来体现,人的尊严为人格自由发展的运用提供正当性说明。⑤ 同时,考虑到精神性人格自由的内部构造无法为现实生活中的自然人的权利保护请求提供清晰的保护界限,因

---

① 参见齐延平:《论作为法治价值基础的"人的尊严"》,载《江苏行政学院学报》2011 年第 1 期。

② Vgl. P. Kunig, "Art. 1 (Würde des Menschen, Grundrechtsbindung)", im: I. Münch/P. Kunig, *Grundgesetz Kommentar*, Bd. 1, C. H. Beck 2000, S. 65.

③ Vgl. C. Starck, *Vom Grund des Grundgesetzes*, Fromm Druckhaus, 1983, S. 70.

④ 参见朱晓峰:《民法一般人格权的价值基础与表达方式》,载《比较法研究》2019 年第 2 期。

⑤ 参见马平:《尊严与自由:宪法的价值灵魂——评艾伯乐的〈尊严与自由〉》,载《环球法律评论》2010 年第 1 期。

此，作为民法上一般人格权之价值基础的人格自由发展主要指向一般性的行为自由，包括人之行动的所有表现形式或生活领域，构成其他自由权的补充性的一般自由权。①

将更具有一般性的人格自由放在人的尊严的范畴之下，在人格自由与人的尊严的内在规范关系中来确定人格自由作为民法上一般人格权的价值基础的属性与边界，既可以使人格自由的内涵与行使界限得以确定，亦可以使人的尊严的内涵更丰富，从而使之摆脱人的尊严无用论者所诟病的人的尊严的空洞性问题。② 因此，即使《宪法》第 37 条的人身自由和第 38 条的人格尊严都是具体的基本权利，但在《民法总则》第 109 条将人身自由、人格尊严明确予以规定并置于“民事权利”章的首要位置以提纲挈领，作为一般人格权乃至整个民事权利体系的价值基础予以宣示之后，实质上就已经实现了人身自由、人格尊严的权利性质和规范地位的转化，③使之成为以《民法典》为核心的整个民事法律体系的价值基础或贯穿其中的一般法律思想，确定了民法保护以人身自由、人格尊严为基础的民事权益的法律基础。

这样，《民法典》第 990 条第 2 款规定的作为一般人格权之价值基础的人身自由、人格尊严即可被理解为对《民法典》第 109 条规定的民法基本价值在人格权领域的进一步宣示和强调。④ 并且在人身自由、人格尊严内部关系的规范解释上，《民法典》也为把人格尊严理解为一种更具基础性的法律价值或者首要价值，⑤而将人身自由作为该基础性价值的具体化提供了可能。事实上，正如学理上有观点已经正确指出的那样，人格尊严是一个具有普遍性和抽象性但不具有实践指引性的“薄”概念，虽然不能为具体行动提供具体确定的指引，却可以为之提供正当性论证，因为它在当代社会背景下成为用以论证行为正当性的道德体系和道德话语的核心；与之相比，人身自由是一个在实践中具有世界指向性和实践指引性的“厚”概念，在指引具体行动的论证中，人格尊严可以为人身自由提供正当性论证，从而为人身自由概念使用边界的确定提供道德上的支持。⑥ 当然，人身自由和人格尊严这种“厚”概念与“薄”概念之间在实践和体系论证上存

---

① Vgl. R. Schmidt, *Grundrechte*, Dr. Rolf Schmidt, 2010, S. 102.

② 参见郑玉双：《人的尊严的价值证成与法理构造》，载《比较法研究》2019 年第 5 期。

③ 参见杨立新：《人身自由与人格尊严：从公权利到私权利的转变》，载《现代法学》2018 年第 3 期。

④ 参见张红：《〈民法典各分编（草案）〉人格权编评析》，载《法学评论》2019 年第 1 期。

⑤ 参见王利明：《人格尊严：民法典人格权编的首要价值》，载《当代法学》2021 年第 1 期。

⑥ 参见［英］B. 威廉斯：《伦理学与哲学的限度》，陈嘉映译，商务印书馆 2018 年版，第 169～170 页。

在的规范关系,也可以进一步丰富人格尊严的内涵,克服人格尊严抽象性、普遍性所导致的空洞和不确定的问题。①

因此,基于人身自由与人格尊严在理解上的正当性论证关系,并且结合我国现行法一直以来在具体人格权意义上使用人身自由的传统,可以将《民法典》第990条第2款的人身自由理解为:自然人以彼此承认和相互尊重为基础而排除他人干扰发展其人格个性的、对自身紧密人格领域的自主和自我决定权。② 这意味着,《民法典》第990条第2款的人身自由,首先,以人格尊严为基础,强调主体之间的相互承认与尊重;其次,人身自由的核心在于个体的自主和自我决定自由,这显然并非狭义的身体行动自由,而是包括个体依据自主意志选择并依此行为的所有自由的表现形式;再次,人身自由以自然人彼此之间的相互承认和尊重为前提,因此,相应的自由表现形式是对自然人自身人格发展而言关系紧密的领域,由此将自由的界限与对他人的承认和尊重联系起来,防止因为对过于宽泛的自由的保护而侵入他人的核心利益范围;最后,人身自由强调自然人对自身人格发展的自主权,但是这种自主性也具有绝对权所具备的消极防御属性,即对于自然人的人身自由,他人负有不得侵害的消极义务。在此意义上,第990条第2款的"'人身自由'和'人格尊严'构成整体性教义,能够确保在社会交往背景下主体人格的自由发展和平等主体之间的相互尊重"。③ 以人身自由的这些特性为依据,可以将那些未被《民法典》第990条第1款明确承认为具体人格权而需要通过第990条第2款纳入民法保护范畴的其他人格利益分为三种类型:

第一种是直接以人身自由为正当性论证基础而无须回溯至作为元价值的人格尊严的人格利益,如意志自由、性自主权、生育自主权、离线权以及其他以人格自由发展为要旨的一般性自由;

第二种是无法通过人身自由而需要直接以人格尊严作为正当性论证基础的人格利益,如个人信用、人格形象的统一性、敏感个人信息、仪式行为的可尊重性等;

第三种是需要将人身自由与人格尊严结合起来共同作为相应人格利益被纳入一般人格权保护范畴的正当性论证基础,如生命自主权以及个人信息的民法保护等。④

---

① 参见郑玉双:《人的尊严的价值证成与法理构造》,载《比较法研究》2019年第5期。

② 参见刘召成:《民法一般人格权的创设技术与规范构造》,载《法学》2019年第10期。

③ 温世扬:《民法典视域下的"人身自由"》,载《法制与社会发展》2022年第3期。

④ 参见程啸:《论大数据时代的个人权利》,载《中国社会科学》2018年第3期。

对于已被《民法典》第990条第1款明确承认且在人格权编被详细规定的具体人格权类型，通常情形下无须再通过第990条第2款宣示的人身自由、人格尊严来论证其被民法保护的正当性问题，如《宪法》第37条人身自由的核心内容即身体行动自由以及第38条人格尊严的主要关注对象即名誉权、隐私权等。亦即，虽然这些具体人格权是从以人身自由、人格尊严为价值基础的一般人格权中发展出来的，但是，在制定法已经将之作为具体人格权明确规定下来之后，若再将之纳入以人身自由、人格尊严为价值基础的一般人格权条款的涵摄范畴，则会导致规范适用的混乱，与立法者通过《民法典》第990条第1款和第2款区分两种不同类型的人格权保护规则的立法目的相悖。

三、人身自由的主要表现形式

学理上有观点认为，《民法典》第990条第2款作为一般人格权价值基础的“人身自由”的类型化可从行动自由、人体捐献和人体试验自决、人格标识利用自决、婚姻自由、性自主、生育计划的自决以及法律行为层面的自决等方面展开。[①] 该观点虽然较详尽地列明了人身自由的内涵，但是并未表明类型化的标准以及具体类型之间的规范关系，难免影响类型化在认识论上的效果。对此，从人格尊严与人身自由的规范关系来确定《民法典》第990条第2款人身自由的内涵，将人身自由理解为自然人对自身紧密人格领域的自主和自我决定权，具体应从如下三个方面来具体把握其涵摄范围。

（一）人身自由与行动自由

《民法典》第990条第2款规定的作为一般人格权之价值基础的人身自由不包括第1003条、第1011条规定的行动自由。该条的行动自由即身体行动自由，主要是自然人依据自主意志自由支配外在身体运动的权利。在《民法总则》第109条将人身自由作为一般人格权之价值基础规定以前，我国现行法对身体行动自由的制定法表述是“人身自由”。[②] 虽然学理上有采扩张解释方法以扩展“人身自由”概念内涵的观点，[③]但制定法中的人身自由依然是作为具体人格权出现并始终以行动自由为核心指向的。制定法的这种传统对《民法典》人格权编相应概念的选择产生了重要影响，导致《民法典》第1003条及第1011条用“行动自由”取代“人身自由”

---

① 参见温世扬：《民法典视域下的“人身自由”》，载《法制与社会发展》2022年第3期。

② 参见冉克平：《论人格权法中的人身自由权》，载《法学》2012年第3期。

③ 参见杨立新：《自由权之侵害及其民法救济》，载《法学研究》1994年第4期。

概念作为之前身体行动自由这一具体人格权在制定法上的表述。显然,这里概念使用上的变化主要是为了《民法典》外在概念体系的合逻辑性,并不是为了赋予作为具体人格权的行动自由以新的内涵。《民法典》第 1003 条、第 1011 条的"行动自由"实际上就是《民法总则》第 109 条颁布之前各制定法规定的"人身自由"所指向的身体行动自由,亦即司法实践中法院所普遍理解的"可以通过人的自主意志控制肢体行为等物理活动上的自由"。

由于作为具体人格权的"行动自由"已为《民法典》第 1003 条、第 1011 条所规定,所以在解释论上,不宜再将"行动自由"纳入《民法典》第 990 条第 2 款作为一般人格权之价值基础的"人身自由"的涵摄范畴。① 这种解释为我国司法实践中部分法院在案件审理中所支持。

在司法实践中,有法院在审理一般人格权的案件中明确指出,侵害一般人格权的,一方面要构成对自然人人格自由、人格尊严的侵害,另一方面还不得构成对具体人格权的侵害。② 亦即,若构成具体人格权侵犯的,则不构成一般人格权侵犯。这显然是将一般人格权和具体人格权理解为并列的关系而非一般与特殊的关系。基于同样的考虑,若符合第 1003 条、第 1011 条行动自由涵摄要件的,则不宜将之再纳入以人身自由为价值基础的一般人格权的涵摄范畴。

《德国民法典》第 823 条第 1 款明确规定"自由"受法律保护,另外,司法实践以《德国民法典》第 823 条第 1 款的"其他权利"和《德国基本法》的基本权利条款而发展出来的一般人格权规则,也保护以人格自由发展为基础的人格利益。对于《德国民法典》第 823 条第 1 款规定的包括自由在内的具体人格法益与可以涵摄一般性自由的一般人格权之间的规范关系,德国学理上认为,二者之间并不存在包含关系,不是母权利或渊源性权利与派生权利之间的关系,而是并列的合作关系。③ 一般而言,《德国民法典》第 823 条第 1 款中作为典型人格法益而被明确规定下来的"自由"与行为自由同义,④或者更确切地说,该自由就是身体行动自由,⑤它并不包括经济拓展能力,也不包括人格的自由发展,因为前者属于竞争法的调整范

---

① 参见程啸:《人格权研究》,中国人民大学出版社 2022 年版,第 149 页。

② 参见谭某与曹某某、武汉市黄陂区祁某某街道祁某某中学一般人格权纠纷案,湖北省武汉市中级人民法院(2016)鄂 01 民终 355 号民事判决书。

③ Vgl. H. P. Götting, "Grundlagen des Persönlichkeitsrechts", im H. P. Götting/C. Schertz/W. Seitz, *Handbuch Persönlichkeitsrecht*, C. H. Beck, 2019, S. 20.

④ Vgl. M. Fuchs, *Deliktsrecht*, Springer, 2009, 16.

⑤ Vgl. D. Medicus/S. Lorenz, *Schuldrecht Ⅱ: Besonderer Teil*, C. H. Beck, 2014, S. 466.

畴,而后者则属于一般人格权的调整领域。①

将身体行动自由纳入《民法典》第 1003 条、第 1011 条"行动自由"而非第 990 条第 2 款"人身自由"的涵摄范畴,意味着因非法拘留、逮捕和监禁等方式限制和剥夺行为自由的,如顾客被怀疑在商店行窃而被控制、②自然人被非法监禁于监狱中或者精神病院③以及其他空间④等,一般来说均属于依《民法典》第 1003 条、第 1011 条而非第 990 条第 2 款调整的对象。当然,在司法实践的个案判断中还应当结合其他主观、客观要素进行具体分析。例如,对于行为人的主观过错,我国学理上通常认为,对身体行动自由的侵害行为,应当区别不同的侵权人而在过错程度上有所区别;对精神活动自由的侵害,则不再考虑过失,仅以故意为限。⑤

《民法典》第 990 条第 2 款的一般人格权规则和第 1003 条、第 1011 条的具体人格权规则的实践适用亦可以考虑区分保护的思路。虽然《民法典》第 998 条规定除生命权、身体权、健康权外,其他侵害人格权益的民事责任都由法官在综合考量制定法明确列举出来的因素的基础上权衡认定,⑥但是,相较于内涵外延更不确定的一般人格权而言,具体人格权受法律保护的界限更清晰,即使法官有自由裁量权,这种权力也会更多地受限于具体人格权的明确保护边界。亦即,在行为人为故意时,通过作为具体人格权的《民法典》第 1003 条、第 1011 条的行动自由更能充分地救济受害人;相应地,在行为人为过失时,通过作为一般人格权的《民法典》第 990 条第 2 款的人身自由而给予法官以充分的自由裁量空间,可以在各种法益的保护之间取得平衡。

(二)人身自由与意志自由

在《民法典》第 109 条将人身自由作为一般人格权的价值基础予以规

---

① Vgl. J. Hager, "Das Recht der unerlaubten Handlungen", im R. M. Beckmann/F. Klinck/J. Busche et al., *Johannes von Staudingers Kommentar zum Bürgerlichen Gesetzbuch mit Einführungsgesetz und Nebengesetzen: Eckpfeiler des Zivilrechts*, Sellier-de Gruyter, 2011, S. 90-91.

② 参见佛山市新一佳百货超市有限公司与张某人身自由权纠纷案,广东省佛山市中级人民法院(2004)佛中法民一终字第 307 号民事判决书。

③ 参见姚某娣与姚某芳等一般人格权纠纷案,上海市第一中级人民法院(2009)沪一中民一(民)终字第 246 号民事判决书;舒某江与丰都县精神病医院、舒某蓉等人身自由权纠纷案,重庆市高级人民法院(2020)渝民申 2668 号民事判决书。

④ 参见陆某芳、玛某莲人身自由权纠纷案,云南省德宏傣族景颇族自治州人民法院(2021)云 31 终 263 号民事判决书。

⑤ 参见冉克平:《论人格权法中的人身自由权》,载《法学》2012 年第 3 期。

⑥ 参见黄薇主编:《中华人民共和国民法典人格权编解读》,中国法制出版社 2020 年版,第 47 页。

定之前,对于规定在各特别法中的作为具体人格权的人身自由是否包括身体行动自由之外的其他自由,我国学理上即存在争议。否定论认为,人身自由仅指自然人的身体行动自由,意志自由等不在人身自由的涵摄范畴。① 肯定论则认为,人身自由不仅包括身体行动自由,也包括意志自由,但对具体的意志自由范围则存在不同认识,存在表意自由论、自主思维论和自主决定论等分歧。② 其中,表意自由论认为,人身自由包括意思表示的自由,而意思表示的自由是指自然人自由地决定为或者不为意思表示及决定意思表示的具体内容。③ 自主思维论认为,自然人享有精神自由权,有权自由支配自身内在的思维活动。④ 自主决定论认为,自然人享有意志自由,有自主思维并作出决定。⑤

相较于否定论而言,尽管肯定论在将意志自由纳入作为具体人格权的人身自由范畴内的具体界限上存在分歧,但其将意志自由纳入人身自由的范畴更具合理性。这是因为:意志自由与行动自由是密不可分的统一体。行动自由的核心在于自然人可以自主支配其身体以离开某特定空间而不受限制,⑥自然人自由支配其身体的前提在于其享有意志自由,享有意志自由的自然人可以依自主意志为或不为意思表示并决定意思表示的内容。亦即,意志自由到身体行动自由的过程是自然人将主观意志或思维见之于客观行动的过程。在此意义上,意志自由与行动自由共同构成完整的身体自由。⑦ 当然,将意志自由纳入作为具体人格权的人身自由范畴之内,确实面临权利规则和法律体系构造层面的双重难题。

就权利规则构造而言,正如前面表意自由论、自主思维论和自主决定论在具体认定意志自由内涵时存在分歧那样,意志自由的内部构造并不清晰,无法为相应的权利保护请求提供明确的法律保护界限,所以要通过具体的法律规则来保护意志自由存在困难。⑧ 相较而言,行动自由的内涵相

---

① 参见程啸:《侵权责任法》,法律出版社 2015 年版,第 175 页。

② 参见冉克平:《论人格权法中的人身自由权》,载《法学》2012 年第 3 期。

③ 参见曾隆兴:《详解损害赔偿法》,中国政法大学出版社 2004 年版,第 238 页。

④ 参见杨立新:《自由权之侵害及其民法救济》,载《法学研究》1994 年第 4 期。

⑤ 参见张新宝:《侵权责任法原理》,中国人民大学出版社 2005 年版,第 201 页。

⑥ 参见 J. Hager, "Das Recht der unerlaubten Handlungen", im R. M. Beckmann/F. Klinck/J. Busche et al., Johannes von Staudingers Kommentar zum Bürgerlichen Gesetzbuch mit Einführungsgesetz und Nebengesetzen: Eckpfeiler des Zivilrechts, Sellier-de Gruyter, 2011, S. 91–92。但是,希腊法院的判决表明,阻碍某人进入某空间或者使用某公益物,亦属对身体行动自由的侵犯,具体可参见 C. Bar, Gemeineuropäisches Deliktsrecht, Bd. 2, C. H. Beck, 1999, S. 89。

⑦ 参见冉克平:《论人格权法中的人身自由权》,载《法学》2012 年第 3 期。

⑧ Vgl. C. Starck, Bonner Grundgesetz Kommentar, Bd. 1, Franz Vahlen, 1999, S. 197.

对清晰明确,可以满足法律规则适用确定性、可预见性的要求。

就法律体系构造而言,由于意志自由具有高度模糊性和广泛包容性,学理上有观点认为,应将意思决定自由、思想自由、表达自由、信仰自由、创造自由权以及性自主权等均纳入意志自由的范畴。① 但如果将这些自由均纳入作为具体人格权的人身自由范畴,不但可能会导致宪法权利与民事权利功能和规范适用规则上的混乱,②还可能破坏民法体系内部财产性民事权利与人身性民事权利体系结构的分工与安排,③使民法典的体系构造缺乏科学性。

因此,将意志自由纳入作为具体人格权的人身自由范畴所遭遇的两个难题若解决不当,将会导致人身自由的涵摄范畴过于广泛,不但违背立法者保护自由的意旨,更为重要的是还可能导致行为人动辄得咎,造成对整个社会所普遍珍视的一般行为自由的戕害。④ 所以,讨论是否将意志自由纳入作为一般人格权的人身自由范畴亦即《民法典》第 990 条第 2 款的涵摄范畴,亦必须在重视和回应这两个问题的前提下展开。

首先,权利规则构造论的质疑在将人身自由作为具体人格权对待时确实存在。因为权利规则要求权利本身具有相对清晰的内涵外延以确保权利行使界限的明确性,从而使法律规则在适用时具有确定性和可预见性。但是,与具体权利规则不同,一般人格权并非典型权利,其本质上是"受法律保护的权利束"⑤,"具有秩序功能的上位概念"⑥,或是一项"框架性权利"⑦。这就意味着在一般人格权的框架结构下,法官在个案审理中可以依据作为一般人格权之价值基础的法律价值进行利益衡量,从而决定优先保护何种人格利益。⑧ 而将意志自由纳入人身自由的涵摄范畴,只是为法官在具体案件中通过《民法典》第 990 条第 2 款确立的一般人格权条款进行利益衡量提供更充分的正当性说明依据。至于以人身自由等价值为基础的一般人格权在个案适用中的具体界限在哪里,还需法官在个案中结合

① 参见王利明主编:《中国民法典学者建议稿及立法理由:人格权编、婚姻家庭编、继承编》,法律出版社 2005 年版,第 133 页。

② 参见黄忠:《人格权法独立成编的体系效应之辨识》,载《现代法学》2013 年第 1 期。

③ 参见刘召成:《民法一般人格权的创设技术与规范构造》,载《法学》2019 年第 10 期。

④ 参见朱晓峰:《人类基因编辑研究自由的法律界限与责任》,载《武汉大学学报(哲学社会科学版)》2019 年第 4 期。

⑤ Vgl. J. Esser, Schuldrecht: Bersonderer Teil, C. F. Müller, 1969, S. 401.

⑥ Vgl. K. Larenz, Lehrbuch des Schuldrecht: Bersonderer Teil, C. H. Beck, 1956, S. 336.

⑦ Vgl. H. P. Götting, "Grundlagen des Persönlichkeitsrechts", im H. P. Götting/C. Schertz/W. Seitz, Handbuch Persönlichkeitsrecht, C. H. Beck, 2019, S. 20.

⑧ Vgl. M. Wolf/J. Neuner, Allgemeiner Teil des Bürgerlichen Rechts, C. H. Beck, 2016, S. 8-9.

具体情况予以确定。就此而言,权利规则论的质疑在人身自由作为一般人格权之价值基础时可能并没有适用空间。

其次,无论是将人身自由作为具体人格权对待,还是作为一般人格权的价值基础对待,对法律体系构造论的质疑都应认真对待。事实上,在我国现行法律体系下:

一方面,宪法基本权利与民事权利适用于不同的法律关系。宪法基本权利,包括宪法一般人格权,调整的是国家与个人之间的关系,宪法基本权利没有经过民法表达是不能受到民法保护的。① 而平等主体间的关系只能由民法规范予以调整,宪法一般人格权的价值基础可以经由民法上的一般条款进入民事领域,但进入民事领域的宪法权利规范应是适用于民事法律关系的,对于适用于国家与个人之间关系的宪法权利如信仰自由、言论自由、投票自由、表达自由等,即不能通过民法一般条款或民法一般人格权规则进入民事领域。② 基于同样的考虑,这部分内容也应当从纳入人身自由涵摄范畴的意志自由中排除出去,不在《民法典》第 990 条第 2 款的涵摄领域。

另一方面,在民法体系内部,虽然民事权利本质上与民事主体的人格本身均存在联系,但不同的权利类型与人格本身的关系在紧密程度上并不相同。在《民法典》体系内部,就与人格关系最密切的人格权的享有和保护而言,依据《民法典》第 989 条的规定,可以适用人格权编确立的包括一般人格权规则在内的权利行使和保护规则;对与人格关系相对比较密切的自然人因婚姻家庭关系等产生的身份权利的保护,依据《民法典》第 1001 条的规定,在婚姻家庭编等没有特别规定时可以参照适用人格权编关于人格权保护的有关规定;就与人格关系最不密切的财产权而言,仅得依据财产权规则如合同编或物权编确立的权利行使和保护规则调整,原则上不得依据人格权规则进行保护。因此,如果不将纳入人身自由范畴的意志自由限制在与人格关系密切的人身领域,那么就可能造成《民法典》第 990 条第 2 款确立的一般人格权规则的适用领域过度扩张,破坏《民法典》民事权利结构的体系安排,③这与立法者希冀的民法典的体系性、科学性目的相违背。例如,对于受害人因欺诈、胁迫而作出订立合同、签订遗嘱或缔结婚姻的意思表示,原则上仅得通过合同编、继承编和婚姻家庭编的规则予以解

① 参见邹海林:《再论人格权的民法表达》,载《比较法研究》2016 年第 4 期。

② 参见冉克平:《论人格权法中的人身自由权》,载《法学》2012 年第 3 期。

③ 参见刘召成:《民法一般人格权的创设技术与规范构造》,载《法学》2019 年第 10 期。

决。① 只有那些无法通过其他规则调整而同时又与人格本身关系密切的意志自由,才能纳入《民法典》第 990 条第 2 款人身自由的涵摄范畴,如在他人居住的地方书写有警告和威胁含义的语言,②即可构成对他人受人格权编调整的自由的侵犯。另外,《民通意见》(已废止)第 149 条规定,盗用、假冒他人名义,以函、电等方式进行欺骗或者愚弄他人,并使其人身、财产利益受损的,这应属于对他人意志自由的侵犯,③在《民法典》第 990 条第 2 款的调整范畴内。

最后,实践中还应区分愚弄与戏谑,防止保护自由的同时构成对自由的戕害。在我国司法实践中有法院认为:"戏谑之言系属法外空间,不得为民法所调整,否则容易剥夺公民之人格自由,使公民在社会生活中陷于动辄得咎的境地。"④该观点值得肯定。在德国法上,以威胁、强制或者欺骗形式侵犯意志自由而被纳入《德国民法典》第 823 条第 1 款"自由"范畴的,亦必须满足严格的条件限制而仅在例外情形下被允许。⑤

需要注意的是,由于对行动自由的限制并不以物理强制为必要,通过欺诈或胁迫的方式使某人不敢离开某处,亦构成对行动自由的侵害,属于《民法典》第 1003 条、第 1011 条的涵摄范畴,而非侵害意志自由,不属于《民法典》第 990 条第 2 款人身自由的涵摄范畴。另外,以欺诈、胁迫等方式影响他人意思决定,或者对其身心加以威胁并造成相应损害者,虽然可能不构成对行动自由的侵犯,但仍有可能侵犯其他具体人格法益。例如,逼婚构成对婚姻自由的侵犯,属于《民法典》第 1042 条第 1 款的调整范畴,不宜将之认定为意志自由被侵犯,⑥从而纳入人身自由的涵摄范畴并通过《民法典》第 990 条第 2 款进行调整。

(三)人身自由与其他自由

一般认为,作为具体人格权的人身自由内含行动自由和意志自由,但如果将人身自由作为一般人格权的价值基础予以规定,是不是还须将其内涵限定在狭义的行动自由和意志自由范畴内,仍需斟酌。

① 参见程啸:《人格权研究》,中国人民大学出版社 2022 年版,第 149~150 页。

② 参见喻某与姜某犹人格权纠纷案,贵州省安顺地区(市)中级人民法院(2012)安市民终字第 115 号民事判决书。

③ 参见唐德华主编:《最高人民法院〈关于确定民事侵权精神损害赔偿责任若干问题的解释〉的理解与适用》,人民法院出版社 2015 年版,第 26 页。

④ 魏某与文某、宋某名誉权纠纷案,四川省犍为县人民法院(2019)川 1123 民初 492 号民事判决书。

⑤ Vgl. D. Medicus/S. Lorenz, Schuldrecht Ⅱ: Besonderer Teil, C. H. Beck, 2014, S. 466.

⑥ 参见王泽鉴:《人格权法:法释义学、比较法、案例研究》,北京大学出版社 2013 年版,第 112 页。

从目的解释的视角来看,《民法典》承认并明确规定一般人格权条款的核心目的,在于克服具体人格权规则涵摄能力之不足,为现代社会背景下具体人的人格利益的充分保护提供制定法依据。① 因此,如果依然从具体人格权意义上来理解作为一般人格权之价值基础的人身自由,就会不当地限制一般人格权规则,即《民法典》第 990 条第 2 款的涵摄能力,无助于立法目的的实现。

从历史解释的视角来看,即使在将人身自由作为具体人格权对待的法律实践运用和法学理论探讨中,人身自由也从未被完全限制在狭义的身体行动自由和有限的意志自由范围内。事实上,以最高人民法院为代表的司法实践普遍倾向于通过扩张解释的方法扩展人身自由的适用范围。我国学理上对这种立场亦持肯定态度。例如,在刘某诉某乒乓球俱乐部等以错误医学鉴定影响其运动生涯案中,原告仅 14 岁,曾在全国性乒乓球比赛中获得冠军,引起多家培养单位关注,由于被告率先录取了原告,原告只能放弃其他深造机会。嗣后,原告在入学体检时被初步诊断为存在不适于高强度训练的疾病,被告遂以此为由决定让原告离队。原告不服并另行委托第三方权威机构鉴定,鉴定结果显示原告身体健康,并不存在影响高强度训练的疾病。但被告仍坚持之前的决定,拒绝让原告归队训练,原告为此只能回原籍高中就读。② 在我国学理上看来,本案中被告的行为导致原告丧失了进入特定领域发展的机会,客观上可能导致原告人生轨迹发生改变,使其无法按照个人自主意志发展完善其人格并最终实现人格尊严,因此可纳入一般人格权的调整范畴。对此,也有法院在判决中指出:"一般人格权是指具有高度概括性的以民事主体全部人格利益为标的的权利,具有补充功能,对于侵害人格独立、人格自由、人格尊严的行为,不能以侵害其他具体人格权的名义进行法律保护的,应认定为侵害一般人格权的行为。"③亦即,司法实践和学理为提高一般人格权的涵摄能力,往往使用更抽象的人格自由概念作为一般人格权的正当性论证基础。在《民法典》第 990 条第 2 款突破之前的制定法规定,而将人身自由作为与人格尊严并列的更具抽象意义的基本价值加以规定时,实质上意味着其也可以与人格自由发展作出同样的解释,包括人之行动的所有表现形式,因此可以成为其

---

① 参见朱晓峰:《民法一般人格权的价值基础与表达方式》,载《比较法研究》2019 年第 2 期。

② 参见最高人民法院中国应用法学研究所编:《人民法院案例选》1999 年第 3 辑(总第 29 辑),时事出版社 2000 年版,第 64 页。

③ 佘某、沙洋县公安局一般人格权纠纷案,湖北省荆门市中级人民法院(2019)鄂 08 民终 113 号民事判决书。

他具体自由的补充。①

同样地,以人格尊严的实现为目的而将《民法典》第990条第2款的人身自由扩展至人之行动的所有表现形式或生活领域,意味着对人身自由的扩张解释必须与人格尊严结合起来,②人格尊严并非单纯是扩展人身自由的审查标准,还可以为把人身自由扩展至人之行动的所有表现形式提供正当性说明。这也就意味着,以包括人之行动的所有表现形式或者生活领域的人身自由作为《民法典》第990条第2款一般人格权的价值基础,实际上使第990条第2款的涵摄能力实质性地提高了。由此,在冒名顶替他人上学并使受害人丧失受教育机会③、身份信息被冒用并被税务机关等列入黑名单④等案件中,实质上都可以通过《民法典》第990条第2款进行调整。

通过强调人格尊严与人身自由的内在规范关系而将人身自由扩展至人之行动的所有表现形式或生活领域,表明《民法典》第990条第2款的人身自由并不是封闭的系统,也不是固定不变的僵化概念,而是向丰富变化的现实生活完全开放的抽象价值,可以将那些因时代背景变化而产生的新型自由纳入一般人格权条款的调整范围,从而提高一般人格权条款的涵摄能力。⑤ 这也意味着,在数字时代,以这种人身自由与人格尊严为基础的一般人格权规则,不仅可以为个人信息、数据等尚未被权利化但又与自然人人格密切相关的利益提供更充分的保护,⑥还可以为其他更广泛意义上的以人格尊严的实现为目的的人的自由提供一般性的保护基础。例如,因数字技术的广泛运用,劳动者既可能使其工作时间灵活化的需求得到满足,也可能因这种新技术被用人单位滥用而付出代价。因为数字技术在劳动领域的运用首先会带来工作与生活界限的破坏,用人单位会通过电子邮件、微信、电话等方式召唤那些正处于休息时间的劳动者,使工作强度和绩效压力本来就已经很大的劳动者的负担进一步加重,⑦导致劳动者身体健

---

① Vgl. R. Schmidt, *Grundrechte*, Dr. Rolf Schmidt, 2010, S. 102.

② 参见马平:《尊严与自由:宪法的价值灵魂——评艾伯乐的〈尊严与自由〉》,载《环球法律评论》2010年第1期。

③ 参见谭某某与曹某某、武汉市黄陂区祁某某街道祁某某中学一般人格权纠纷案,湖北省武汉市中级人民法院(2016)鄂01民终355号民事判决书。

④ 参见沈某诉上海川东纸业有限公司一般人格权纠纷案,上海市闵行区人民法院(2017)沪0112民初665号民事判决书。

⑤ 参见朱晓峰:《人格权编一般人格权条款的具体表达》,载《吉林大学社会科学学报》2020年第1期。

⑥ 参见程啸:《论大数据时代的个人权利》,载《中国社会科学》2018年第3期。

⑦ See E. Ahlers, *Flexible and remote work in the context of digitization and occupational health*, 8 International Journal of Labour Research 85(2016).

康方面的风险。① 在权利论者看来,“劳动权是人的一项权利,并且是一项人权。劳动要合乎人性的要求,要有利于人性的发展”。② 这就要求在数字化背景下,法律应当关注劳动者享有的正常休息的权利,该项权利的实现要求劳动者在工作时间之外不被用人单位随意打扰,或者在其被打扰时有权不作出回应,如在非工作时间有权不回复工作邮件或者对工作指示不作出回应而没有不利后果。而在现行法律体系下,劳动者在休息时间享有的依个人意志自主安排生活、全面发展人格并享有生活安宁不被侵扰的人格利益,在用人单位通过数字技术侵扰而劳动者不能通过劳动法的特别规定取得救济时,可以通过《民法典》第 990 条第 2 款获得保护。③

《民法典》第 990 条第 2 款规定的作为一般人格权价值基础的人身自由在概念使用上虽存在不足,但通过目的解释、历史解释及体系解释等解释方法的综合运用,仍然可以在现行民事法律体系中通过人身自由与人格尊严的内在规范关系而将人身自由的内涵予以确定,使之在与《民法典》第 1003 条、第 1011 条的行动自由相互区分的基础之上,成为可以涵摄人之行为的所有表现形式或生活领域的补充性的一般性自由。在具体适用上,《民法典》第 990 条第 2 款的人身自由构成其他具体的自由形式,如《民法典》第 1003 条、第 1011 条的行动自由及第 1042 条第 1 款的婚姻自由的补充,从而为现实生活中以人格尊严的实现为目的的人的自由的保护提供法律基础。

四、人身自由在人类基因编辑自由规范中的运用

“人生而自由,却无往不在枷锁之中。”因此,始终处于自由和束缚这组永恒矛盾之间的自由的人,孜孜以求的目标即是实现一种免于束缚的自由,即人有能力依其喜好改变所处环境的无所不能的能力。④ 在当代社会背景下,人比历史上任何时候都更接近具备这种能力,其不仅深刻改变且正在改变身处其中的客观环境,还试图改变自身以使其更好地适应环境并

① Vgl. B. Badura/H. Schröder/J. Kloseet al., Fehlzeiten-Report 2009 - Arbeit und Psyche: Belastungen reduzieren-Wohlbefinden fördern, Springer, 2010, S. 13-23.

② 涂永前:《权利的人性分析——兼论人格权独立成编》,载《政法论坛》2019 年第 2 期。

③ 参见朱晓峰:《数字时代劳动者权利保护论》,载《浙江大学学报(人文社会科学版)》2020 年第 1 期。

④ 参见[英]弗里德利希·冯·哈耶克:《自由秩序原理》(上),邓正来译,生活·读书·新知三联书店 1997 年版,第 10 页。

使其改变环境的能力更强大。[①] 但人追逐这种免于束缚的自由的界限，尤其是通过改变自身以获得这种自由的法律界限在哪里？对此，我国理论与实务尚缺乏充分讨论，对相应问题的规范处理亦缺乏普遍共识。反映在民法典编纂上就是，《中华人民共和国民法人格权编草案》（2017 年 11 月 15 日民法室室内稿，以下简称民法室室内稿）、征求意见稿、一次审议稿等并没有关于涉及调整人类基因编辑的规则。[②] 直到 2018 年 11 月 26 日，科学家贺建奎宣布一对基因编辑婴儿已在中国深圳诞生时，整个中国社会才迫切地意识到，人类基因编辑研究亟须法律规制，从而确保人通过改变自身以追求免于束缚的自由是造福而非戕害人本身。在此背景下，学理与实务上提出，开展与人体基因、人体胚胎等有关的医学和科学研究，可能带来人体生命健康安全和伦理道德方面的风险，因此必须有严格的法律规范。宪法和法律委员会采纳了这一意见，在一次审议稿第二章“生命权、身体权和健康权”中新增规定：“从事与人体基因、人体胚胎等有关的医学和科研活动的，应当遵守法律、行政法规和国家有关规定，不得危害人体健康，不得违背伦理道德。”[③]该条是 2019 年 4 月 12 日二次审议稿的第 789 条之一，2019 年 8 月 16 日三次审议稿第 789 条之一，在二次审议稿基础上增加了“不得损害公共利益”。[④] 2019 年 12 月 16 日《民法典（草案）》以及 2020 年 5 月 21 日《中华人民共和国民法典（草案大会审议稿）》维持了三次审议稿的规定。最后，2020 年 5 月 28 日通过的《民法典》第 1009 条规定：“从事与人体基因、人体胚胎等有关的医学和科研活动，应当遵守法律、行政法规和国家有关规定，不得危害人体健康，不得违背伦理道德，不得损害公共利益。”显然，《民法典》立法者并未禁止人体基因编辑的医学和科研活动，其仅是将人类基因编辑研究纳入了法律调整的框架，为相应行为的调整提供了规范基础。在此意义上需要进一步厘定：第一，现行法律体系下究竟应如何认识人体基因编辑研究自由；第二，人体基因编辑研究自由

---

① See Brooke Elizabeth Hrouda, “*Playing God?*”: *An Examination of The Legality of CRISPR Germline Editing Technology under the Current International Regulatory Scheme and the Universal Declaration on the Human Genome and Human Rights*, 45 Georgia Journal of International and Comparative Law 221 (2016).

② 参见何勤华、李秀清、陈颐编：《新中国民法典草案总览（增订本）续编》，北京大学出版社 2020 年版，第 79、187、290 页。

③ 全国人民代表大会宪法和法律委员会：《关于〈民法典〉人格权编（草案）修改情况的汇报》，载《民法典立法背景与观点全集》编写组编：《民法典立法背景与观点全集》，法律出版社 2020 年版，第 38 页。

④ 何勤华、李秀清、陈颐编：《新中国民法典草案总览（增订本）续编》，北京大学出版社 2020 年版，第 402、437 页。

的法律界限如何界定;第三,若相关研究违反法律界限,那么应如何确定相应法律责任。

(一)人类基因编辑研究自由受法律保护

首先,必须明确的前提是,人是否享有进行人类基因编辑研究的自由。其次,该项自由是不言自明的自然权利,还是实证法中受保护的主观权利?对此,应结合中国现行法中的具体法律规定判断。

1. 科研自由、行动自由与人类基因编辑研究

由于人类基因编辑研究既涉及研究者与国家的权利义务关系,亦涉及研究者与其他平等主体之间的法律关系,所以对于相应的研究是否受法律保护,亦应从这两个方面展开论证。

首先,科研自由是基本权利。在现行法中,关于科研自由,《宪法》第47条第1句规定:"中华人民共和国公民有进行科学研究、文学艺术创作和其他文化活动的自由。"而人类基因编辑研究的实质是研究者通过对特定DNA片段进行删除、加入等,从而达到修改生物包括人类等在内的遗传信息,改变物种本身的人的活动。① 因此,人类基因编辑研究自由在概念逻辑结构的种属关系上属于《宪法》第47条第1句的涵摄范畴。换言之,人类基因编辑研究自由属于宪法上作为基本权利的科研自由的种概念。而基本权利主要规范的是国家和个人之间的关系,对于个人之间的关系是否可以适用基本权利来调整,学理上存在分歧,主流观点反对基本权利的第三人效力。② 亦即,"经由宪法规范表达的人格权,未经民法表达是难以受到民法保护的。人格权的民法表达是人格权获得受民法保护之地位的工具"。③

其次,科研自由属于民法上的人身自由。我国民法中关于自由的一般条款规定在《民法典》总则编第109条以及人格权编的第990条第2款。从概念的具体表述看,第109条和第990条第2款使用了"人身自由"概念,没有使用"自由"或者"人格自由"等更为一般性的概念。那么,该概念可否作为科研自由的属概念而涵摄人类基因编辑研究自由呢?事实上,虽然我国当代法律规范体系中大部分规范性法律文件使用的是"人身自由"概念,其核心内容是狭义的或具体的行动自由,但也有规范性法律文件在一般行动自由的意义上使用"人身自由"概念。例如,《精神损害赔偿司法

---

① 参见李卓、吴景淳、裴端卿:《人类基因编辑的前景与挑战》,载《生命科学》2018年第9期。

② 参见冯健鹏:《我国司法判决中的宪法援引及其功能——基于已公开判决文书的实证研究》,载《法学研究》2017年第3期。

③ 邹海林:《再论人格权的民法表达》,载《比较法研究》2016年第4期。

解释》第1条第1款第3项明确使用“人身自由权”概念而将之与“人格尊严权”并列规定作为民法上一般人格权的价值基础，于此的“人身自由”即作为一般行动自由理解，被视为可以和人格尊严并列的概念。① 另外，《宪法》第37条的“人身自由”作为部门法规则如《民法典》第109条及第990条第2款“人身自由”的立法依据和解释依据时，通常亦是以一般行动自由为核心的人身自由的价值基础。② 当然，此种一般行动自由在解释论上应主要理解为包括身体行动自由和精神活动自由。③ 但毫无疑问，《民法典》第109条及第990条第2款规定的“人身自由”并非具体人格权，而是可以作为一般行动自由的替代，④用来涵摄科学研究自由的属概念。

民法上的一般行动自由具有主观权利的特征。只有最大可能地保障此种自由的充分发展，才能充分实现人的尊严。当然，于此的行动自由并非毫无限制的荒岛之上的鲁滨孙式的自由。从《宪法》第38条人格尊严条款以及《民法典》第3条等所推导出来的相互尊重原则与我国当代经济社会发展的整体现状出发进行理解，该行动自由应以社会共同体中每个成员的和谐共存为目的，是一种受法律保护但在共同体中又多方受限的权利。亦即，一般行动自由既要求个体对自身负责，又要求个体对与其相对的共同体中的其他个体负责。⑤ 并且一般行动自由也不是非封闭且固定不变的，而是向发展变化的社会现实完全开放的体系。随着社会背景变化而出现的新的人格自由保护类型，亦会通过该条而被及时地纳入一般人格权条款的涵摄范围。⑥

最后，人类基因编辑研究自由是受法律保护的主观权利。亦即，人类基因编辑研究自由在当前民法体系中属于依《民法典》第109条以及第990条第2款结合第3条所确立的一般行动自由所涵摄的范畴，因此，亦可以从事实构成和限制正反两方面来理解。其中，事实构成关注的焦点是，该项自由作为主观权利，在行使时应满足哪些基本构成要件，亦即权利积极行使的保护界限，而超越界限的自由不受法律保护。权利限制主要是

① 参见唐德华主编：《最高人民法院〈关于确定民事侵权精神损害赔偿责任若干问题的解释〉的理解与适用》，人民法院出版社2015年版，第27页。

② 参见梁慧星：《民法典编纂中的重大争论：兼评全国人大常委会法工委两个民法典人格权编草案》，载《甘肃政法学院学报》2018年第3期。

③ 参见冉克平：《论人格权法中的人身自由权》，载《法学》2012年第3期。

④ 参见温世扬：《民法典视域下的“人身自由”》，载《法制与社会发展》2022年第3期。

⑤ 参见朱晓峰：《作为一般人格权的人格尊严权——以德国侵权法中的一般人格权为参照》，载《清华法学》2014年第1期。

⑥ 参见程啸：《论大数据时代的个人权利》，载《中国社会科学》2018年第3期。

从消极限制的一面来反向确定行动自由,即行动自由不得侵犯的领域。① 之所以要关注人类基因编辑研究自由的积极界限与消极限度,是因为人类基因编辑研究的结果,即基因编辑技术,一方面,受科学之客观性影响而有其自身客观的逻辑结构和发展模式,可能成为服务于人本身的可以控制和依赖的手段;另一方面,基因编辑技术并不独立于人本身而存在,其服务于人的目的理性本身使其存在着目的性和社会性两个维度。② 与技术的客观性截然不同,技术的目的性和社会性可能使技术走向服务人的反面即戕害人。亦即,人类基因编辑技术并非价值中立,对其研究须通过法律而在积极与消极两个方面综合把握,③从而真正实现"维护人的生命伦理尊严,把该技术给社会、伦理、道德、法律,乃至子孙后代可能带来的负面影响和危害降到最低程度"④的目的。

2. 人类基因编辑研究自由的事实构成

因此,作为人的认识活动,科研自由首先应当以人本身为目的,尊重人的自然属性,不能将之物化。⑤ 人类基因编辑研究自由的边界亦在于此。人类基因编辑研究自由的客观性、目的性与社会性的三重特性表明,相应技术既可用来预防、治疗疾病,为现实世界中人的充分实现带来福音,亦可能带来严重的生命伦理、人性尊严方面的问题,威胁人类命运共同体的利益。⑥ 基于此,学理上早有观点指出,在对基因科技有深入了解之前,应通过严格的法律规定约束基因研究,并严厉禁止改变人类基因的研究。⑦ 或者,在对人类基因编辑有深入了解前,至少应暂停所有人类基因编辑试验,⑧以避免人类踏入未来的灾难中。⑨ 对此我们应考虑,作为主观权利的

① Vgl. Christian Starck, Bonner Grundgesetz Kommentar, Bd. 1, Franz Vahlen, 1999, S. 197.

② 参见郑玉双:《破解技术中立难题——法律与科技之关系的法理学再思》,载《华东政法大学学报》2018 年第 1 期。

③ See Dov Fox, *Selective Procreation in Public and Private Law*, 64 UCLA Law Review Discourse 294 (2016).

④ 卫科教发〔2003〕176 号。

⑤ 参见罗会宇、雷瑞鹏:《我们允许做什么? ——人胚胎基因编辑之反思平衡》,载《伦理学研究》2017 年第 2 期。

⑥ 参见范月蕾、王慧媛、于建荣:《基因编辑的伦理争议》,载《科技中国》2018 年第 6 期。

⑦ 张小罗:《制定我国〈基因安全法〉的重点与难点》,载《政治与法律》2018 年第 11 期。

⑧ See Edward Lanphier et al., *Don't Edit the Human Germline*, 519 NATURE 410 (2015); David Baltimore et al., *A Prudent Path Forward for Genomic Engineering and Germline Gene Modification*, 348 SCIENCE 36 (2015).

⑨ See Jason Glanzer, *The Human Germline Modification Index: An International Risk Assessment for the Production of Genetically Modified Humans*, 9 Creighton International and Comparative Law Journal 68(2017).

人类基因编辑研究自由在现行法中的界限为何？究竟应如何确定该界限以确保相应研究服务于人而非戕害人？

第一,涵摄人类基因编辑研究自由的法律规则可以通过法律发现的一般方法确定。由于权利规则的行使边界由事实构成,亦即构成要件确定,而构成要件属于法律规则逻辑结构中的行为模式部分,一项完整的法律规则包括行为模式和法律后果两部分。人类基因编辑研究自由界限的确定,应以涵摄相应行为的具体法律规则存在为前提。由于我国现行法中并没有直接规定人类基因编辑研究的法律规则,所以应通过法律发现的一般方法来确定于此用于分析的具体法律规则中的事实构成。一般而言,法律发现应遵循的基本步骤是:第一阶段,若有待适用的法律规则清晰明确,即进行制定法的适用;第二阶段,若第一阶段行不通,即借助法学方法论规则,尤其是解释和类比规则进行制定法解释;第三阶段,援引内在于法秩序尤其是宪法上的法律评价;第四阶段,纳入法外评价。

在法律发现过程中,越是从阶段一向阶段四不断前行,就越是以不断增强的程度注入法外的评价,即道德的和伦理的,也包括宗教和政治的评价。① 在《民法典》之前,我国并没有直接规定人类基因编辑研究自由界限的法则,但有规定科学技术研究开发活动界限的强制性规定,如《中华人民共和国科学技术进步法》(2007 年修改,以下简称《科学技术进步法》)第 29 条,亦有规定法律行为因违反法律或公序良俗而无效的禁止性规定,如《民法总则》第 153 条等。《民法典》生效后,该法第 1009 条是否可以直接作用于人类基因编辑研究自由界限的确定？对此需进入法律发现的第二阶段,即进行法律解释以确定相应规则可否类推适用。

第二,涵摄人类基因编辑研究自由的基础法律规则是《民法典》第 1009 条。从法律规则的逻辑结构看,《民法典》第 1009 条是不完全法条,仅有行为模式而没有法律后果,缺失部分需要结合现行法律体系中的其他法律规则确定。具体而言,第 1009 条确定的行为模式内涵的界定人类基因编辑研究自由的事实构成包括三个方面:主体,即从事人类基因编辑研究的人;客体,即人类基因编辑研究行为;客观方面,即人类基因编辑研究是否遵守了法律、行政法规和国家有关规定,是否危害人体健康、违反伦理道德和公共利益。其中,主体和客体方面的争议并不激烈。例如,就主体而言,依据《科学技术进步法》(2021 年修正)第 107 条结合第 8 条第 2

① 参见[德]迪特玛尔·冯·德尔·普佛尔滕:《法哲学导论》,雷磊译,中国政法大学出版社 2017 年版,第 116~117 页。

款规定,《民法典》第1009条的科研主体既可以是科学技术研究开发机构、高等学校、企业事业组织,也可以是公民个人,他们都有权依法自主选择课题展开研究。因此除非基于法律特别规定,否则《民法典》第1009条在主体资格方面原则上并不存在特别限制,这也符合《宪法》第47条第1句科研自由内涵的一般法律思想。在例外情形下,例如,若人类基因编辑研究涉及临床医学操作,则研究者须具备执业医师资格,因为《中华人民共和国刑法》(1997年修订,以下简称《刑法》)第336条的非法行医罪以"未取得医生执业资格的人"为核心判断依据。在学理和相应的法律实践上存在巨大争议的是关于科研自由与公共利益、人体健康以及伦理道德之间的规范关系。下文主要就此展开讨论。

(二)人类基因编辑研究自由的法律界限

由于《民法典》第1009条使用的概念如"公共利益""伦理道德"等具有高度抽象性和模糊性,所以在直接以之为依据涵摄相关法律事实并确定人类基因编辑研究自由法律界限时,还应进一步解释相关概念,以提高涵摄的精确性和论证的充分性,使相应的法律效果评价可予反驳且可能经受得住反驳,减少司法恣意,维护法的安定性。

1. 公共利益的界定标准

一般而言,公共利益是与私人利益相对的概念,是全体社会成员所享有的利益。① 当然,由于公共利益本身的复杂性和多义性,因此难以给出一个公认的具有可操作性的社会公共利益定义。② 在实践中,我国现行相关规范性法律文件亦未明确定义该概念,并且制定法上的公共利益概念还普遍与其他类似概念如社会公共利益、社会利益、社会公共道德、社会经济秩序、公序良俗等存在混用现象,导致概念彼此之间在规范意义上的区分并不明确。③ 为解决现行法律体系中作为砖石基础的基本概念的统一性问题,学理上力图调和概念彼此之间在表述上存在的差异而努力寻找彼此之间的共同点。例如,有观点认为:"中国现行法所谓'社会公共利益'及'社会公德',在性质和作用上与公序良俗原则相当,'社会公共利益'相当于'公共秩序','社会公德'相当于'善良风俗'。"④该观点获得了普遍的认同,支持者表示:"我国现行民事立法虽然没有采纳公序良俗的概念,而

① 参见王利明:《民法总论》,中国人民大学出版社2009年版,第247页。
② 参见李春成:《公共利益的概念建构评析——行政伦理学的视角》,载《复旦学报(社会科学版)》2003年第1期。
③ 参见张剑文:《社会公共利益之规范解释》,载《中国检察官》2015年第2期。
④ 梁慧星:《民法总论》(第5版),法律出版社2017年版,第51页。

采用了社会公共利益和公共道德等概念，但他们表达的都是相同的含义。”①在立法上，《民法典》等以公序良俗概念取代了之前《民法通则》等所使用的社会公共利益和公共道德概念，这可以为学理上的相应观点提供佐证。② 本文亦持相同观点，亦在公序良俗范畴意义上理解和把握《民法典》第 1009 条的公共利益概念。

(1)运用公共利益进行法律效果评价的一般方法。结合我国学理上的普遍观点及司法实践中的主流做法，对于通过公共利益进行法律效果评价的具体把握，应主要从如下四个方面展开：

第一，虽然公共利益属于不确定概念和一般性条款，其内涵外延均不确定，但亦因如此，使该条为授权性规定，具有制定法之漏洞填补功能，在制定法上缺乏相应具体明确的法律规定时，裁判者可依该授权性规定展开法律涵摄。亦即，在制定法未对人类基因编辑研究作出明确规定时，可依该一般性条款对相应行为展开法律上的评价并确定法律效果。

第二，公共利益概念具有模糊性，其内涵外延亦会因时代背景的变换而变化。人类基因编辑研究是否构成公共利益或公序良俗之违反，需在具体的社会背景下展开。

第三，尽管公共利益概念具有不确定性，但共同体基于共同生活的需要而对公共利益的认定存在一定的共识，即被公众广泛认同的观念或立场，这些具有共识的部分要么转化为法律的具体规定，要么能够通过类型化的方式呈现出来。

第四，对共识度较低的公共利益的辨识，应具体情况具体分析，从具体规则出发运用法律推理以确定其在个案中的适用。在个案裁判中，裁判者应尽量摒弃个人的主观好恶，审慎考虑当事人所属的民族与地域，适当借鉴经验主义标准和唯心主义标准，兼顾普通人的感受、生活经验以及专家的评判等多种因素，在重视多数人中的流行意见的同时防止多数人对少数人的“暴政”。③

一般而言，公共利益的力量受制于两个因素：其一，理性人不仅不同意如何去实现利害攸关的道德和文化理想，而且也不同意这些理想是否完全属于公共物品；其二，公共利益的界限难以衡量或划分，使其容易作为托词

① 王利明：《民法总论》，中国人民大学出版社 2009 年版，第 58 页。

② 参见黄薇主编：《中华人民共和国民法典总则编解读》，中国法制出版社 2020 年版，第 23～24 页；张新宝：《〈中华人民共和国民法总则〉释义》，中国人民大学出版社 2017 年版，第 15 页。

③ 参见戴孟勇：《论公序良俗的判断标准》，载《法制与社会发展》2006 年第 3 期。

甚至被滥用。① 因此,对尚属新事物的人类基因编辑研究而言,其是否违反公共利益,现行法既未明确规定,那么就需要在已有的社会共识基础上,②结合个案具体分析。

(2)应在具体场景下区分讨论人类基因编辑研究是否违反公共利益标准。当前社会背景下,对于基因编辑技术可否适用于人体,存在两种截然相反的意见。支持者以促进人类健康和探究生命奥秘为由,来论证将基因编辑技术适用于人类的正当性。③ 也就是说,该立场支持将基因编辑技术中增强性部分用于人本身,这实质上是将人的潜能的发挥与自主决定权提升至几乎不受限制的地位。④ 当然,即使是支持人类基因编辑研究的科学家也同意,该技术改变人类基因多样性遗产的潜力远比社会审慎考虑其影响并允许其用途的能力要高得多。⑤ 反对者则认为,将基因编辑技术普遍适用于人类,违反了基本的伦理道德和人的尊严原则,侵犯了基本人权,尤其是克隆人技术,其不论以何种形式出现,都是令人厌恶的不道德行为,违反了对人的尊重,严重侵犯了基本人权。⑥

依当前国际社会业已达成的基因编辑研究应坚守的基本原则审查,前述两种走向极端的立场在我国当前社会背景下可能都不可取。⑦ 具体而言:

一方面,与增强性的优生学目的不同,当代人类基因编辑研究主要集中在那些对人类健康存在严重威胁且没有其他有效替代治疗方案的疾病,如地中海贫血症、亨廷顿舞蹈症、镰刀型红细胞贫血症、血友病等领域。因这些遗传疾病的存在导致每年有数百万名缺陷患儿出生,严重影响患儿

① See Dov Fox, *Selective Procreation in Public and Private Law*, 64 UCLA Law Review Discourse 294 (2016).

② See News Release, *Org. Comm. for the Int'l Summit on Human Gene Editing*, *On Human Gene Editing: International Summit Statement*, National Academies (Dec. 3, 2015), http://www8.nationalacademies.org/onpinews/newsitem.aspx? RecordID=12032015a.

③ See Eileen M. Kane, *Human Genome Editing: An Evolving Regulatory Climate*, 57 Jurimetrics 301 (2016-2017); Anders Nordgren, *Responsible Genetics: The Moral Responsibility of Geneticists for the Consequences of Human Genetics Research*, Springer, 2001, p. 183.

④ 参见朱振:《反对完美?——关于人类基因编辑的道德与法律哲学思考》,载《华东政法大学学报》2018年第1期。

⑤ See Edward Lanphier et al., *Don't Edit the Human Germline*, 519 NATURE 410 (2015).

⑥ See Ronald Dworkin, *Sovereign Virtue: The Theory and Practice of Equality*, Harvard University Press, 2000, p. 439.

⑦ See Brooke Elizabeth Hrouda, "*Playing God?*": *An Examination of the Legality of CRISPR Germline Editing Technology under the Current International Regulatory Scheme and the Universal Declaration on the Human Genome and Human Rights*, 45 Georgia Journal of International and Comparative Law 221 (2016).

健康和人口素质。① 而人类基因编辑研究尤其是人胚胎干细胞基因编辑研究是治疗这些疾病的最有效的方案,通过人胚胎干细胞基因编辑研究的临床应用,不仅能使那些本来携带严重遗传疾病的孩子安全出生并终生摆脱这种疾病,而且还能因遗传而使其后代获得正确的基因序列信息以避免患上这些遗传疾病。② 相对于这些潜在的遗传疾病患者所能获得的具体真实的体验与利益,抽象的人的尊严和伦理道德可能是微不足道的。③ 亦即,治疗性的人类基因编辑研究应用于人体可以获得充分的伦理道德上的辩护,④一般情形下不应被认定为违反《民法典》第 1009 条的公共利益。

另一方面,虽然以 DNA 核酸酶为基础的人类基因编辑研究发展迅猛,从早期的 DNA 核酸酶编辑系统 ZFNs、TALENs,一直到最新的 CRISPR/Cas9 系统,尤其是后者,因其简单、精确且低成本,使基因编辑技术应用范围得到实质性的扩展。⑤ 但即便如此,人类基因编辑研究目前来看还尚未完全成熟,仍面临核酸酶的传递效率和安全性普遍不高的问题、脱靶率问题和潜在的免疫反应等副作用问题。⑥ 在更加精确、高效、成熟的基因编辑技术出现之前,或目前尚存在其他替代解决方案时,贸然将并不成熟的以医疗为目的的基因编辑技术直接适用于人体,可能对个体以及因为遗传而对整个人类命运共同体的利益产生不利影响。事实上,贺建奎及其团队此次以预防艾滋病为由通过基因编辑技术诞生婴儿事件,被各界诟病最多的,即是在现有医疗手段下存在其他有效防止艾滋病感染的方案,且此次基因编辑手术也存在极大的脱靶可能,不符合医疗行为应秉持的风险最小、利益最大的基本原则。⑦ 另外,就那些非为医疗而仅是增强

---

① See John Harris, *Germline Modification and the Burden of Human Existence*, 25 Cambridge Quarterly of Healthcare Ethics 6 (2016).

② See Sarah Ashley Barnett, *Regulating Human Germline Modification in Light of CRISPR*, 51 University of Richmond Law Review 553(2017).

③ See Noëlle Lenoire, *Universal Declaration on the Human Genome and Human Rights: The First Legal and Ethical Framework at the Global Level*, 30 Columbia Human Rights Law Review 537 (1998).

④ See Joshua D. Seitz, *Striking a Balance: Policy Considerations for Human Germline Modification*, 16 Santa Clara Journal of International Law 60(2018).

⑤ See Sarah Ashley Barnett, *Regulating Human Germline Modification in Light of CRISPR*, 51 University of Richmond Law Review 553(2017).

⑥ See Jason Glanzer, *The Human Germline Modification Index: An International Risk Assessment for the Production of Genetically Modified Humans*, 9 Creighton International and Comparative Law Journal 68(2017).

⑦ 参见仲崇山、蔡姝雯等:《"基因编辑婴儿"打开了潘多拉魔盒?》,载《新华日报》2018 年 11 月 28 日,第 15 版。

性的人类基因编辑研究而言,尽管部分研究的逻辑起点是好的,但在当代社会背景下,囿于有限的医疗资源,人们普遍担忧增强性的基因编辑会使强者及其后代更强,人为制造并加剧增强者与未增强者之间的不平等,破坏共同体业已形成的公平竞争秩序。① 并且增强性人类基因编辑的应用会引发自然选择的减少和基因变异多样性的降低,可能构成人类生命多样性的深刻危机并最终使人类自身的生存本身成为问题。② 亦即,于此情形下的人类基因编辑研究宜被认定为会损害《民法典》第 1009 条的公共利益,属于依该条应予禁止的范畴。

2. 人体健康标准

与公共利益相对,人体健康是典型的私人利益,处于自然人享有的应受法律保护的民事权益的最核心位置。一般而言,人体健康包括两个层面的利益关照,一是人之外在身体的一致性或完整性,二是人之身体内在性或内在机理的正常运行。《民法典》第 1009 条禁止科学技术研究开发活动危害人体健康通常是禁止相应行为危及或损害人体的完整性与内在机理的正常运行。亦即,于此的"危害"既包括现实的既存不利后果,亦包括构成现实威胁的不利后果。③ 就人类基因编辑研究而言,由于 CRISPR 技术在目前阶段尚不成熟,④其尚不完善的安全机制提出的多项安全问题,如脱靶效应、无法预料的数代以后的副作用以及缺乏经过验证的逆转机制等表明,⑤若将之贸然临床运用,则可能引发人体健康风险。

(1)人类基因编辑研究具有双刃剑效果。就自然人外在身体的一致性或完整性而言,基因编辑技术的运用会导致人体"基因完整性"和"物种完整性"的损害,因为基因编辑技术的核心在于通过删除、插入、替换、激活或关闭人体内的目标基因从而达到定向修饰的目的。当然,在医疗性基因编辑技术适用场合,当身体外在完整性与内在机理的正常运转两种利益之间,存在冲突而必须进行利益衡量以作出取舍时,为维持身体内在机理的正常运转而在一定程度上牺牲基因的完整性,在法律上具有正当性,即如果技术已经到位,那么对于已经饱受或迫在眉睫的病痛折磨的个人来

① 参见江璇:《人类增强技术的发展与伦理挑战》,载《自然辩证法研究》2014 年第 5 期。

② 参见陶应时、罗成翼:《人类胚胎基因编辑的伦理悖论及其化解之道》,载《自然辩证法通讯》2018 年第 2 期。

③ 参见王胜明主编:《中华人民共和国侵权责任法释义》,法律出版社 2010 年版,第 43 页。

④ See Michael McCarthy, *Scientists Call for Moratorium on Clinical Use of Human Germline Editing*, 351 British Medical Journal 6603 (2015).

⑤ See Niklaus H. Evitt et al., *Human Germline CRISPR-Cas Modification: Toward a Regulatory Framework*, 15 The American Journal of Bioethics 25 (2015).

说，适用基因编辑技术对其进行救治在道德上是完全正当的，甚至是必需的。①

但是，医疗性的基因编辑与增强性的基因编辑在实践运用中的区分可能薄如蝉翼，治疗疾病和增强人体功能的边界非常模糊。② 例如，孤独症与 GRIN2B 基因有关，而 GRIN2B 蛋白突变量的增加同时亦会导致人提高认知能力，也就是说，通过基因编辑技术的运用修饰 GRIN2B 基因，在防止孤独症的同时亦可能使受助者的能力增强而超出一般人。③ 于此场合以医疗为名而实际上危害人类物种基因完整性的行为，在正当性论证上可能会面临更多诘难。人类可以修复所谓的“缺陷”基因是否意味着，其应当这样做？若技术已经到位，并且其可以很容易地被操纵用于不道德的目的或最终对孩子造成危险，那么它实际上可能并非好事。因为这涉及人类，那些真实的人，那些能行走、会说话、在呼吸的人，将永远感受到我们今天作出的关于其生物命运之决定的影响。④

就自然人之身体内在性或内在机理的正常运行而言，在基因编辑技术尚不成熟的当下，尽管存在一些运用基因编辑技术攻克顽疾的成功案例，但危害人体健康的风险系数依然居高不下。其中，最突出的问题是手术脱靶所带来的患癌风险：原本被期望剪下特定 DNA 序列的 Cas9 酶，因为脱靶而可能会删减目标基因外的基因组的其他部分，从而增加突变患癌的风险。即使基因编辑没有脱靶，但编辑成功的细胞亦可能存在其他副作用。例如，因为 CRISPR/Cas9 基因编辑过程造成的 DNA 双链断裂可以激活 p53 通路，导致这些被成功编辑的细胞很可能成为潜在的癌细胞，危害人体健康。另外，由于人体中普遍存在着针对 Cas9 的抗体，若通过 CRISPR/Cas9 治疗疾病，可能会引发人体剧烈的免疫反应，危害人体内在机理的正常运行。⑤

（2）应区分讨论胚胎干细胞的基因编辑是否危害人体健康标准。由于人类基因编辑可分为人体基因编辑和胚胎干细胞基因编辑两种，在基因编辑行为直接针对自然人身体的场合，因编辑技术的不成熟等导致的危害

---

① See Paul Knoepfler, *GMO Sapiens: The Life-Changing Science of Designer Babies*, World Scientific Publishing Company, 2015, p. 99.

② See Joshua D. Seitz, *Striking a Balance: Policy Considerations for Human Germline Modification*, 16 Santa Clara Journal of International Law 60(2018).

③ 参见范月蕾、王慧媛、于建荣：《基因编辑的伦理争议》，载《科技中国》2018 年第 6 期。

④ See Sarah Ashley Barnett, *Regulating Human Germline Modification in Light of CRISPR*, 51 University of Richmond Law Review 553(2017).

⑤ 参见任云晓、肖茹丹等：《基因编辑技术及其在基因治疗中的应用》，载《遗传》2019 年第 1 期。

人体健康的情形发生,并不难理解。有争议的是,针对人胚胎干细胞等展开的基因编辑研究是否能被《民法典》第 1009 条的“不得危害人体健康”所涵摄?对此需区分两种情形讨论:

一种是,若以人胚胎干细胞等为对象展开基因编辑研究,但最终未将被编辑过的人胚胎干细胞临床运用,于此场合,因为并不存在着为我国现行法所承认的以活着出生为必要条件的自然人,亦即不会发生危害人体健康的情形。例如胎儿因侵害行为未能活着出生,当前法律实践则仅保护母亲而不保护未能活着出生的胎儿,因为其并无权利能力,不属于现行法中的人。① 因此,即使有观点认为应当承认包括人胚胎干细胞、胎儿等在内的具有生命潜质者的尊严,但基于目的解释和体系解释方法,《民法典》第 1009 条规定的“人体健康”关注的亦应是活着的自然人的身体的外在一致性和内在机能的正常运行,人胚胎干细胞于此并不能被作为主体本身对待。问题是,从自然人身体上分离出来的身体组织器官等还是不是人体构成部分?若是,那么因基因编辑致人胚胎干细胞受损,则属于危害人体健康。对此,有法院认为,若与人体分离的器官依然要实现依主体之意志所欲实现的其作为人体构成部分时的功能,那么在法律上依然可以将之视为自然人之身体构成部分而非物加以保护。② 反对意见则认为,通过扩张解释身体概念的外延而将与人体相分离的器官纳入身体概念的涵摄范畴,过于远离身体侵害的本来面目,并不适宜。③ 该反对意见应予赞同。对与人体相分离的人胚胎干细胞等展开基因编辑研究,并不构成对自然人之身体健康的侵犯。当然,相应的行为可能通过其他概念如《民法典》第 1009 条规定的“公共利益”或者“伦理道德”所涵摄。

另一种是,将基因编辑技术用于临床,亦需区分两种情形讨论:一是非生育目的的基因编辑技术适用于人体,若该技术并不成熟,则可能危害接受基因编辑手术的自然人的人体健康,亦构成《民法典》第 1009 条“危害人体健康”概念的涵摄情形;二是用于生育目的,若将被编辑过的人胚胎干细胞植入人体用作生育目的,嗣后未有婴儿活着出生且导致被植入者的人体健康损害,于此场合可类推适用第一种情形下的法律涵摄规则,未活着出生的胎儿不得作为“人体健康”被危害的对象;④若嗣后有婴儿活着出

① 参见朱晓峰:《民法典编纂视野下胎儿利益的民法规范——兼评五部民法典建议稿胎儿利益保护条款》,载《法学评论》2016 年第 1 期。

② Vgl. BGH 9. 11. 1993, NJW 1994, S. 127-128.

③ Vgl. Christian v. Bar, Gemeineuropäisches Deliktsrecht, Band 2, C. H. Beck, 1999, S. 70.

④ 参见朱晓峰:《民法典编纂视野下胎儿利益的民法规范——兼评五部民法典建议稿胎儿利益保护条款》,载《法学评论》2016 年第 1 期。

生，但因为基因编辑导致孩子自出生起即有缺陷，[①]因为侵害行为发生时孩子尚未出生，不是《民法典》规定的法律上的主体，于此场合的人类基因编辑研究是否构成"危害人体健康"？对此，有观点认为，尽管侵害行为发生时尚不存在受法律保护的主体，但该侵害行为是导致活着出生的孩子存在缺陷的直接原因，损害与侵害行为之间存在法律上的因果关系，至于受害人在损害发生时是否已经出生或者孕育，在侵权法上的意义并非重要。[②] 该观点应予赞同。依此推论，人类基因编辑研究"危害人体健康"亦包括导致有缺陷的孩子活着出生的情形。

3. 伦理道德标准

考虑到人类基因编辑的特殊性，相关要求和条件的准确性是必需的，这些要求和条件将取决于科学知识、临床技术、机构实践的发展以及机构法治管理的逐步展开，也取决于伦理道德规范的发展演进。[③] 基于此，《民法典》第1009条将"伦理道德"作为人类基因编辑研究应当遵循的强制性标准，有其正当性基础，但也有需要斟酌改进的地方。

（1）伦理与道德二者应区分处理

一般而言，道德是实际存在的，可以被描述和说明，且可以凭借经验法则来查明特定社会中特定群体的道德规范与道德行为，如乱伦关系的禁止等，因此，道德规范直接且首要地指引共同体中特定个体的行动。亦即，道德一般具有公共属性，在外延上大致与社会公德相同，违反道德亦会产生损害社会公共利益的后果。[④] 从这个意义上讲，《民法典》第1009条的"损害公共利益"是从客观结果来观察和确定科研自由的界限，而"违背道德"则主要是从主观行为方面来观察和确定科研自由的界限，二者内在目的上是统一的，涵摄对象具有高度重合的部分。

与道德的实存性不同，伦理并不必然是社会事实，其亦可能是一种精神产品、一种理想，属于哲学的一部分。伦理一般并不直接地和首要地指引人的行动，而是对道德、法、宗教、政策、技术、医学、习惯等首要规范进行证成和批评。伦理对法、技术、医学等提出的要求，即善或正义，从根本上

---

① 存在争议的是，父母的生育自由是否使其有权在孩子出生前编辑其基因，相关讨论参见 John A. Robertson, *Procreative Liberty in the Era of Genomics*, 29 American Journal of Law & Medicine 439 (2004)。

② 参见朱晓峰：《侵权可赔损害类型论》，法律出版社2017年版，第694页。

③ 参见蒋莉译：《基因编辑和人类生殖：社会伦理及法律规制》，载《苏州大学学报（法学版）》2018年第4期。

④ 参见[德]迪特玛尔·冯·德尔·普佛尔滕：《法哲学导论》，雷磊译，中国政法大学出版社2017年版，第110页。

与伦理对人类行动或人类规范提出的一般要求相应。① 以此为基点,在我国,伦理对人类基因编辑研究提出的要求,主要反映在《人胚胎干细胞研究伦理指导原则》(2007 年)②、《涉及人的生物医学研究伦理审查办法》(2016 年)③中。其中,前者主要涉及人类基因编辑伦理准则的实体问题,后者主要涉及程序控制问题。

(2)对于人类基因编辑研究的主要伦理控制规则

《人胚胎干细胞研究伦理指导原则》(2007 年)明确规定,人类基因编辑研究应遵循的伦理准则包括:禁止生殖性克隆人原则(第 4 条);用于研究的人胚胎干细胞的获得方式类型法定原则(第 5 条);进行人胚胎干细胞研究行为限定原则(第 6 条);禁止买卖人类配子、受精卵、胚胎或胎儿组织原则(第 7 条);知情同意与知情选择原则(第 8 条第 1 款前句);保护受试者隐私原则(第 8 条第 1 款后句);伦理审查监督原则(第 9 条)。其中,进行人胚胎干细胞研究行为限定原则具体包括:利用体外受精、体细胞核移植、单性复制技术或遗传修饰获得的囊胚,其体外培养期限自受精或核移植开始不得超过 14 天;不得将前款中获得的已用于研究的人囊胚植入人或任何其他动物的生殖系统;不得将人的生殖细胞与其他物种的生殖细胞结合。从新闻媒体披露出来的关于贺建奎研究团队此次研究的具体情形来看,④其研究显然已违反了进行胚胎干细胞研究行为限定原则中的第二种情形,属于《民法典》第 1009 条“违背伦理道德”所涵摄的对象。另外,依据《涉及人的生物医学研究伦理审查办法》(2016 年)的规定,伦理委员会批准研究项目的基本标准是:坚持生命伦理的社会价值;研究方案科学;公平选择受试者;合理的风险与受益比例;知情同意书规范;尊重受试者权利;遵守科研诚信规范(第 22 条)。新闻媒体披露出来的贺建奎团队的此次活动显然亦存在严重违反程序性伦理准则的情形。⑤

除前述两部直接相关的伦理规范外,与基因编辑相关的伦理准则还包含在其他规范性文件中,如原卫生部发布的《医务人员医德规范及实施办法》(1988 年,已废止)及《人类辅助生殖技术和人类精子库伦理原则》(2003 年修订)等,尤其是后者确立了有利于供受者、知情同意、保护后代、

① 参见[德]迪特玛尔·冯·德尔·普佛尔滕:《法哲学导论》,雷磊译,中国政法大学出版社 2017 年版,第 110、129 页。
② 卫科教发〔2007〕17 号。
③ 卫计委令〔2016〕第 11 号。
④ 参见晁星:《“基因编辑”背后的伦理之门谁来守》,载《北京日报》2018 年 11 月 28 日,第 3 版。
⑤ 参见杨于泽:《突袭式基因编辑是有意犯禁》,载《长江日报》2018 年 11 月 28 日,第 5 版。

社会公益、保密、严防商业化和伦理监督七项基本伦理准则。另外,原卫生部发布的《人类辅助生殖技术规范》(2003年)和《人类精子库基本标准和技术规范》(2003年),原卫生部药政管理局发布的《人的体细胞治疗及基因治疗临床研究质控要点》(1993年),原国家食品药品监督管理局发布的《人基因治疗研究和制剂质量控制技术指导原则》(2003年)、《人用单克隆抗体质量控制技术指导原则》(2003年)、《人用重组DNA制品质量控制要点》(1999年)等技术规范和指导原则中,也存在一些伦理准则。① 因此,整体而言,我国在这个问题上的伦理立场与欧美国家并无本质不同。② 当然,由于这些伦理规范原则上属于并不具有约束力的指导方针,在现行法律体系内仅依靠其并不能有效规范人类基因编辑研究。③

(3)完善人类基因编辑研究伦理控制规则的主要考量因素

在当前社会背景下,对于人类基因编辑研究所达成的基本社会共识包括两个方面:一是未来人们的福利,即用于基因编辑的配子或胚胎(或者通过类似方法分离出来的细胞),只能在有利于使用这些细胞诞生的人的福利的目的和方式的前提下,才能被使用;二是社会公平正义和稳固,被用于基因编辑程序的配子或胚胎的使用(或通过类似方法所分离出来的细胞)应只有在其不会不合理地产生或加速社会分化,或不会不合理地边缘化某些群体,或不利于社会的某些群体下,才能被允许。亦即,只要遗传基因编辑与未来人们的福利与社会公平正义和稳固一致,它们就不违背任何概念性的道德禁令。④ 若以此为镜鉴来考虑我国人类基因编辑研究伦理规范的完善路径,还应具体顾及以下方面并予以改进:

第一,引发新形式的侮辱与不平等的强化。人类基因编辑技术的实践应用要求,应在治疗疾病和促进健康的同时考虑技术可能引发的歧视和压迫。因为基因多样性和残疾之间的界限有时薄如蝉翼。研究者将特定健康状况视为确定需要通过生物医学予以干预的残疾,可能无意间就导致了新的侮辱并强调了社会差异:一方面,种族、民族和其他群体与特定疾病的

---

① 参见王康:《基因权的私法规范:背景、原则与体系》,载《法律科学(西北政法大学学报)》2013年第3期。

② See Xiaomei Zhai, et al., *No ethical divide between China and the West in human embryo research*, 16 Developing World Bioethics 116 (2016); Joshua D. Seitz, *Striking a Balance: Policy Considerations for Human Germline Modification*, 16 Santa Clara Journal of International Law 60 (2018).

③ See Tetsuya Ishii, *Germline genome-editing research and its socioethical implications*, 21 Trends in Molecular Medicine. 473 (2015).

④ 参见蒋莉:《基因编辑和人类生殖:社会伦理及法律规制》,载《苏州大学学报(法学版)》2018年第4期。

关联可能导致新形式的侮辱;①另一方面,人类基因编辑研究无意中强化了某些族群的特性,可能会使社会上已经被消灭的歧视和不公正死灰复燃。随着相关研究的普及,基因编辑将可能使残疾人蒙羞并使“某些人不值得活着而某些人会活得更好”的观念大行其道。而除非有保险或纳税人补贴,否则广泛存在的使用人类基因编辑技术还可能扩大社会上“拥有者”和“欠缺者”之间的鸿沟。②

第二,新的经济压迫与消费需求。私人机构有很强的商业动力来研发治疗疾病的方法和增强人类特性的程序。虽然基因编辑人不具有可专利性,但基因编辑技术是可专利的。取得对于这些专注于治疗人类疾病的方法的专利,是人类基因编辑研究长期经济收益的最终目标所在。目标一旦实现,那么降低医疗成本的经济压力会迫使人们改变与疾病相关的基因序列。另外,遗传病患者有很强的动力去寻找治疗疾病的方法,而比绝望的患者更关心这些治疗方法的是父母。父母从根本上倾向于为孩子提供最好的服务,基因影响特定行为或其他复杂特性的信念,会迫使未来的父母去改变可能诱发其后代存在问题的这些基因。若人类基因编辑技术得以广泛应用,那么父母可能无法抵制相关的商业营销活动,尽管其使用相关技术仅是基于改善目的而非医疗所必需。并且事实上许多父母可能也无法区分出哪些是适当的干预,哪些是不必要的增强。总言之,父母的这些愿望通常会转化为消费者特定属性的需求,并驱使人们作出去私人机构接受人类基因编辑手术的选择。③

第三,积极的优生学。若认为某些遗传基因没有其他遗传基因质量好,那么这种耻辱感和来自感兴趣的第三方如保险公司或药品制造商的经济压力相结合,即使并非医疗所必需,亦会促使人们选择使用基因增强技术以使其变得更好。这种思维方式会使人们将人的“质量”与遗传联系起来,并使未来的父母觉得在道德上有义务使用基因编辑技术,就好像不这样做对未出生的孩子和后代都是一种伤害。与通过精子库和卵细胞捐赠选择配子的优生学不同,通过人类基因编辑技术的优生学是主动改变人类种系的行为,其不但可能改变人类的遗传命运,也可能导致人类物种减

---

① See Steven Olson, *International Summit on Human Gene Editing: A Global Discussion*, National Library of Medicine (Jan. 1, 2016), https://www.ncbi.nlm.nih.gov/sites/books/NBK343651/.

② See Sarah Ashley Barnett, *Regulating Human Germline Modification in Light of CRISPR*, 51 University of Richmond Law Review 553(2017).

③ See Paul Knoepfler, *GMO Sapiens: The Life-Changing Science of Designer Babies*, World Scientific Publishing Company, 2015, p. 99.

少,并导致对特定人群的更多歧视。即使人类基因编辑技术不能产生更为高级的人类物种,但在国家和国际层面上获取该技术仍可能存在公平问题。若控制不当,尖端的人类基因编辑技术有可能使新的、更强大的优生学形式掌控全局并制造更多的社会纷争,例如,在阶层与国家之间深化业已存在的社会经济鸿沟并制造基于基因而生的新的分裂等。①

第四,人类胚胎实验。涉及人类胚胎中基因编辑的研究可能会提供有关基因编辑的信息并导致关于生殖和早期人类发展的重大发现。因此,此类研究应在特定极其有限且严格控制的条件下进行,而非简单禁止。问题是,为了优化临床应用于生育婴儿的人类胚胎基因编辑技术,实践中可能需要在数以千计的胚胎上反复练习以完善相应技术。而这恰恰会引发严肃的道德和伦理上的顾虑。一般而言,作为主体的人无论如何都不得成为实验的客体,无论在其生命的哪一阶段。② 即使论者认为,胚胎在非人类生命和胎儿之间,具有中间的道德地位,研究者与未来的父母也都有义务尊重人类胚胎的这种道德地位。但现有证据表明,人类基因编辑研究显然并未履行这一道德义务,其要么使胚胎处于道德中立的状态,要么将其降低到财产或商品的地位。③

(三)违反人类基因编辑研究自由界限的法律责任

整体而言,《民法典》第 1009 条明确了作为科学技术研究开发活动的人类基因编辑研究自由的界限,尤其是在客观方面规定的三项禁令从实存与理想即能凭人之经验法则查明的社会利益和私人利益与属于理想而非必然是社会事实的伦理规范两个层面,严格限定了人类基因编辑研究自由的边界。由于该条使用的概念如公共利益、伦理道德等属于典型的不确定概念和一般性条款,这就给予了法官较大的自由裁量空间,法官可以在具体案件中结合具体情形来把握涵摄的对象。对于制定法尚未明确涉足的人类基因编辑研究来说,其恰得通过这种一般性条款而进入法律关注的视野并因为法官自由裁量权的运用而能在现行法中获得相对比较及时的处

① See Sarah Ashley Barnett, *Regulating Human Germline Modification in Light of CRISPR*, 51 University of Richmond Law Review 553(2017).

② See Sarah Ashley Barnett, *Regulating Human Germline Modification in Light of CRISPR*, 51 University of Richmond Law Review 553(2017).

③ See Sarah Ashley Barnett, *Regulating Human Germline Modification in Light of CRISPR*, 51 University of Richmond Law Review 553(2017).

理,从而回应社会舆论的高度关注。① 当然,由于《民法典》第 1009 条属于典型的不完全法条,缺乏法律后果的规定,若不与其他法条相互联系,就不能单独发挥规范效果。对此,尚需在现行法体系下结合其他法律规则来确定违反该条禁令所导致的法律后果,以确保该条立法目的的实现。

类似《民法典》第 1009 条以及《科学技术进步法》(2021 年修正)第 107 条这样的不完全法条的出现主要是基于立法技术上的考虑,是为了避免法条结构过于复杂和臃肿。② 对此,应结合《科学技术进步法》(2021 年修正)中的引致性条款,从民事责任、行政责任和刑事责任三个方面来探讨超越人类基因编辑研究自由界限的法律后果。

1. 民事责任

在民法领域,依据《民法典》的规定,民事主体有权不受干涉地按自主意志依法行使民事权利(第 130 条):就行使权利的积极面而言,主体应履行法定义务和约定义务(第 131 条);就行使权利的消极面而言,主体不得滥用权利损害公共利益或他人合法权益(第 132 条)。因此,作为法律事实的具体人类基因编辑研究,在民法中需从两方面讨论民事责任问题。

(1)以意思表示为要素并因意思表示而产生相应法律效果的行为,即民事法律行为的法律效果问题。在人类基因编辑研究中,常会涉及以意思表示为要素的法律行为如医疗服务合同效力与责任的界定问题。依据《民法典》第 143 条第 3 项与第 153 条,违反法律、行政法规的强制性规定或违背公序良俗的民事法律行为无效,但强制性规定不导致该法律行为无效的除外。依最高人民法院的立场,于此的强制性规定应区分效力性和管理性两种,违反前者的法律行为无效;违反后者的不影响行为效力,但行为人需依法律或行政法规承担相应行政责任、刑事责任,并需承受诸如因法律上障碍导致不能履行合同义务所导致的不利法律后果。③ 结合《民法典》第 1009 条的立法目的,即法律禁令欲通过行为之禁止达到何种目的进行解释,该条作为禁止性强制性规定属于典型的内容禁令即绝对禁令,法律完全禁止行为人所追求的法律效果的实现。④ 亦即,该条属效力性强制性规定,违反其当然会发生《民法典》第 153 条规定的行为无效的法律后果。例

① 当然,向一般性条款逃逸亦导致了法的不确定性和法官的恣意。具体的批判参见[德]Ingeborg Maus:《市民主义的宪法决断与法西斯体系》,朱晓峰、杜晓明译,载姜明安主编:《行政法论丛》第 17 卷,法律出版社 2017 年版,第 386~390 页。

② 参见汪渊智:《民法中的不完全性法条》,载《山西大学学报(哲学社会科学版)》2004 年第 4 期。

③ 参见王轶:《论商品房预售许可证明对合同效力的影响》,载《比较法研究》2018 年第 6 期。

④ 参见朱庆育:《〈合同法〉第 52 条第 5 项评注》,载《法学家》2016 年第 3 期。

如,科研机构甲与自然人乙之间达成的由甲为乙提供增强性基因编辑手术的医疗服务合同无效,不发生当事人依意思表示所欲实现的法律效果。而依《民法典》第157条的规定,法律行为无效,行为人因该行为取得的财产应予返还;不能返还或无返还必要的应折价补偿。有过错的应赔偿对方因此遭受的损失;各方都有过错的,应各自承担相应责任。

(2)非以意思表示为要素而是由法律直接规定法律效果的行为即事实行为的法律效果问题。在人类基因编辑研究中,若研究行为并不涉及研究者之外的其他直接利害关系人,则相应行为可能会受行政法或刑法调整,但不会产生民法上的责任。只有相应行为涉及研究者之外的其他直接利害关系人时才会产生民事责任的认定问题。于此主要涉及侵权领域的两种情形:第一种是研究行为侵害了接受基因编辑手术的受害人的身体健康;第二种是研究行为导致有缺陷的孩子出生。在第一种情形下,依据《民法典》第1165条第1款与第1009条确立的责任成立要件,加害人应承担对那些因基因编辑而人身利益遭受损的受害人的侵权责任。问题是,若受害人在基因编辑手术实施前签署了知情同意书,①加害人是否有权依《民法典》第1173条主张减轻责任?对此,由于第1173条使用了“可以减轻侵权人的责任”的表述,依据文义解释方法,应交由法官在个案中依具体案情判断,受害人签署知情同意书并不必然导致侵权人责任的减轻。在第二种情形下,虽然违反《民法典》第1009条的人类基因编辑进行时孩子尚未出生,但该行为是导致嗣后出生的孩子身体缺陷的直接原因,在解释论上依然满足《民法典》第1165条第1款责任成立的构成要件,行为人对此应承担责任。

问题是,有缺陷的出生者的父母若在人类基因编辑手术实施前签署了知情同意书,②于此情形下是否存在数人侵权的问题?对此,依据《民法典》第1172条规定,无意思联络的数人侵权,若行为人分别实施侵权行为导致同一损害发生,能确定责任大小的按照比例承担责任;难以确定责任大小的,平均承担责任。亦即,法官于此需结合具体案情来判断行为人承担责任的大小。另外,因基因编辑研究导致有缺陷的孩子出生时,孩子父母是否有权向行为人主张侵权责任?由于现行法中身体健康受损场合的精神损害赔偿请求权只能由受害人本人主张,所以父母即使因孩子缺陷而

---

① 参见刘利妍、张维斌、蒲川:《临床试验研究者对受试者知情同意权的认知调查分析》,载《医学与哲学(A)》2018年第11期。

② 参见许雯、刘怡等:《“基因编辑婴儿”引争议 广东启动调查》,载《新京报》2018年11月27日,第A06~A07版。

精神痛苦,行为人亦不负有赔偿其精神损害的责任;①当然,若基因编辑研究导致有缺陷的孩子出生,这势必会增加父母的抚育成本,尽管对父母而言这仅仅是一项纯粹经济损失,但在当前的法律实践中,法院一般亦认为行为人负有赔偿孩子父母该项财产损失的责任。②

所以,在现行民法体系中,由于法律规则中存在大量的具有漏洞填补功能的一般性条款并且法律适用不禁止类推解释方法等的运用,因此,即使立法未明确规定针对人类基因编辑研究的规则,但对该行为引发的问题依然可以在现行法体系内较为妥善地予以解决。

2. 行政责任

在现行法律体系下,规范人类基因编辑行为的行政责任主要规定在一些法律效力层次比较低的规范性法律文件中,主要包括《中华人民共和国医师法》(2021 年,以下简称《医师法》)等法律,《医疗机构管理条例》(2022 年)等行政法规,《人类遗传资源管理暂行办法》(1998 年)、《人类精子库管理办法》(2001 年)、《人类辅助生殖技术管理办法》(2001 年)、《医疗技术临床应用管理办法》(2018 年)、《涉及人的生物医学研究伦理审查办法》(2016 年)等行政规章以及《人的体细胞治疗及基因治疗临床研究质控要点》(1993 年)、《人用重组 DNA 制品质量控制要点》(1999 年)、《人类辅助生殖技术规范》(2003 年)、《人基因治疗研究和制剂质量控制技术指导原则》(2003 年)、《人类精子库基本标准和技术规范》(2003 年)、《人用单克隆抗体质量控制技术指导原则》(2003 年)、《药物临床试验质量管理规范》(2020 年)等技术规范和指导原则。③ 通过逻辑解释、体系解释等方法,可以将这些规范性法律文件确定的超越人类基因编辑研究自由界限所致的行政责任归纳为两种:

(1)程序违法的行政责任。《涉及人的生物医学研究伦理审查办法》(2016 年)对此作了较为详细的规定,主要包括医疗卫生机构未按照规定设立伦理委员会擅自开展涉及人的生物医学研究(第 45 条)、医疗卫生机构及其伦理委员会违反伦理审查要求(第 46 条)、项目研究者违反法定程序要求(第 47 条)时的机构责任、机构主要负责人责任以及其他人员的责任。

(2)实质违法的行政责任。《医师法》第 56 条作为引致规范规定了医

① 参见朱晓峰:《侵权可赔损害类型论》,法律出版社 2017 年版,第 501 页。
② 参见朱晓峰:《侵权可赔损害类型论》,法律出版社 2017 年版,第 695 页。
③ 参见王康:《基因权的私法规范:背景、原则与体系》,载《法律科学(西北政法大学学报)》2013 年第 6 期。

师开展禁止类医疗技术临床应用等行为时将被处以警告、暂停执业活动、吊销执业证书等行政处罚，这就将前述行政规章和技术规范中与基因编辑研究相关的情形涵摄了进来。另外，《医疗机构管理条例》（2022年）第46条至第48条较为详细地规定了医疗机构违法时会被处以警告、责令改正、罚款、吊销医疗机构执业许可证等行政处罚，从而可以给予那些必须通过医疗机构才能开展的人类基因编辑研究以更好地监管。

并非所有人类基因编辑研究都涉及医学研究与临床操作，于此情形下依据前述规范性法律文件所确立起来的行政责任体系，即无法充分涵摄相应的行为，存在法律漏洞。对此，应坚持前述伦理审查标准，构建合理的人类基因编辑研发利用监管框架，包括研究阶段、临床开发阶段和配给阶段的机制完善和程序审查。① 尤为值得一提的是第三阶段的配给，主要目的是保证人类基因编辑技术向所有社会经济背景的人开放，使每个人都有机会从该技术中受益。这不仅可以消除不平等，还可以解决与社会耻辱和经济压力增加有关的问题。为实现这一目标，应完善立法机制，确保医疗保健专业人员采用最佳做法，以保护不能或不选择使用该技术的人。②

3. 刑事责任

若人类基因编辑违反《民法典》第1009条及《科学技术进步法》（2021年修正）第107条第1款规定的禁令，即“禁止危害国家安全、损害社会公共利益、危害人体健康、违背科研诚信和科技伦理的科学技术研究开发和应用活动”，那么现行法中的刑事法律规则能否给予妥善处理呢？对此需区分讨论：

（1）《刑法》中“危害国家安全罪”的“国家安全”能否涵摄《科学技术进步法》第107条的“国家安全”。在解释论上，《科学技术进步法》第107条的“国家安全”概念应与《中华人民共和国国家安全法》（2015年，以下简称《国家安全法》）第2条保持一致，在人类基因编辑研究严重损害社会公共利益或人体健康时，亦可能存在侵害或威胁国家安全的可能。但于此的“国家安全”应与《刑法》中的“国家安全”相区分。基于刑法谦抑性原则，在解释论上应基于实定法根据而将《刑法》的“国家安全”限定在刑法分则第一章明确规定予以保护的范围内，具体包括国家的主权、领土完整

① See Niklaus H. Evitt et al., *Human Germline CRISPR-Cas Modification: Toward a Regulatory Framework*, 15 The American Journal of Bioethics 25 (2015).

② See Sarah Ashley Barnett, *Regulating Human Germline Modification in Light of CRISPR*, 51 University of Richmond Law Review 553(2017).

和安全、统一、政权安全、秘密、情报安全等。[①] 亦即,即使人类基因编辑研究符合《科学技术进步法》第107条的涵摄范围,也不意味着其当然能被《刑法》中的危害国家安全罪所涵摄。

(2)《刑法》中"以危险方法危害公共安全罪"的"公共安全"能否涵摄《民法典》第1009条以及《科学技术进步法》第107条的"社会公共利益"?由于《刑法》通过纯规范的价值叙述的方式来界定该罪实行行为的性质,而并未明确规定"危险方法"的基本特征,这使司法实践中对"危险方法"的认定呈现明显的恣意性。尤其是在公众高度关注的,如道路交通安全、食品与药品安全、社会治安与社会秩序等领域,以危险方法危害公共安全罪存在被过度扩张适用的现象。[②] 学者对此明确指出,该罪是新时期的"口袋罪",违反保障人权、罪刑法定原则。[③] 学理上普遍认为应当明确"危险方法"这一弹性条款的解释原则,以防范它的过度扩张适用。[④] 在此背景下,再将人类基因编辑研究损害社会公共利益的情形当然通过解释纳入该罪的涵摄范畴,在正当性与合法性的论证上,可能会面临更多质疑,亦与最高人民法院"确保司法裁判既要经得起法律检验,也符合社会公平正义观念"[⑤]的基本目标相悖。

(3)《刑法》第335条规定的医疗事故罪保护的客体是医疗工作秩序和自然人的生命健康,第336条规定的非法行医罪保护的客体是国家对医疗机构的管理制度和公众的生命健康安全,因此,违反《民法典》第1009条以及《科学技术进步法》第107条禁令的人类基因编辑研究亦可能受第335条或第336条的涵摄。但问题是,医疗事故罪在构成要件上必须满足医务人员严重不负责任导致就诊人死亡或严重损害其身体健康,[⑥]非法行医罪在构成要件上必须满足未取得医生执业资格的人故意从事医疗活动且情节严重,这就导致人类基因编辑研究事实上很难通过这两条而被涵摄到刑法的评价领域。事实上,同样的问题亦普遍存在于通过当前刑法体系中其他类型的罪名,如过失致人死亡罪、过失致人重伤罪来涵摄超越人类基因编辑研究自由的论证当中。

---

① 参见李凤梅:《危害国家安全罪的规范缺失及立法补正》,载《法商研究》2017年第5期。

② 参见徐光华:《公众舆论与以危险方法危害公共安全罪的扩张适用》,载《法学家》2014年第5期。

③ 参见孙万怀:《以危险方法危害公共安全罪何以成为口袋罪》,载《现代法学》2010年第5期。

④ 参见陆诗忠:《论"以危险方法危害公共安全罪"中的"危险方法"》,载《法律科学(西北政法大学学报)》2017年第5期。

⑤ 最高人民法院关于发布第18批指导性案例的通知,法〔2018〕164号。

⑥ 参见孙红卫:《医疗事故罪罪状要素的司法认定》,载《法学杂志》2009年第3期。

亦即,我国当前的刑事法律规则对于社会舆论关注度极高的人类基因编辑研究的涵摄并不理想,这与刑事立法严格控制刑事责任成立要件从而实现人权保障的立法目的相一致。这也是域外各国何以纷纷通过立法明确规定违反人类基因编辑研究自由界限的刑事责任的核心考量。例如,日本在2002年即制定了《规范基因技术法》,全面禁止生产人类基因个体、人与动物基因改良或混合个体的行为,违反者将被处以10年以下有期徒刑,单处或并处1000万日元以下罚金。德国、奥地利、法国、英国、爱尔兰、挪威、瑞典等亦有相同或类似制定法。① 美国联邦政府则禁止资助任何人类胚胎的基因编辑研究,②多数州法亦禁止或严格限制对人类胚胎的研究。③ 结合我国《民法典》第1009条及《科学技术进步法》第107条的立法目的并正面及时回应社会舆论的高度关注和学界要求强化法律监管的呼声,我国在刑事立法上宜尽早对此予以全面规定。当然,由于人类基因编辑研究是一把双刃剑,所以相应刑事立法应注意人类基因编辑研究自由的规范边界,使相应研究造福而非戕害人。

五、本章小结

整体而言,《民法典》第990条第2款以人身自由作为一般人格权的价值基础,在概念使用上虽然存在不足之处,但通过目的解释、历史解释以及体系解释等法律解释方法的综合运用,仍然可以在现行民事法律体系中通过人身自由与人格尊严的内在规范而将人身自由的内涵予以确定,使之在与《民法典》第1003条、第1011条的行动自由相区分的基础上,成为可以涵摄人之行为的所有表现形式或生活领域的补充性的一般自由权。在具体适用上构成其他自由形式如《民法典》第1003条、第1011条的行动自由,第1042条第1款婚姻自由的补充,从而为现实生活中以人的尊严实现为目的的新的自由的保护提供法律基础。

---

① Vgl. Irini Kiriakaki, Die Regelung der Embryonenforschung in Griechenland, Zugleich ein Kommentar zur Umsetzung des Menschenrechtsubereinkommens zur Biomedizin des Europarates, 56 *Nationale Recht*, *Revue Hellenique de Droit International* 365, 365 – 400 (2003).

② See Francis S. Collins, *Statement on NIH Funding of Research Using Gene-Editing Technologies in Human Embryos*, The National Institutes of Health (Apr. 28, 2015), https://www.nih.gov/about-nih/who-we-are/nih-director/statements/statementnih-funding-research-using-gene-editing-technologies-human-embryos.

③ 《美国各州胚胎与胎儿研究法》(Embryonic and Fetal Research Laws),参见National Conference of State Legislatures (Jan. 1, 2016), http://www.ncsl.org/research/health/embryonic-and-fetal-research-laws.aspx#Table1.

第四章　民法典一般人格权条款的价值基础(二):人格尊严

《民法典》人格权编明确规定的“尊严”概念有两个:一个是第 990 条第 2 款规定的作为一般人格权价值基础的人格尊严概念;另一个是第 1002 条作为具体人格权之生命权内涵的生命尊严。对于二者的规范关系,学理上有观点将之并列置于“人的尊严”之下,认为“人的尊严”内在地包含人的生命尊严和人格尊严两方面。① 也有观点认为,生命尊严是人格尊严的具体表现,彰显了人格尊严的基础性。② 事实上,正如我国宪法学理上在解读《宪法》第 38 条的人格尊严时所强调的,我国现行法律体系下并不区分人格尊严、人的尊严、人性尊严或者个人尊严等概念,作为现行法律体系之重要构成的民事法律规范体系的概念构成自应与宪法保持一致。另外,在现行《民法典》的体例安排中,人格尊严概念分别被安置在总则编“民事权利”章的首要位置和人格权编关于人格权保护的一般性条款中以提纲挈领并填补具体人格权立法之不足,而生命尊严被安置在人格权编的具体人格权条款中,作为对于人格权益体系最核心位置的生命权的强调,就此而言,人格尊严构成生命尊严的上位概念,应在人格尊严范畴内理解和把握生命尊严。

一、现行私法体系中人格尊严的规范现状及解释进路

第二次世界大战以后,自然人的人格尊严备受重视,逐渐成为国际立法的价值基础。例如,在德国,出于对纳粹统治的历史教训的深刻反省,1945 年《德国基本法》第 1 条第 1 款规定“人的尊严不可侵犯”,其“为基本权利之基准点、为基本权利之出发点、为基本权利之概括条款、属宪法基本权利之价值体系”,③民法一般人格权亦以该条为核心价值基础。在日本 1945 年战败投降后,《日本民法典》增加第 1 条之一明确规定:“对于本法,应以个人尊严及两性实质的平等为主旨解释之。”该条亦成为司法实践中法院为随诸社会发展而新出现的新型人格权益提供保护的正当性论证

① 参见韩跃红、绪宗刚:《尊严的价值内涵及伦理意义》,载《伦理学研究》2011 年第 1 期。

② 参见王利明:《人格尊严:民法典人格权编的首要价值》,载《当代法学》2021 年第 1 期。

③ 参见李震山:《人性尊严与人权保障》,元照出版公司 2001 年版,第 3~4 页。

基础。[①] 在法国,1994 年《法国生命伦理法》颁布后不久,《法国民法典》第 16 条即修改为:"法律确保人的首要地位,禁止对人的尊严的任何侵犯,保证每一个人自其生命开始即受到尊重。"该条与第 1382 条一起,被看作人身权和人格利益法律保护的重要渊源,成为人格权进入法律体系的一个通道。[②] 但对什么是人的尊严,则众说纷纭,没有定论。学理上甚至还有观点认为,人的尊严是一个无用的概念,它所指向的无非就是对人及其自由意志的尊重,[③]因此,应将其从学说理论中剔除。[④] 在域外法规定上,也有国家在司法实践中不再运用尊严概念,例如,加拿大最高法院在处理反歧视案件时即不再运用尊严概念,理由是"它很模糊,且难于运用"。[⑤]

(一)现行私法体系中人格尊严概念的规范现状

我国 1982 年《宪法》第 38 条规定公民人格尊严不受侵犯。对于该条规定的人格尊严在我国基本权利体系中的位置,虽然学理上仍有争议,[⑥]但该条明确承认自然人人格尊严受法律保护仍具有里程碑的意义。以宪法规定的人格尊严条款为依据,嗣后我国的立法实践进一步扩展并深化了对于人格尊严的保护。

在我国现行私法体系中,首先明确使用人格尊严概念的是被称为"民事权利宣言书"的《民法通则》。该法第 101 条规定享有名誉权的公民的人格尊严受法律保护。[⑦] 经由该条,宪法人格尊严条款中内含的一般法律思想得以进入民事司法领域。嗣后的司法实践也以此为基础,将仅限于名誉权保护条款的人格尊严适用范围予以扩展,逐渐形成了以人格尊严为主要价值基础的一般人格权条款,极大地扩张了人格尊严概念的涵摄领域。对于人格尊严使用范围在司法实践中的扩展,最高人民法院在 1999 年《全国民事案件审判质量工作座谈会纪要》中明确承认受保护的人格权也包括

---

① 参见[日]五十岚清:《人格权法》,[日]铃木贤、葛敏译,北京大学出版社 2009 年版,第 12 页。

② 参见[法]加兰-卡瓦尔:《法国法律中的非金钱损失》,载[英]W. V. 霍顿·罗杰斯主编:《比较法视野下的非金钱损失赔偿》,许翠霞译,中国法制出版社 2012 年版,第 121 页。

③ See Ruth Macklin, *Dignity is a Useless Concept*, 327 British Medical Journal 1419(2003).

④ 参见王福玲:《尊严:作为权利的道德基础》,载《中国人民大学学报》2014 年第 6 期。

⑤ See Doris Schroeder, *Human Rights and Human Dignity: An Appeal to Separate Conjoined Twins*, 15 Ethical Theory and Moral Practice 323(2012).

⑥ 对于该问题的讨论参见朱晓峰:《民法一般人格权的价值基础与表达方式》,载《比较法研究》2019 年第 2 期;王锴:《论宪法上的一般人格权及其对民法的影响》,载《中国法学》2017 年第 3 期;郑贤君:《宪法"人格尊严"条款的规范地位之辨》,载《中国法学》2012 年第 2 期。

⑦ 参见王利明:《民法人格权编(草案室内稿)的亮点及改进思路》,载《中国政法大学学报》2018 年第 4 期。

一般人格权。[①] 这一思路在《精神损害赔偿司法解释》中得到了进一步的明确。该司法解释第 1 条第 1 款明确规定自然人享有“人格尊严权”。最高人民法院于此的实践立场实际上是将人格尊严与一般人格权等而视之。这种做法是否妥当,尚需进一步讨论。[②] 但其突破《民法通则》第 101 条的限制而实质性扩展人格尊严适用范围的立场颇值肯定。2017 年颁布的《民法总则》吸收了这些司法实践经验并在第 109 条明确规定:“自然人的人身自由、人格尊严受法律保护。”这实质上是将人格尊严作为一般人格权的一般法律思想或价值基础予以宣示,极大扩展了《宪法》第 38 条和《民法通则》第 101 条的人格尊严的涵摄范围。《民法典》第 109 条和第 990 条第 2 款对于自然人人格尊严的规定和保护,正是对这些法律实践经验的继承与发展。[③]

事实上,我国现行法律体系下对于人格尊严的保护,除了前述普遍适用于所有人的一般规定外,还存在大量以特殊群体人格尊严保护为目的的特殊规定,主要包括保护学生人格尊严的《中华人民共和国义务教育法》(2018 年修正)第 29 条;保护军人人格尊严的《中华人民共和国国防法》(2020 年修正)第 62 条;保护医务工作者人格尊严的《医师法》(2021 年)第 3 条、《乡村医生从业管理条例》(2003 年)第 23 条、《中华人民共和国精神卫生法》(2018 年修正,以下简称《精神卫生法》)第 71 条第 1 款、《护士条例》(2020 年)第 3 条;保护导游人格尊严的《导游人员管理条例》(2017 年)第 10 条;保护志愿者人格尊严的《中华人民共和国慈善法》(2016 年)第 62 条、《志愿服务条例》(2017 年)第 20 条;保护未成年人人格尊严的《中华人民共和国未成年人保护法》(2020 年修订)第 4 条、第 27 条,《中华人民共和国预防未成年人犯罪法》(2020 年修订)第 3 条;保护残疾人人格尊严的《中华人民共和国残疾人保障法》(2018 年修正)第 3 条;保护精神障碍患者人格尊严的《精神卫生法》第 4 条、第 26 条第 1 款;保护妇女人格尊严的《妇女权益保障法》(2022 年修订)第 20 条;保护消费者人格尊严的《消费者权益保护法》(2013 年修正)第 14 条、第 50 条,《中华人民共和国旅游法》(2018 年修正)第 10 条,《国务院办公厅关于加强金融消费者权益

---

① 最高人民法院在这份文件中将一般人格权表述为一种“直接由宪法所确认的人格尊严不受侵犯的权利”,参见法〔1999〕231 号。

② 参见朱晓峰:《作为一般人格权的人格尊严权——以德国侵权法中的一般人格权为参照》,载《清华法学》2014 年第 1 期。

③ 参见王利明:《人格尊严:民法典人格权编的首要价值》,载《当代法学》2021 年第 1 期。

保护工作的指导意见》(2015 年)第 3 条第 9 项,①等等。

在司法实践中,人格尊严作为一般法律思想,亦可以作为法院具体案件裁判中进行规则解释和价值衡量的重要指引。在最高人民法院发布的指导案例 89 号,即"'北雁云依'诉济南市公安局历下区分局燕山派出所公安行政登记案",以及最高人民法院指导案例 93 号,即"于某故意伤害案"中,人格尊严都是法院进行裁判说理的重要论据。② 事实上,法官在具体法律规则适用过程中引入人格尊严进行正当性论证以增强相应法律效果评价的可反驳性和可接受性,在道德上是可取的。这种法律论证符合道德哲学后果取向的结果主义立场,即行为在道德上是好的,那么它在具体案件中通常有好的法律效果评价。③ 并且在解释论上,法官在法律规则适用过程中可依其保留的"法律适用"权利,来确定什么结果是依据法律规则且是正确的。④ 然而问题是,由于人格尊严概念的抽象性及其思想渊源的丰富性,若于此不通过明确人格尊严内涵的方式而对法官"法律适用"的权力加以适当限制,那么法官作出的判决可能就会并非主要依据教义,而是很大程度上受其本人的法学素养以及个人情感、伦理道德、生活经验、世界观、价值观等影响,⑤那也意味着法的安定性的保障基本上取决于法官个人。这显然有悖于立法者制定法律时所追求的保障法的安定性和可预见性的目的。

(二)现行私法体系中人格尊严概念的解释进路

人格尊严概念具有抽象性,人格尊严概念的思想渊源历经长久的演变而极其丰富。⑥ 对《民法典》第 109 条、第 990 条第 2 款规定的人格尊严概念的规范意义的解释,应通过厘清其思想渊源来加以实现。在德国,对于《德国基本法》第 1 条第 1 款规定的人的尊严概念的规范解释,亦是以其主要思想渊源为基础来展开。尽管德国学理上对于《德国基本法》第 1 条第 1 款的人的尊严的思想渊源存在较大争议,基督教神学、人文主义和启蒙主义、康德主义、系统理论及行为主义等都对人的尊严表明了自身的立

---

① 参见国办发〔2015〕81 号。

② 参见北雁云依诉济南市公安局历下区分局燕山派出所公安行政登记案,最高人民法院指导案例 89 号(2017 年);于某故意伤害案,最高人民法院指导案例 93 号(2018 年)。

③ 参见[德]乌尔弗里德·诺伊曼:《法律论证学》,张青波译,法律出版社 2014 年版,第 12~13 页。

④ 参见崔建远:《合同解释辨》,载《财经法学》2018 年第 4 期。

⑤ Vgl. Frank O. Fischer, Das Bewegliche System als Ausweg aus der dogmatischen Krise in der Rechtspraxis, AcP 197 (1997), S. 603 f.

⑥ 参见王泽鉴:《人格权法:法释义学、比较法、案例研究》,北京大学出版社 2013 年版,第 64 页。

场。[①] 但为德国学理与实务所普遍认同的首先是基督教神学和康德思想对于《德国基本法》第 1 条第 1 款的人的尊严概念的重要影响。[②] 在基督教神学思想中,人本身是依据上帝的形象被创造出来的。[③] 人的形象与上帝之间的这种内在性关系,要求必须对此岸世界的人以充分的尊重和保护。人与上帝之间存在一种个人性的内在关系,这种关系以人的灵魂不灭和对上帝的责任为核心。人与上帝的这种关系也决定了人有选择的自由,且此种自由的本质是以罪和救赎为前提的个人自由。在基督教神学体系中,人虽然具有不完美性,但同时又具有可塑性。人的这些内在特性构成自由、平等、博爱的神学基础。因为每个人都和上帝形象相近,亦应被有尊严地对待。当然,被有尊严地对待,并不是单纯地意味着每个人自我的自由,而是适用于所有人自我价值基础上的自由。这就意味着,人的此种形象和内在规定性必然要求共同体尤其是国家,应当承认人的尊严并给予此种尊严以充分保护。[④] 除基督教神学思想之外,德国学理上亦普遍承认,启蒙主义尤其是康德思想对人的尊严的正当性论证及对其内涵的丰富,亦是理解《德国基本法》第 1 条第 1 款规定的人的尊严概念的重要基础。康德思想不再从人与上帝之间的关系来论证人的尊严,而是从个人本身出发,通过对个体地位的强调,来论证现实世界中与共同体尤其是国家相对立的人应被法律承认且受其充分保护的法律地位。康德对此的经典表述是:"不能仅仅把人当作手段使用,人在任何时候都必须被同时当作目的,因为在该目的内存在着人的尊严。"[⑤]由此,把人当作目的而非手段的实践命令,就是"不能仅将自身作为供他人使用的手段,对于任何人而言,你本身亦是一个目的",[⑥]也就是说,必须将"所有人都永远作为目的,而不能仅作为手段"。[⑦] 以康德思想为出发点,德国民法学理上基本赞同:人正是因为不能作为其他人达成其目的的手段,所以其本身具有一种价值,此种价值即为尊严。据此可以得出:每一个人都有权要求他人尊重其人格、不要侵害其生存及私人空间;与此相适应,每个人亦因此对他人承

---

① 参见朱晓峰:《民法一般人格权的价值基础与表达方式》,载《比较法研究》2019 年第 2 期。

② See Eduward J. Eberle, *Diginity and Liberty: Constitutional Visionsin Germany and the United States*, Praeger Publishers, 2002, p. 43.

③ Vgl. Gen. 1, 27; Eph. 4, 24.

④ Vgl. Christian Starck, Bonner Grundgesetz Kommentar, Bd. 1, Franz Vahlen, 1999, S. 34-35.

⑤ Vgl. Immanuel Kant, Grundlegung zur Metaphysik der Sitten, Philipp Reclam Jun, 1984, S. 79.

⑥ Vgl. Immanuel Kant, Grundlegung zur Metaphysik der Sitten, Philipp Reclam Jun, 1984, S. 80.

⑦ Vgl. Immanuel Kant, Grundlegung zur Metaphysik der Sitten, Philipp Reclam Jun, 1984, S. 81.

担同样的尊重其人格和勿侵害其权利的义务,此即相互尊重原则。[①] 黑格尔对此亦认为,人的尊严的核心应是“成为一个人,并尊敬他人为人”。[②] 在德国学理上看来,无论是基督教神学思想中的人的尊严观,还是康德思想的人的尊严观,都要求国家在个体被侵犯时能为其提供充分救济。问题是,此种消极防御性的法律保障并不能保证人的尊严本身的实现。对此,人的尊严对于法的实践命令,不仅体现为要求国家赋予人因其内在规定性而享有防御性的权利,国家亦应为人的尊严的积极实现提供可能。[③] 这种要求实质性地指向了《德国基本法》第 1 条第 1 款以下的诸项基本权利,尤其是第 2 条第 1 款的人格自由发展,在人的尊严实现中的实践价值。由此,第 1 条第 1 款的人的尊严在德国法权体系中作为最高价值的客观规范性即被确立起来,其抽象性亦经由相应思想渊源的引入而被实质性地丰富和具体化了。

由于人格尊严概念的思想渊源来源丰富,并且各国的具体社会生活背景千差万别,导致各国法律实践中的人格尊严概念的思想渊源既有共通之处,亦有显著差异,[④]这就使人格尊严概念的规范性内涵外延因国别的不同而有所区分,影响以人格尊严为价值基础的具体法律规则的理解与适用。例如,在通奸生子案中,德国现行法律实践通常认为,婚姻中无过错方无权就对方违反婚姻义务的行为而主张停止侵害请求权或排除妨害婚姻请求权,[⑤]也不得向有过错的第三者主张《德国民法典》第 823 条第 1 款“其他权利”被侵害而生的损害赔偿责任。[⑥] 在德国联邦最高法院看来,如果承认于此情形下承认配偶关系中的受害人在这方面存在侵权法上的请求权,就会导致对个人自由包括离婚自由的侵害。[⑦] 其认为,丈夫或妻子因为婚姻而享有的权利并不完全属于《德国民法典》第 823 条第 1 款“其他

① Vgl. Karl Larenz/Manfred Wolf, Allgemeiner Teil des Bürgerlichen Rechts, C. H. Beck, 2004, S. 22.

② 参见[德]黑格尔:《法哲学原理》,范扬、张企泰译,商务印书馆 1961 年版,第 46 页。

③ 参见[德]埃曼:《德国民法上的一般人格权制度》,邵建东译,载梁慧星主编:《民商法论丛》第 23 卷,金桥文化出版(香港)有限公司 2002 年版,第 470 页。

④ 参见郑贤君:《宪法“人格尊严”条款的规范地位之辨》,载《中国法学》2012 年第 2 期。

⑤ 参见[德]迪特尔·施瓦布:《德国家庭法》,王葆莳译,法律出版社 2010 年版,第 78 页。当然,也有少数观点认为,婚姻给予配偶保护婚姻共同体的绝对权。通奸粗暴地侵犯了婚姻无过错方的该项权利,违反忠实义务的婚姻过错方与第三者都负有赔偿由于侵犯婚姻所生损害的义务。Vgl. Eike v. Hippel, Schadensersatz bei Ehestörung, NJW 1965, S. 664.

⑥ Vgl. Hein Kötz/Gerhard Wagner, Deliktsrecht, 14. Aufl., Vahlen, 2021, S. 69.

⑦ Vgl. BGH 21. 3. 1956, NJW 1956, S. 1149; BGH 30. 1. 1957, BGHZ 23, S. 215, 217-222; BGH 3. 11. 1971, BGHZ 57, S. 229, 231-233.

权利"结合《德国基本法》第1条第1款人的尊严和第2条第1款的人格自由发展而生的一般人格权的保护范畴。① 对此,仅在极其例外的情况下,如存在侵犯婚姻物理空间的行为时,无过错方被侵犯的"对婚姻物理空间的权利"才属于以人的尊严为价值基础的一般人格权的调整范畴。② 在我国司法实践中,法院通常会认为:在双方的婚姻存续期间,妻子与丈夫彼此之间负有忠实义务,妻子与他人生子,违背了忠实义务,侵害了丈夫的人格尊严,对于无过错一方主张的精神损害赔偿请求权应予支持。③ 亦即,对于《民法典》第990条第2款的人格尊严的思想渊源应在中国语境下进一步予以厘清,以作为以之为基础的一般人格权条款理解适用的规范性指引。

我国宪法学理和民法学理上一致同意,无论是《宪法》第38条还是《民法通则》第101条,其中对于人格尊严概念都明确承认。由于《民法典》第109条、第990条第2款的人格尊严与现行法律体系下尤其是《宪法》第38条、《民法通则》第101条一脉相承,在内在法律思想和外在概念体系上存在一致性,④因此,对于《民法典》一般人格权条款的人格尊严的思想渊源亦应从相同源头来把握。

二、现行私法体系中人格尊严的思想渊源及司法运用

虽然我国现行法律体系中人格尊严的思想渊源丰富多样,但从我国学说理论与司法实务上普遍运用并关注的对象来看,生发于我国传统社会并在当代生活中仍发挥作用的传统尊严观,源自对当代中国社会生活产生重要影响的人文主义-启蒙主义思想中的人格尊严观、康德思想中的人格尊严观以及马克思主义理论中的人格尊严观,这些构成理解和把握包括《民法典》第109条、第990条第2款在内的我国现行法律体系中的人格尊严的基础。

---

① Vgl. Xiaofeng Zhu, Schadensersatz bei Ehebruch in Deutschland und China, Recht als Kultur, No. 12(2016), S. 169.

② Vgl. Hein Kötz/Gerhard Wagner, Deliktsrecht, 14. Aufl., Vahlen, 2021, S. 69.

③ 参见陈某、张某离婚后损害责任纠纷案,河南省鹤壁市中级人民法院(2018)豫06民终540号民事判决书;陆某柏、林某慧否认亲子关系纠纷案,广东省遂溪县人民法院(2021)粤0823民初3256号民事判决书;苌某、刘某离婚后损害责任纠纷,安徽省泗县人民法院(2022)皖1324民初167号民事判决书;张某、文某离婚纠纷案,贵州省遵义市中级人民法院(2021)黔03民终439号民事判决书;张某、韩某离婚后财产纠纷案,四川省成都市中级人民法院(2020)川01民终2281号民事判决书

④ 参见王利明:《人格尊严:民法典人格权编的首要价值》,载《当代法学》2021年第1期。

（一）我国的传统尊严观念

关于尊严概念，我国古已有之，如《郭店楚墓竹简·五行》记载了“不远不敬，不敬不严，不严不尊，不尊不恭，不恭无礼”“远而（庄）之，敬也。敬而不节，严也。严而畏之，尊也”等内容。① 在我国传统尊严观中，人的地位崇高，认为“人者，天地之心也，五行之端也”（《礼记·礼运》）；重视人的独立人格，否定侮辱人格的言行，《礼记·檀弓下》中的贫者不食嗟来之食的故事，反映了独立人格高于生命本身的基本立场；强调独立意志，“三军可夺帅也，匹夫不可夺志也”（《论语·子罕》）表明了独立意志之于人的崇高价值；品德高尚，强调人因德性而获得尊严，孟子引用曾子的话“天下有达尊三：爵一，齿一，德一。朝廷莫如爵，乡党莫如齿，辅世长民莫如德。恶得有其一以慢其二哉？”（《孟子·公孙丑下》），来强调品德高尚之于人的价值；不畏权势，“上九：不事王侯，高尚其事。象曰：不事王侯，志可则也”（《易经·蛊》）即表明了时人不屈服于王侯，保持人格独立的观念；推己及人，强调通过和谐的人际关系实现尊严，“夫仁者，己欲立而立人，己欲达而达人”（《论语·雍也》）和“己所不欲，勿施于人”（《论语·卫灵公》）即此谓也。以此为基础，传统的尊严观强调人际关系中人格的不可侵犯性和不可侮辱性，认为人格尊严关乎每个人的“身”与“志”即全部的身心。

我国传统的尊严观经由千百年的实践而浸入民族共同生活的一般社会观念中，并对当前的司法实践产生影响。司法实践中，法院通常认为，“人格尊严是指作为一个人所应有的最起码的社会地位及应受到社会和他人最起码的尊重”，②或者“人格尊严是指公民基于自己所处的社会环境、地位、声望、工作环境、家庭关系等各种客观条件而对自己或他人的人格价值或社会价值的认识和尊重”等。③ 这显然与我国传统的尊严观存在契合点，即人格尊严存在于人际关系当中，与人被社会尊重的状态及程度相关，或者说，人格尊严是人的主观认识和客观评价的结合，包括自我认识的主观因素，也包括社会和他人的客观评价和尊重，这两种因素结合在一起，才构成完整的人格尊严。④ 而据此判断“人格尊严是否受到侵害，不能

---

① 荆门市博物馆编：《郭店楚墓竹简》，文物出版社 1998 年版，第 150 页。

② 张某红与袁某兰一般人格权纠纷案，山东省乳山市人民法院（2018）鲁 1083 民初 2542 号民事判决书；刘某萍、嘉邻物业服务（深圳）股份有限公司一般人格权纠纷、财产损害赔偿纠纷案，广东省深圳市中级人民法院（2019）粤 03 民终 6432 号民事判决书。

③ 李某君与周某英一般人格权纠纷案，辽宁省抚顺市中级人民法院（2018）辽 04 民终 2330 号民事判决书。

④ 杨某与王某某一般人格权纠纷案，浙江省嘉兴市中级人民法院（2009）浙嘉民终字第 250 号民事判决书。

仅考虑该自然人的主观自尊感受,更要从客观角度考虑其在通常社会范围内所享有的作为‘人’之最基本尊重是否被贬损;若是,则其人格尊严遭受侵害”。① 因此,对人格尊严是否被侵犯的判断需强调人格尊严贬损的严重性,标准是“从客观角度考虑其在通常社会范围内所享有的人之尊严是否被严重贬损”,②或者“要从客观角度考虑其在通常社会范围内所享有的作为‘人’之最基本尊重是否被贬损”。③ 显然,这种实践立场与儒家思想所强调的人际关系中人尊严的不可侵犯性和不可侮辱性是一致的。

(二)人文主义-启蒙主义思想中的人格尊严

人文主义-启蒙主义上承古希腊、古罗马哲学思想中关于人之尊严的理性思考,将人从上帝的从属地位中解放出来,从而把关注的焦点集中在人之本身之上,强调作为独立存在的人的尊严和精神自由。④ 对此主要表现在两个方面:

第一是意志自由。在人文主义思潮兴起之前,在西方社会居于统治地位的基督教神学思想虽然有关于人之尊严的论证,但其将人的尊严置于神的尊严之下,人本身作为独立存在的价值被淹没在上帝的荣光当中。⑤ 而人文主义则经由人之意志自由和理性选择而发现了人之独立价值。对此,在被誉为“文艺复兴的宣言”的《论人的尊严》一书中,皮科认为,人的尊严来自人的形象并未被先天地规定下来,而是可以通过道德自律、意志自由来不断进取,从而实现自己的完美。⑥ 对此,帕斯卡尔亦持同样观点,他强调的“我们所有的尊严都依存于思想”的观点,⑦正是对于人格尊严所强调的意志自由的明确表达。

第二是自然平等。在文艺复兴及宗教改革以来的思想家的基础之上,启蒙思想家认为:“每个人在他或她自己的身上都是有价值的——仍用文艺复兴时期的话,叫作人的尊严——其他一切价值的根源和人权的根源

① 邵某某、广州网易计算机系统有限公司一般人格权纠纷案,山东省济宁市中级人民法院(2018)鲁 08 民终 1462 号民事判决书。

② 于某鹏、李某名誉权纠纷案,山东省威海市中级人民法院(2019)鲁 10 民终 2643 号民事判决书。

③ 刘某昕诉上海吉祥航空股份有限公司一般人格权纠纷案,上海市第一中级人民法院(2017)沪 01 民终 4146 号民事判决书。

④ 参见孟广林:《欧洲文艺复兴史:哲学卷》,人民出版社 2008 年版,第 27 页。

⑤ [美]波伊曼:《生与死——现代道德困境的挑战》,江美丽译,广州出版社 1998 年版,第 26 页。

⑥ 参见成海鹰:《人的尊严与人的异化》,载《哲学动态》2012 年第 3 期。

⑦ [法]帕斯卡尔:《思想录》,何兆武译,商务印书馆 1985 年版,第 157~158 页。

就是对此的尊重。”①以此为共识基础，启蒙主义思想家从不同的视角展开了对人格尊严内涵的关于自然平等的论述。例如，霍布斯持一种人人完全平等的人的尊严观，②该尊严观是其政治哲学和自然权利观的核心与基础，即自然状态下的自然平等使一个人不可能让另一个人拥有对他的暴力权利，一个人在自然状态下为了自我保存，有权做任何事情，这种自然权利就是国家惩罚权力的根基。③ 洛克在《政府论》中以人的自由状态为出发点，假设生活在自由平等的自然状态中的“同种的人和同等的人们既毫无差别地生来就享有自然的一切同样的有利条件，能够运用相同的身心能力，就应该人人平等，不存在从属或受制的关系”，④在洛克看来，侵犯他人权利就意味着冒犯自然法，表明行为人没有遵照上帝为人的行动设立的“理性和共同衡平”的规则，所以对个人权利的侵犯或对他的伤害都意味着对人类的伤害，⑤违反了将人作为目的而非手段对待的绝对自然法律令。

对于人文主义-启蒙主义思想家的贡献，我国学理上也明确承认。学理上认为，如果从法学的角度来看，现代法律实践中的居于权利保护之核心位置的人格尊严的主要内容，是在 17～18 世纪从传统到现代社会的转型过程中，由启蒙思想家从自然法理论中发展出来的。⑥ 人文主义-启蒙主义思想家从人的自然权利、人的自然平等、自然理性等方面对人格尊严所作的论述为后来的人格尊严理论与实践的深入展开提供了新的视角。事实上，在我国当代的法律实践中，将人格平等与人格尊严联系起来作为理解和适用《民法典》第 109 条、第 990 条第 2 款的正当性论证依据，已经被我国司法实务普遍接受。一方面，司法实践中普遍认为民法上的一般人格权的价值基础包括人格尊严、人格平等在内；⑦另一方面，司法实践中还

---

① ［英］阿伦·布洛克：《西方人文主义传统》，董乐山译，生活·读书·新知三联书店 1997 年版，第 234 页。

② ［英］霍布斯：《利维坦》，黎思复、黎廷弼译，商务印书馆 1985 年版，第 92 页。

③ 参见李猛：《自然社会——自然法与现代道德世界的形成》，生活·读书·新知三联书店 2015 年版，第 378 页。

④ ［英］约翰·洛克：《政府论：论政府的真正起源、范围和目的》（下），叶启芳、瞿菊农译，商务印书馆 1964 年版，第 3 页。

⑤ 参见李猛：《自然社会——自然法与现代道德世界的形成》，生活·读书·新知三联书店 2015 年版，第 375 页。

⑥ 参见王利明：《人格权法中的人格尊严价值及其实现》，载《清华法学》2013 年第 5 期。

⑦ 参见郑某荣等诉陈某娇名誉权纠纷案，广东省广宁县人民法院（2016）粤 1223 民初 914 号民事判决书。

认为“公民的人格尊严是平等的”,[①]若行为人未将与之交往的自然人“视为平等的、具有人格尊严的民事主体进行对待”,即会构成对该他人以人格尊严为价值基础的一般人格权的侵犯。[②] 甚至还有法院将人格尊严视为自然人的自然权利,认为,“自然人的人格尊严即人格权是一项民事基本权利,其与个人的属性终生相随,直至其死亡或消灭。”[③]因此,与作为该基本权利的人格尊严相对的是,“对他人的人格尊重是一个文明社会所有人应当负担的基本义务”。[④] 显然,在我国当前法律实践中,无论将人格尊严作为自然人的自然权利还是将人格尊严与自然平等联系起来理解并适用,实质上都与发轫于人文主义-启蒙主义的人格尊严观存在内在的联系。正是在此意义上,我国学理承认的在现代法律实践中居于权利保护之核心位置的人格尊严的主要内容是由启蒙思想家从自然法理论中发展出来的观点,[⑤]存在现实基础。

(三)康德思想中的人格尊严

康德是西方世界自古希腊以来人格尊严理论的集大成者,他将源自古希腊思想,特别是为古罗马西塞罗、文艺复兴时期的皮科等人推崇的人的尊严源自理性的观点,予以发扬光大。康德在对以往的关于人之理性的讨论展开批判的基础上,进一步深化了人的尊严与理性的内在关系,巩固了理性作为人格尊严之基础的地位。[⑥] 康德的人的尊严理论体系,主要包括三个方面:

第一,人自身中的尊严。康德认为,理性既是人之先天的认识能力,也是人之所以高贵和得享尊严的基础,人因理性而享有尊严。[⑦] 康德将实践理性区分为一般实践理性和纯粹实践理性,只有纯粹实践理性是理性的本质,具有立法能力,因此,人的尊严的基础只能是纯粹实践理性。在康德看来,纯粹实践理性是一种先天存在的理性事实,其存在于人的内心,是一种自律的意志和真正的自由,并呈现一条纯粹的、脱尽一切利益的道德法

---

① 王某诉钱某娜等侵犯名誉权案,上海市黄浦区人民法院(2003)黄民一(民)初字第620号民事判决书。

② 江某某与彭某某一般人格权纠纷案,上海市第一中级人民法院(2014)沪一中民一(民)终字第2315号民事判决书。

③ 童某诉嵇某隐私权纠纷案,上海市第一中级人民法院(2018)沪01民终5153号民事判决书。

④ 茅某芳诉罗某蓬、河南文艺出版社等侵犯名誉权案,上海市第一中级人民法院(2000)沪一中民初字第301号民事判决书。

⑤ 参见王利明:《人格权法中的人格尊严价值及其实现》,载《清华法学》2013年第5期。

⑥ 参见王福玲:《探析康德尊严思想的历史地位》,载《哲学研究》2013年第11期。

⑦ 参见胡玉鸿:《“人的尊严”思想的法律意蕴》,载《江苏行政学院学报》2005年第4期。

则,供人遵守。[①] 由于尊严的基础是纯粹实践理性和自律,所以人享有尊严亦是一种客观事实。人的尊严与理性的内在关系就此被确立下来。

第二,人与人的关系中存在的尊严。康德认为,“个体并不是直接经验他的自我本身,而是只能从和他人处于同一个社会群体的其他个体成员的特殊立场出发……来经验他的自我本身”,[②]当面对同类时,这种经验“被一般化并变成人性尊严感,一种经由理性人特性在其他人可能是朋友或敌人乃至其自身身上被体验的感情”[③]。所以“每个具有理性的东西都须服从这样的规律,不论是谁在任何时候都不应该把自己和他人仅仅当作工具,而应该永远看作自身就是目的”。[④] 在康德看来,生活在共同体中的每个人就“处于所有理性的生物一律平等,而不问他们的品级如何的状态;也就是说,就其本身就是目的这一要求而言,他就应该作为这样的一个人而为每一个别人所尊重,而绝不能作为单纯是达到其他目的的手段而被任何别人加以使用”。[⑤] 基于此,当共同体中的个人彼此之间发生冲突时,以人的尊严为基础所生的各方的义务就是:冲突的各方应尊重彼此的自我目的性。亦即,共同体中相互交往的个体,因为每个人都享有的尊严本身,而应依相互尊重的基本原则处理个人之间的关系,具体包括两个层面:在肯定性层面,相互尊重的基本原则要求“把一个人尊为自主者,就是把他作为具有自我的内在价值的人来对待”;[⑥]在否定性层面,相互尊重原则要求任何人不得将他人当作手段,而是应被作为目的本身对待,这是人之尊严所在,因为“有理性的东西才以其自在目的而与众不同,同时使它自身具有超乎一切自然物的尊严与优越性”。[⑦]

第三,人与国家的关系中存在的尊严。康德的人的尊严理论,不仅强调人之尊严的内在基础以及人与人交互关系中的相互尊重原则,还强调人之尊严的保护需要国家尊严。在康德的尊严理论体系中,国家尊严建立在人的理性基础之上,没有了个人的理性、自由意志和道德自律,国家的尊严亦即不复存在。亦即,人的尊严与国家的尊严之间存在相互依存关系,其

① 参见[德]康德:《实践理性批判》,韩水法译,商务印书馆 1999 年版,第 87 页。
② [美]乔治·赫伯特·米德:《心灵、自我与社会》,霍桂桓译,华夏出版社 1999 年版,第 150 页。
③ Izhak Englard, *Human Dignity*: *From Antiquity to Modern Israel's Constitutional Framework*, 21 Cardozo Law Review1903(1999-2000).
④ [德]伊曼努尔·康德:《道德形而上学原理》,苗力田译,上海人民出版社 2012 年版,第 40 页。
⑤ [德]康德:《历史理性批判文集》,何兆武译,商务印书馆 1990 年版,第 66 页。
⑥ [英]A. J. M. 米尔恩:《人的权利与人的多样性——人权哲学》,夏勇、张志铭译,中国大百科全书出版社 1995 年版,第 102~104 页。
⑦ [德]伊曼努尔·康德:《道德形而上学原理》,苗力田译,上海人民出版社 2012 年版,第 44 页。

中理性构成二者尊严的共同基础。[①] 既然个人与国家的尊严彼此之间因为理性而存在内在的牵连关系,那么人的尊严亦不会因国家是管理者而丧失。康德认为,国家对个人负有这样的义务,即"必须把公民看作是该国的成员,有参与立法的权利,不能仅仅作为是别人的工具,他们自身的存在就是目的",[②]"要求法律必须不违反自然法(它要求所有人民都取得自由以及取得与此相符的平等),必须让他们有可能在他们的国家内提高自己,从消极公民达到积极公民的条件"。[③] 根据康德的这一观点,国家应当从制度上来解决共同体内个人尊严遭遇的侮辱与歧视问题,保障个人的尊严的实现。[④]

(四)马克思主义思想中的人格尊严

与西方传统人格尊严观一样,马克思主义思想也极其强调人格尊严的重要性。[⑤] 尽管马克思主义人格尊严观与西方传统人格尊严思想具有内在的渊源,[⑥]但与西方传统尊严观不同的是,马克思主义的尊严观首先强调人格尊严的物质资料基础。[⑦] 马克思认为,人的本质是一切社会关系的总和,[⑧]承认人格尊严的社会属性,即人格尊严既包含个人的高尚品质,也包含着他的活动和他的一切努力得到社会共同体恰当的承认。[⑨] 考虑到马克思主义理论在中国当代社会背景下的重要实践价值,有必要将之从西方传统中独立出来并深入挖掘其中的尊严思想,从而为准确理解和把握中国当代法治实践中的人格尊严概念提供思路。从学理上已取得的共识来看,对于马克思主义思想中的人格尊严观的理解主要包括三个维度:

一是历史维度下的人格尊严观。在马克思主义思想的历史观中,人的尊严属于历史的范畴,它的产生及发展的整体历程表明其自身始终处于变动不居的状态之中,不同的历史条件下的人的尊严的评价与实现标准亦存在不同。从人类历史的整体发展轨迹来看,"人格尊严是随着人类社会的逐步解放、不断摆脱人对人的奴役与压迫的社会条件而得以实现的",[⑩]因此具有显著的历史性。

---

① 参见张龑:《康德论人之尊严与国家尊严》,载《浙江社会科学》2014年第8期。
② [德]康德:《法的形而上学原理》,沈叔平译,商务印书馆1991年版,第139页。
③ [德]康德:《法的形而上学原理》,沈叔平译,商务印书馆1991年版,第141页。
④ 参见程新宇:《活得有尊严:个人的责任和社会的责任》,载《哲学动态》2014年第4期。
⑤ 《马克思恩格斯全集》(第4卷),人民出版社1958年版,第218页。
⑥ 《马克思恩格斯全集》(第40卷),人民出版社1982年版,第6页。
⑦ 《马克思恩格斯选集》(第1卷),人民出版社1972年版,第30页。
⑧ 《马克思恩格斯选集》(第1卷),人民出版社1972年版,第18页。
⑨ 参见程新宇:《活得有尊严:个人的责任和社会的责任》,载《哲学动态》2014年第4期。
⑩ 参见龚群:《论人的尊严》,载《天津社会科学》2011年第2期。

二是阶级维度下的人格尊严观。在马克思看来，“在阶级社会中，人的尊严的实际享有具有鲜明的阶级性，不存在普遍的、抽象的尊严，不存在超阶级、超历史的尊严，人的尊严在每一阶级社会中都是具体的，都是从属于一定阶级的”。① 依据其核心观点，只有在无产阶级革命胜利后且建成了共产主义社会时，更高级的、以每个人的全面自由的发展为基本原则的人格尊严的形态才会实现。② 所以整体来看，马克思主义人格尊严观所强调的人格尊严的阶级性的实质，其是强调阶级对人格尊严范畴包括尊严的观念、尊严的内容以及尊严的标准的历史性的展开和深化。

三是社会维度下的人格尊严观。马克思认为，应在人的相互交往关系亦即社会维度下观察人格尊严。③ 在马克思看来，人区别于其他物种的特性在于人可以自由地从事有意识的活动，人的这种社会属性构成有别于其他物种依据自然属性而活动的本质区别。④ 马克思于此念兹在兹的社会属性，对于人格尊严的实践意义就在于，“人的尊严是在共同体中实现的。人格尊严需要以人与人的互尊为前提，相互之间的尊重又是以个人的自尊为前提，自尊以尊人”。⑤

马克思主义的人格尊严观，将对人格尊严的理解与历史、阶级以及社会联系起来，对我国当代法治实践关于人格尊严的保护产生了深刻影响。例如，关于人格尊严的历史属性和阶级属性，在司法实践中通常通过法院这样的具体表述来体现，即“人格尊严是指公民基于自己所处的社会环境、地位、声望、工作环境、家庭关系等各种客观条件而对自己或他人的人格价值或社会价值的认识和尊重”，⑥“同样的侵权行为因公民的人格价值不同，其侵权的社会后果可能会有所不同”。⑦ 例如，在吴某某与海口农村商业银行股份有限公司忠介支行侵权责任纠纷案中，对于银行设置 VIP 客户窗口而给予 VIP 客户优先办理业务的行为，法院认为，追逐商业利益最大化的商业银行可以采取诸如设置 VIP 客户窗口等方式而为不同客户提供不同的服务，并且由于赋予 VIP 客户以优先服务地位已经成为银行业中的

---

① 李怡、易明：《论马克思的尊严观》，载《马克思主义研究》2011 年第 10 期。

② 《马克思恩格斯全集》（第 3 卷），人民出版社 1960 年版，第 297 页。

③ 《马克思恩格斯文集》（第 5 卷），人民出版社 2009 年版，第 62 页。

④ 参见《马克思恩格斯选集》（第 1 卷），人民出版社 1972 年版，第 35～36 页。

⑤ 龚群：《论人的尊严》，载《天津社会科学》2011 年第 2 期。

⑥ 李某君与周某英一般人格权纠纷案，辽宁省抚顺市中级人民法院（2018）辽 04 民终 2330 号民事判决书。

⑦ 王某诉钱某某等侵犯名誉权案，上海市黄浦区人民法院（2003）黄民一（民）初字第 620 号民事判决书。

行业惯例,当普通客户与 VIP 客户一同办理业务时,后者应容忍银行优先为 VIP 客户办理业务的做法,社会公众亦不会因此认为银行给予 VIP 客户优先办理业务就是对其他普通客户的不尊重,普通客户的人格尊严亦不会因此而被侵犯。① 关于人格尊严的社会属性,通常体现在法院这样的表述中,即"人格尊严的内容包含权利主体自身的人格价值和社会价值得到他人的认识和尊重"。② 依据这一观点,"人格尊严具有主观因素,又具有客观因素,其中主观因素反映的是民事主体对自身价值的认识,客观因素是他人、社会对特定主体作为人的尊重,是对人的价值的评价,故人格尊严是否受到侵犯,应以人的主观认识和客观评价相结合作为判断的标准"。③ 也就是说,人格尊严是人的主观认识和客观评价的结合,包括自我认识的主观因素,也包括社会和他人的客观评价和尊重,这两种因素结合在一起,才构成完整的人格尊严。④ 因此,司法实践中"判断自然人人格尊严是否受到侵害,不能仅考虑该自然人的主观自尊感受,更要从客观角度考虑其在通常社会范围内所享有的作为'人'之最基本尊重是否被贬损;如果是,则其人格尊严遭受侵害"。⑤

三、人格尊严的主要表现形式

我国《民法典》第 990 条第 1 款规定的自然人的具体人格权和第 2 款规定的自然人以人格尊严为价值基础而被纳入民法保护范畴的其他人格权益片段,均以人格尊严为正当性论证基础,所以都属于现行民事法律体系之内在体系构成部分的人格尊严这一价值基础的外在表现形式。⑥ 同时,由于《民法典》第 990 条第 2 款的以人格尊严为价值基础的一般人格权所涵摄的其他人格权益与第 990 条第 1 款规定的具体人格权在逻辑关系上处于并列关系,在具体适用上存在候补适用关系,即存在第 990 条第 1

---

① 参见吴某某与海口农村商业银行股份有限公司忠介支行侵权责任纠纷案,海南省海口市中级人民法院(2018)琼 01 民终 346 号民事判决书。

② 徐某诉北京燕莎中心有限公司侵犯人格权案,北京市朝阳区人民法院(2000)朝民初字第 120 号民事判决书。

③ 胡某卫与于某亮一般人格权纠纷案,天津市第二中级人民法院(2015)二中民一终字第 1388 号民事判决书;俞某华与刘某琪一般人格权纠纷案,江苏省无锡市中级人民法院(2020)苏 02 民终 1155 号民事判决书。

④ 杨某与王某某一般人格权纠纷案,浙江省嘉兴市中级人民法院(2009)浙嘉民终字第 250 号民事判决书。

⑤ 邵某、广州网易计算机系统有限公司一般人格权纠纷案,山东省济宁市中级人民法院(2018)鲁 08 民终 1462 号民事判决书。

⑥ 参见李永军:《论民法典中人格权的实证概念》,载《比较法研究》2022 年第 1 期。

款规定的具体人格权的不得直接适用第 990 条第 2 款，第 990 条第 2 款只有在没有具体人格权规定的场合方得适用。① 因此，第 990 条第 2 款的人格尊严的表现形式主要是具体人格权之外的以人格尊严为价值基础的其他人格权益，其为司法实践中法院通过在个案审理中运用一般人格权条款涵摄现实生活中出现的新型人格利益提供了规范基础。②

这就意味着，不能如具体人格权，特别是物质性人格权一样预先概括规定标准性事实构成的一般人格权，虽然通过《民法典》第 1165 条第 1 款确定的构成要件，展开相应人格权益侵害民事责任法律效果评价的条件并不具备，但是，立法者仍应为现实生活中自然人之人格尊严、人格自由的充分保护与实现提供制度支持，同时兼顾他人行为自由与社会公共利益的平衡保护。基于此，《民法典》第 998 条一般性地承认了法官在非物质性人格权侵害民事责任的认定中享有在个案中进行利益权衡的自由裁量权，由法官在综合考量涉案因素的基础上，对责任成立和责任范围进行评价，从而增强制定法规则向现实社会生活的开放程度以及在具体适用上的灵活性。同时，为了防止法官自由裁量权过大，可能导致非物质性人格权，特别是一般人格权侵害民事责任认定结果的不确定性和不可预见性，《民法典》第 998 条对法官必须考量的因素进行了明确列举规定，“由法官根据确定的因素进行裁量的办法，……尽可能降低裁量的主观性和任意性”③，由此在非物质性人格权特别是一般人格权侵害民事责任认定的利益权衡中实现确定性和灵活性的适当平衡。

另外，在我国现行法律体系下，除了立法者通过前述制度安排缓和一般人格权条款适用中的确定性和开放性的紧张关系之外，还可以经由指导性案例及类案检索规则将法官通过利益权衡方法解决的具体案件予以比较、整理，建立起案例类型，以在该框架中向那些具有清晰事实构成的具体人格权靠近，并逐渐形成对相对明确的事实构成的归纳，进而实现从一般人格权到具备清晰事实构成的具体人格权的转变。因为只有通过这种方式才会构建确定的构成要件的构造，并据此征引出违法性，使证明责任倒置，④提高此类人格权保护的确定性和可预见性，并在人格权的区分保护

---

① 参见谭某与曹某某、武汉市黄陂区祁某某街道祁某某中学一般人格权纠纷案，湖北省武汉市中级人民法院（2016）鄂 01 民终 355 号民事判决书。

② 参见张莉：《新型人格权益类型化研究》，载《南京师大学报（社会科学版）》2022 年第 1 期。

③ 参见唐德华主编：《最高人民法院〈关于确定民事侵权精神损害赔偿责任若干问题的解释〉的理解与适用》，人民法院出版社 2015 年版，第 63 页。

④ Vgl. Deutsch/Ahrens, Deliktsrecht: Unerlaubte Handlungen · Schadensersatz · Schmerzensgeld, 6. Aufl., Carl Heymanns Verlag, 2015, Rn. 269.

中逐渐实现法律规则的确定性、可预见性以及法秩序的体系协调统一性。而在这种案例类型的形成过程中,个案中的人格权益与他人行为自由及社会公共利益之间的权衡居于核心位置。① 这在司法实践通过一般人格权条款涵摄个人信用、私密信息、个人性自主权、夫妻忠贞关系、特定人格形象的统一性以及特定仪式的可尊重性等问题上表现得尤为突出。

(一)个人信用

在社会交往中,守信行为使主体从中获得了良好的社会评价即信誉,并因这种信誉而使守信人自身享有诸多利益与便利。亦即,信用与信誉相互促进并使行为人因此而受益。② 在现代社会,信誉被认为是人在社会共同体生活中的立足之本,因个人信用而生的信誉与个人利益的维护与实现密切相关,不论行为人的地位、身份等,只要其存在社会交往,并因此而处于特定的社会关系中,那么就会存在相应的社会评价,如果评价不当或对评价产生不当影响,就可能侵犯个人信用及与之相关的信誉,相应的行为人可能会因此遭受经济利益的损失和精神上的痛苦。③ 特别是在数字技术获得长足发展的今天,个人信用已成长为个人生活与社会活动的符号,成为关乎每个人人格尊严实现甚至影响其生存环境的关键性因素。因此,如何在法律上规定并保护信用,成为学理与实务关注的焦点。在《民法典》制定之前,对于个人信用的法律属性以及在民法上的保护方式,学理上存在独立权利否定论和赞成论两种观点。

1. 个人信用民法保护模式的理论之争与立法选择

否定论认为,当一种新类型的人格伦理价值产生后,只有被制定法确认后才能成为一项新型人格权,其并非人的固有权利,而是立法者为适应社会需要所创设的法定权利。④ 至于对个人信用的保护,虽然现行制定法对其未予明确规定,但也不必担忧因缺乏具体的请求权基础而得不到维护,即使法官在具体案件中凭借其对个人信用属性的理解进行裁判可能导致同案不同判,这也可以通过司法解释加以解决。⑤ 另外,《德国民法典》第 824 条关于信用权的规定与实践运用情形表明,直接将信用权作为具体权利加以规定也并不会像立法者所预期的一样发挥应有的作用,亦即,信

---

① Vgl. Hubmann, Grundsaetze der Interessenabwaegung, AcP 155(1956), S. 86.

② 参见李晓安:《论信用的法权性质与权利归属》,载《法学论坛》2020 年第 2 期。

③ 参见李晓安:《论信用的法权性质与权利归属》,载《法学论坛》2020 年第 2 期。

④ 参见马俊驹:《人格与人格权立法模式探讨》,载《重庆大学学报(社会科学版)》2016 年第 1 期。

⑤ 参见张继红:《个人信用权益保护的司法困境及其解决之道——以个人信用权益纠纷的司法案例(2009—2017)为研究对象》,载《法学论坛》2018 年第 3 期。

用权作为一种死亡的权利无须在制定法中加以规定。并且在当前德国的法律实践中,《德国民法典》第824条规定的信用权也不在第823条第1款“其他权利”的涵摄范畴之内,而是一种一般性的财产利益,[①]属于保护商业活动的特别规范。[②]

赞成论又可细分为人格权论、财产权论与混合权利论。人格权论认为,个人信用以特定的自然人为评价对象,其不能与特定人的人身相互分离而独立存在,并且个人信用也不能通过金钱进行衡量,[③]以此为基础所产生的信用权就是一种人格权,具体来讲,就是一种自然人获取并维护与其自身信用相符的客观社会评价的权利,权利人有权因此享有并支配这种因特定社会评价及与之相适应的社会信赖所衍生的利益。[④] 财产权论者认为,信用权是一种特殊的无体财产权,其指向的客体为自然人的信用利益,这种利益与自然人因其经济能力而在社会交往中获得的信任与评价有关,自然人对此种利益享有保有、利用并进行维护的权利。[⑤] 混合型权利论者则认为,信用兼具精神利益和财产利益的双重内容,[⑥]因此,信用权是一种混合商事权利,依据该观点,信用权既与特定人身密不可分,又是一种可以为权利人带来财产利益且可以通过货币予以衡量的权利。[⑦]

《民法典》编纂过程中有观点认为,应将信用权独立规定为一种具体人格权类型。[⑧] 例如,王利明教授主持的《中国民法典学者建议稿及立法理由》第350条即将信用权作为一种具体人格权明确加以规定,[⑨]认为肯定信用权为一种独立的人格权,有助于扩大强化人格权的保护内容,也开展了法学研究的课题。[⑩] 反对者则表示,在现行法律已将名誉法益予以明

---

① 参见周云涛:《信用权之反思与重构》,载《北方法学》2010年第6期。

② 参见王泽鉴:《人格权法:法释义学、比较法、案例研究》,北京大学出版社2013年版,第167页。

③ 参见李新天、朱琼娟:《论“个人信用权”——兼谈我国个人信用法制的构建》,载《中国法学》2003年第5期。

④ 参见杨立新、尹艳:《论信用权及其损害的民法救济》,载《法律科学(西北政法大学学报)》1995年第4期。

⑤ 参见覃有土、李正华:《论商业信用与商业信用制度之构建》,载《法商研究》2003年第2期。

⑥ 参见王泽鉴:《人格权法:法释义学、比较法、案例研究》,北京大学出版社2013年版,第165页。

⑦ 参见冯果:《由封闭走向公开——关于商事信用的若干理论思考》,载《吉林大学社会科学学报》2003年第1期。

⑧ 参见杨立新:《民法典人格权编草案逻辑结构的特点与问题》,载《东方法学》2019年第2期。

⑨ 参见王利明:《中国民法典学者建议稿及立法理由:人格权编、婚姻家庭编、继承编》,法律出版社2005年版,第125页。

⑩ 参见王泽鉴:《人格权法:法释义学、比较法、案例研究》,北京大学出版社2013年版,第177页。

确规定的情形下,没有必要再创设一项信用法益或者信用权。[①] 与反对者观点一致,《民法典》第 1024 条第 2 款将信用纳入名誉权的保护范畴,并在第 1029 条规定了对于信用的具体保护规则。在立法者看来,“信用是指对一个民事主体履行义务能力特别是经济能力的社会评价,……信用是名誉的重要构成部分”。[②] 与此种观点一致,学理上也有观点认为,在《民法典》的体系框架内,个人信用权属于名誉权的经济利益部分而非其子类型。[③] 但问题是,将个人信用的保护完全置于名誉权之下,特定情形下可能并不利于权利人的利益保护,在这种情形下应承认具有漏洞填补功能的一般人格权条款有适用空间。

2. 名誉权与一般人格权双层结构下的个人信用保护

对名誉权而言,虽然《民法典》将之作为具体人格权对待并明确在第 110 条第 1 款和第 990 条第 1 款列举出来,但其内涵外延并不像物质性人格权,如生命权、身体权、健康权那样具有确定性,且其在享有与保护上需要经常容忍他人行为的影响,因此,《民法典》对其保护也没有像物质性人格权一样采构成要件论的一元保护模式,而是采取区分保护的立场。具体而言,《民法典》将名誉权内部可以通过预先概括规定典型侵害行为的部分,与其他不能预先概括规定典型侵害行为的部分相区分,一方面,使那些通过预先概括规定典型侵害行为而得以界定事实构成的名誉权可以在责任成立的认定上通过构成要件论来完成,确保法律规则适用的确定性和可预见性;另一方面,可以使那些不能通过预先概括规定典型侵害行为予以涵摄的具体名誉侵害通过具有概括性的名誉权一般保护条款或者可以进行利益权衡方法展开法律效果评价的一般人格权条款予以涵摄,从而克服构成要件论在人格权侵害法律效果评价上面临的僵化弊病,实现立法者通过《民法典》第 998 条表达出来的平衡保护人格权和与之冲突的其他合法利益的目的。就此而言,在名誉权涵摄范围的个人信用整体上也应当从前述两个方面来展开:

(1)通过预先规定典型侵害行为保护个人信用

《民法典》第 1024 条第 1 款预先概括规定事实构成的典型侵害行为,包括侮辱和诽谤两种类型。因此,在个人信用侵害导致名誉权侵权责任成立的事实构成判断上,应在考察行为、侵害和因果关系的同时,将重点

---

① 参见最高人民法院民法典贯彻实施工作领导小组主编:《中华人民共和国民法典人格权编理解与适用》,人民法院出版社 2020 年版,第 310 页。

② 黄薇主编:《中华人民共和国民法典人格权编解读》,中国法制出版社 2020 年版,第 181 页。

③ 参见冉克平:《数字时代个人信用权的构造与规制》,载《中国法学》2023 年第 4 期。

放在相应侵害行为是否违反法律的禁止性规定而构成侮辱或诽谤,若行为人违反法律的禁止性规定而存在导致他人社会评价降低的侮辱、诽谤,那么即可认为满足了名誉权侵害民事责任成立认定中关于事实构成要件的要求,并据此推定侮辱、诽谤的违法性;若行为人不能证明其行为的正当性,则该推定即告成立。就侮辱、诽谤而言,虽然《民法典》并未明确规定其判断标准,但以体系解释方法为基础,在我国现行法律体系下,结合其他法律,尤其是《刑法》第246条"以暴力或者其他方法公然侮辱他人或者捏造事实诽谤他人"的禁止性规定,可以将对侮辱、诽谤的审查与事实陈述和价值评判两项标准结合起来判断。①

其中,事实陈述标准与诽谤相对应,关注的核心是行为人是否有权主张真相请求权,因此具有决定意义的问题是:行为人所表述的内容是属于真相,还是毫无依据?只有那些与行为人内在的主观意思保持一致并且可以被证实的表述,才被视为合乎逻辑的事实陈述。② 因此,事实陈述的两项子判断标准是:①行为人主观上有如此表述的意思并将这样的意思表达出来为他人所知晓;②行为人所表达出来的内容可以被证明是真实的。在名誉权侵害民事责任认定中,事实真相构成绝对防御并产生违法性抗辩效果,即行为人陈述的是客观事实,并非捏造事实的恶意诽谤,那么即使相应言行导致受害人社会评价降低,也不构成名誉权侵权责任。③ 通常而言,基于尊重言论自由的法律保障要求,法院不应制裁真实陈述尤其是那些对个人和公共意见及态度的形成有重大贡献的真实陈述。④ 并且,法律不应将保护局限于政治的、伦理的、科学的或者其他公众关注事项的陈述,还应包括娱乐作品和商业性言论。⑤ 其中,对娱乐作品中的事实陈述,在马某诉重庆奇忠科技发展有限公司侵害名誉权纠纷案中,法院即认为:"虽然被告文章中使用了'刻薄、拜金女'等词汇形容原告,但这是马某以其自身言行所导致的社会舆论对其不符合主流价值观言行的客观评价,并非捏造事实。"⑥亦即,若传播的信息是真实的,除非依据隐私权保护规则,该被传播的信息属于个人隐私的保护领域,否则行为人不承担侵权

① 参见王泽鉴:《中国民法的特色及解释适用》,载《法律适用》2020年第13期。

② Vgl. Wagner, München Komm-BGB, 5. Aufl., C. H. Beck, 2007, S. 1866 ff.

③ 参见王泽鉴:《侵权行为》(第3版),北京大学出版社2016年版,第140页。

④ Vgl. Hein Kötz/Gerhard Wagner, Deliktsrecht, 14. Aufl., Vahlen, 2021, S. 148.

⑤ 参见[奥]赫尔穆特·考茨欧、亚历山大·瓦齐莱克主编:《针对大众媒体侵害人格权的保护:各种制度与实践》,匡敦校等译,中国法制出版社2012年版,第185~186页。

⑥ 王丽娜:《马诺被评"刻薄拜金"起诉网站诽谤败诉》,载《京华时报》2011年8月20日,第C03版。

责任。对商业性言论,如行为人因债权未能实现而在微信朋友圈公开失信被执行人信息,并将之称为"骗子",将其躲避执行的行为比作"大黑耗子,见不得天"等,法院对此即认为行为人对被执行人所作的评价"是基于其亲身经历和认知,对失信被执行人的称谓、比喻,表达了对失信行为的憎恶",其"公开贬斥失信行为,体现了诚信、法治、正义的价值取向,有利于弘扬正气,惩戒失德失信,并非捏造事实、恶意诽谤……不具违法性"①。

价值评判与侮辱相对应,行为人不能主张真相请求权,特别是在受主观意见或观点深刻影响的情况下,其更不能主张真相请求权,因为在这种情况下,事实陈述中的客观真相证明是不可能的,如常见的不同观点就属于价值评判。对价值评判来讲,基于不同立场的自由讨论,对民主法治社会中自由独立之意志的形成有重要价值。因此,必须给予其足够的自由空间,而将言论自由的界限置于人格贬损之批评开始的地方。这也就意味着,当评论者的价值评判不再是客观中肯的论争,而仅仅表现为对受害人人格的讥讽、贬损时,侵害行为的违法性才能彰显出来。② 亦即,在是否构成侮辱的判断中,不可避免地需要对言论自由和名誉权保护二者进行利益权衡,而言论自由的界限止于人格保护开始之处。因此,在肖某国诉方某民、北京雷霆万钧网络科技有限责任公司名誉权纠纷案中,法院即认为即使评论人对被评论对象作了负面评价并使用带有贬义的词汇,但质疑与否定为评论自由的应有之义,若评论并未超出观点争论的范畴,那么,即使被评论人自我感觉名誉降低,也不存在名誉权侵害。③

(2)法律预先规定的典型侵害行为之外的其他行为调整

在《民法典》第 1024 条第 1 款规定的典型侵害行为,即侮辱、诽谤之外,对于其他行为如过失侵害个人信用导致名誉权侵害的民事责任认定,由于相应的构成要件比较模糊而有待进一步发展,还没有达到能够清晰区分事实构成和违法性的程度,此时,法官应当依据《民法典》第 998 条规定的考量因素进行利益权衡以对涉案的具体行为作出评价,其中的利益

---

① 王某、孙某花等与张某华名誉权纠纷案,河北省隆化县人民法院(2021)冀 0825 民初 38 号民事判决书。

② Vgl. Hein Kötz/Gerhard Wagner, Deliktsrecht, 14. Aufl., Vahlen, 2021, S. 149.

③ 参见肖某国诉方某民、北京雷霆万钧网络科技有限责任公司名誉权纠纷案,北京市高级人民法院(2007)高民终字第 1146 号民事判决书。同样地,在北京豆网科技有限公司、北京字节跳动科技有限公司与北京爱奇艺科技有限公司、江苏今日头条信息科技有限公司网络侵权责任纠纷案中,法院也认为:即便涉案文章中存在个别用词"不恰当"的情形,也应予以包容,应保障公众的言论自由、保障公众维护自身合法权益的权利。相关判决参见北京豆网科技有限公司、北京字节跳动科技有限公司与北京爱奇艺科技有限公司、江苏今日头条信息科技有限公司网络侵权责任纠纷案,江苏省无锡市中级人民法院(2021)苏 02 民终 705 号民事判决书。

权衡过程即可能导致对违法性的积极认定。此时,个人信用侵害导致的名誉权侵害民事责任成立的认定是将原本作为构成要件的事实构成、违法性和过错不再作严格区分而是置于一起评价。这也就意味着,即使个案中的某项非典型侵害行为在形式上符合名誉权侵害民事责任成立的事实构成,然而该不能被预先清晰界定的事实构成并不能像典型侵害行为一样当然能征引出违法性而使举证责任倒置。例如,夫妻离婚后,一方在私家车内向朋友倾诉原配性冷淡及出轨等信息并被车内行车记录仪所记录的行为是否涉及侵犯原配名誉权,①此时信息披露行为是否具有违法性并未被清晰的事实构成所征引,而是需要法官在综合考量涉案诸因素的基础上进行利益权衡以积极确定,行为人亦不需要自证其行为具有正当性以作为违法性的抗辩。与此相比,一般人格权虽然在民事责任成立的认定模式上与不在典型侵害行为涵摄范畴之列的具体人格权基本相同,但由于一般人格权实质上并非典型权利而是框架性权利或者一般性条款,②能否获得法律上的保护更具不确定性,法官在个案中进行利益权衡时虽然享有的自由裁量权更大,③但其肩负的评价相应行为之法律效果以增强其可反驳性和说服力的论证压力也更重。就此而言,基于《民法典》第 998 条列举出来的考量因素的利益权衡为法官自由裁量权的适当运用与控制的平衡提供了可能。

通常而言,法官在依据《民法典》第 998 条进行利益权衡并将相应的考量因素作用于相应法律效果评价时,核心考量的并非事实构成内部的行为、侵害、因果关系等能否因第 998 条规定的特定考量因素的介入而被满足,而是事实构成、不法性及过错等成立要件所构成的整体可否因特定考量因素的介入而得以强化或弱化,由此导致特定的法律效果评价应否被作出。因此,此时利益权衡更多是以比较命题的形式展现。④ 从司法实践中法官对第 998 条规定的考量因素的具体运用情况来看,相应考量因素通过利益权衡方法作用于责任成立的法律效果评价时,常见的表述有:“行为方

---

① 参见陈某与梁某一般人格权纠纷案,广西壮族自治区玉林市玉州区人民法院(2021)桂 0902 民初 1643 号民事判决书。

② Vgl. Medicus/Lorenz, Schuldrecht Ⅱ: Besonderer Teil, 18. Aufl., C. H. Beck, 2018, S. 486.

③ 参见吴香香:《请求权基础视角下〈民法典〉人格权的规范体系》,载《中国高校社会科学》2021 年第 4 期。

④ 参见解亘、班天可:《被误解和被高估的动态体系论》,载《法学研究》2017 年第 2 期。

式明显不当"[①]"显然超出了侵权结果的影响范围"[②]"侵权行为虽然造成了原告心理和精神上的伤害,但该侵权行为的发生事出有因,且影响范围有限,后果较轻,尚不足以达到依法承担精神损害赔偿的程度"[③]"尚不足以达到侮辱,贬损原告名誉的程度"[④]等。这也意味着,在利益权衡方法的具体运用中,即使个案事实在形式上符合责任成立的事实构成要件,但当第998条规定的某考量因素以特别强度反向作用于责任成立的法律效果评价时,法官也可据此积极确定违法性不存在而否定名誉权侵害责任的成立。

法官在个案中进行利益权衡以积极确定违法性主要涉及人格权与其他利益,尤其是社会公共利益的平衡保护。通常而言,行为人追求的目标及其使用的手段均为适当且应受保护时,那么当该目标指向的社会公共利益或私人利益具有压倒性优势时,则其应优先于被侵犯的人格权而获得保护。[⑤] 其中,于此的"压倒性优势"应当由法官依据《民法典》第998条赋予的自由裁量权进行利益权衡后综合认定。一般而言,在涉及公众人物名誉权与言论自由及社会公共利益冲突的场合,"压倒性优势"标准通常因公众人物的特殊身份而通过更高的容忍义务来体现,即公众人物对针对自己的社会评论负有更高的容忍义务,其应充分顾及个人品行和道德情操对社会大众的影响和示范效应,时刻注意自己在公开场合的言行举止,努力为社会公众树立良好榜样,当有关公众人物的社会评论并非无中生有且未超过损害人格尊严的必要限度时,则该公众人物应对相关评论加以容忍和理解,并且其也有更多的机会通过媒体对相关报道或评论加以澄清,所以法律于此不宜对此类评论加以苛刻的限制。[⑥] 当然,如果相应言论超出必要限度而涉及对公众人物人格尊严深层次的伤害,此时的言论自由及其中体

---

① 参见孙某平与朱某虎名誉权纠纷案,安徽省颍上县人民法院(2021)皖1226民初257号民事判决书。

② 参见刘某与无锡万斯伯健身有限公司肖像权纠纷案,上海市普陀区人民法院(2020)沪0107民初6386号民事判决书。

③ 参见徐某杰与杨某杰名誉权纠纷案,河南省固始县人民法院(2021)豫1525民初547号民事判决书。

④ 参见赵某忠、谢某林人格权纠纷案,浙江省海盐县人民法院(2021)浙0424民初923号民事判决书。

⑤ Vgl. Bettina Hürlimann-Kaup & Jörg Schmid, Einleitungsartikel des ZGB und Personenrecht, 2. Aufl., Schulthess Juristische Medien AG, 2010, Rz. 903, 907.

⑥ 参见汪某诉韩某江名誉侵权纠纷案,北京市朝阳区人民法院(2015)朝民初字第21870号民事判决书;秦某与耿某瑞等名誉权纠纷案,北京市海淀区人民法院(2018)京0108民初20651号民事判决书。

现的社会公共利益在价值评价体系中享有的压倒性优势即不复存在，此时法官应在综合第 998 条诸考量因素的基础上给予人格尊严以更为周全的保护。

3. 一般人格权条款对名誉权保护个人信用之不足的克服

在司法实践中，对于侵害个人信用的行为，法院在通常情形下会以侵犯了受害人的名誉权而为受害人提供救济。① 例如，在银行征信记录存在错误记载的情形下，有法院认为，虽然这里的征信记录并没有全面向社会公众公开，但错误的记载事项不仅仅在银行系统内部产生了作用，其在相关部门实行信息联动的背景下事实上处于一种公开状态，对受害人的名誉产生了极大影响并损害了其信用。② 另外，在冒用他人姓名导致他人信用被侵害的场合，有法院即认为，此种冒用他人姓名签订合同的行为所导致的关于受害人不良信用记录的产生，实际上导致了受害人名誉不佳的后果，因此侵害了其名誉权。③ 但在最高人民法院公报案例周某芳诉中国银行股份有限公司上海市分行名誉权纠纷案中，法院却认为：第一，银行因过错导致受害人信用报告存在错误记载，但确定银行是否侵害受害人的名誉权还应结合损害后果及因果关系进行判断，而银行按照国家相关法律法规及监管要求报送相关信息，其报送的信息也都是源于受害人信用卡的真实欠款记录，并非捏造，不存在虚构事实或侮辱的行为；第二，名誉权侵害要求存在关于受害人社会评价降低的损害后果，而中国人民银行的征信系统只有特定主体基于法定事由才能进入并查询系统内的记录，因此属于一个相对比较封闭的系统，即使相应的信用报告存在错误，也不会在不特定的人群中传播并导致相应受害人社会评价降低的后果。④ 这显然表明于此并不存在名誉权的侵害。但是，没有侵犯名誉权并不意味着也没有侵犯其他人格利益，在此情形下，由于一般人格权条款与具体人格权规则之间存在并行关系而可以在具体人格权规则缺位时为受害人的其他人格利益保护提供规范基础。⑤ 对于因商业银行工作人员的过错而误将受害人信息

① 参见张继红：《个人信用权益保护的司法困境及其解决之道——以个人信用权益纠纷的司法案例（2009—2017）为研究对象》，载《法学论坛》2018 年第 3 期。

② 参见向某华诉慈利县农村信用合作联社名誉权纠纷案，湖南省慈利县人民法院（2014）慈民三初字第 132 号民事判决书。

③ 参见雷某与中国农业银行重庆市南岸支行名誉权纠纷案，重庆市南岸区人民法院（2015）南法民初字第 05081 号民事判决书。

④ 参见周某芳诉中国银行股份有限公司上海市分行名誉权纠纷案，载《最高人民法院公报》2012 年第 9 期。

⑤ 参见刘召成：《民法一般人格权的创设技术与规范构造》，载《法学》2019 年第 10 期。

作为借款人信息输入银行征信系统,致使本不应承担还款责任的受害人在中国人民银行存在不良征信记录,①或者银行误将受害人归还的贷款录入他人名下,从而将错误的信用报告给中国人民银行征信中心,②在此情形下法院以行为人侵犯受害人的一般人格权而承认受害人所主张的侵权损害救济请求权。

(二)敏感个人信息

依据《中华人民共和国个人信息保护法》(2021 年,以下简称《个人信息保护法》)第 28 条第 1 款的规定,"敏感个人信息是一旦泄露或者非法使用,容易导致自然人的人格尊严受到侵害或者人身、财产安全受到危害的个人信息,包括生物识别、宗教信仰、特定身份、医疗健康、金融账户、行踪轨迹等信息,以及不满十四周岁未成年人的个人信息"。"敏感"是对特定的因素具有高反应度,个人信息的敏感度描述的是个人信息对信息主体造成伤害或影响的程度。敏感度即对信息主体的风险。③ 某些信息具有高敏感度,一旦泄露可能导致人格受损,引发歧视并妨害人格尊严,因此需要对其以特别规定和保护。④ 但是,对于个人信息应否区分敏感信息和一般信息,《民法典》编纂前我国学理上却存在不同观点。一元论者认为,"敏感"概念具有很强的主观性,个人信息是否敏感以及相应的敏感程度可能因不同主体而完全不同,这事实上就导致敏感个人信息难以与一般信息相区分。⑤ 对此,区分论者也承认个人信息是否敏感以及相应的敏感程度确实具有较强的主观性而可能在人与人之间存在不同,但其同时认为,即使存在难以区分的现实难题,但不能就此裹足不前而不作区分。事实上,对于个人信息是否敏感是存在一定的社会共识基础的,即哪些个人信息通常意义上对个人是否敏感在共同体中通常情形下是存在共识的,这些被普遍认为具有敏感性的个人信息一旦泄露可能引发社会或政治上的歧视,侵害人格尊严。⑥ 而只有把这些敏感信息与一般个人信息进行明确区分,并从

---

① 参见中国建设银行股份有限公司萍乡市分行与刘某一般人格权纠纷案,江西省萍乡市中级人民法院(2017)赣 03 民终 770 号民事判决书。

② 参见何某、中国工商银行股份有限公司贵阳中西支行一般人格权纠纷案,贵州省贵阳市中级人民法院(2018)黔 01 民终 3196 号民事判决书。

③ 参见张新宝主编:《〈中华人民共和国个人信息保护法〉释义》,人民出版社 2021 年版,第 227 页。

④ 参见胡文涛:《我国个人敏感信息界定之构想》,载《中国法学》2018 年第 5 期。

⑤ 参见刘德良:《个人信息保护与中国立法的选择》,载陈海帆、赵国强主编:《个人资料的法律保护:放眼中国内地、香港、澳门及台湾》,社会科学文献出版社 2014 年版,第 29 页。

⑥ 参见高富平主编:《个人数据保护和利用国际规则:源流与趋势》,法律出版社 2016 年版,第 65 页。

信息处理的实体以及程序上给予更严格的保护，才能达到充分保护此类信息以维护人格尊严的基本目的。① 就此而言，区分论的立场更有利于个人信息的保护。

1.《民法典》颁布前的敏感个人信息法律保护

从《民法典》编纂之前的法律实践所采取的措施来看，其显然与前述区分论的立场一致，将个人信息区分为一般信息和敏感信息，并给予其不同程度的保护。例如，早在 2012 年，原国家质量监督检验检疫总局、国家标准化管理委员会即在《信息安全技术　公共及商用服务信息系统个人信息保护指南》中把个人信息区分为个人敏感信息和个人一般信息。② 全国信息安全标准化技术委员会 2017 年发布的《信息安全技术　个人信息安全规范》继续坚持了前述区分保护的思路。③ 这些标准和指南虽然并非法律规范，但其将敏感个人信息从个人信息中区分出来予以特别保护的立场，对我国相应的个人信息保护司法实践有重要的参考价值。④ 例如，在北京百度网讯科技有限公司与朱某隐私权纠纷案中，法院即依据《信息安全技术　公共及商用服务信息系统个人信息保护指南》⑤而在判决书中论证了给予不同类型的个人信息以不同程度的保护的正当性。法院认为，该指南将个人信息区分为个人敏感信息和个人一般信息，对于这两种不同的信息，处理者在处理时应遵循不同的处理规则，其中，对个人敏感信息的收集必须要取得个人信息的明示同意才可以进行，而个人一般信息的收集处理只需要默示同意即可。⑥ 这种区分保护论的立场对之后的个人信息立法产生了直接影响。

---

① 参见胡文涛：《我国个人敏感信息界定之构想》，载《中国法学》2018 年第 5 期。

② 原国家质量监督检验检疫总局、国家标准化管理委员会 2012 年的《信息安全技术　公共及商用服务信息系统个人信息保护指南》第 3. 7 条规定，个人敏感信息是指“一旦遭到泄露或修改，会对标识的个人信息主体造成不良影响的个人信息。各行业个人敏感信息的具体内容根据接受服务的个人信息主体意愿和各自业务特点确定。例如个人敏感信息可以包括身份证号码、手机号码、种族、政治观点、宗教信仰、基因、指纹等”。

③ 全国信息安全标准化技术委员会 2017 年发布的《信息安全技术　个人信息安全规范》第 3. 2 条规定，个人敏感信息是指“一旦泄露、非法提供或滥用可能危害人身和财产安全，极易导致个人名誉、身心健康受到损害或歧视性待遇等的个人信息”，并在注 1 中明确列举了“个人敏感信息包括身份证件号码、个人生物识别信息、银行账号、通信记录和内容、财产信息、征信信息、行踪轨迹、住宿信息、健康生理信息、交易信息、14 岁以下（含）儿童的个人信息等”。2020 年发布的《信息安全技术　个人信息安全规范》对此亦采同一立场。

④ 参见张志峰：《个人敏感信息的法律保护规范》，载《重庆行政》2020 年第 1 期。

⑤ 原国家质量监督检验检疫总局、国家标准化管理委员会 2012 年 11 月 5 日批准发布。

⑥ 参见朱某与北京百度网讯科技有限公司隐私权纠纷案，江苏省南京市中级人民法院（2014）宁民终字第 5028 号民事判决书。

2.《民法典》对敏感个人信息的保护

《民法典》人格权编虽然没有使用敏感个人信息概念,但其对于个人信息区分保护的立场亦通过使用“私密信息”这一概念而明确体现了出来。《民法典》第1034条将个人信息区分为私密信息和一般信息,对于私密信息的保护首先是适用隐私权规定,只有在隐私权没有规定时才适用个人信息的一般保护规定,这显然给私密信息提供了更严格的保护。① 但问题是,个人私密信息和敏感个人信息的内涵外延并不完全一致,而是彼此之间存在交叉,部分个人信息可能既是私密信息又是敏感信息,如性生活与性取向信息;部分个人信息虽是私密信息但非敏感个人信息,如个人嗜好;部分个人信息可能是敏感信息但非私密信息,如宗教信仰等。②《民法典》第1034条仅规定了对于私密信息的特别调整规则,但未明确对敏感个人信息的特别处理规则,并不利于对敏感个人信息的充分保护。③

3.《个人信息保护法》对敏感个人信息的保护

与《民法典》不同,《个人信息保护法》明确使用了敏感个人信息的概念并对其保护作了详细规定。该法在第二章“个人信息处理规则”的第二节“敏感个人信息的处理规则”对敏感个人信息作了明确规定。其中,第28条第1款通过“列举+概括规定”的方式对敏感个人信息作了定义。④在这一点上,《个人信息保护法》没有采用《个人信息保护法草案(一次审议稿)》将受到歧视作为界定敏感个人信息的核心考量因素的做法,⑤而是通过“列举+定义”的方式将敏感个人信息与人格尊严之间的关系明确地表达出来,从而为敏感个人信息保护与利用问题上的人格尊严保护提供了

① 学理上也有观点认为,无论从现行法律规范来看,还是从与维护人格尊严的紧密程度来分析,都无法得出法律对隐私权保护的强度要大于个人信息权益的结论。相关论述详见程啸:《论个人信息权益与隐私权的关系》,载《当代法学》2022年第4期。

② 参见王利明、程啸、朱虎:《中华人民共和国民法典人格权编释义》,中国法制出版社2020年版,第404页。

③ 参见最高人民法院民法典贯彻实施工作领导小组主编:《中华人民共和国民法典人格权编理解与适用》,人民法院出版社2020年版,第370页。

④ 参见《个人信息保护法》第28条第1款规定:“敏感个人信息是一旦泄露或者非法使用,容易导致自然人的人格尊严受到侵害或者人身、财产安全受到危害的个人信息,包括生物识别、宗教信仰、特定身份、医疗健康、金融账户、行踪轨迹等信息,以及不满十四周岁未成年人的个人信息。”

⑤ 参见《个人信息保护法草案(一次审议稿)》第29条第2款规定:“敏感个人信息是一旦泄露或者非法使用可能导致个人受到歧视或者人身、财产安全受到严重危害的个人信息,包括种族、民族、宗教信仰、个人生物特征、医疗健康、金融账户、个人行踪等信息。”

直接的规范依据。[1] 之所以要在敏感个人信息的界定上采用人格尊严而非受到歧视标准，主要是因为某些个人信息具有高敏感度性，一旦泄露可能导致人格受损、妨害人格尊严，而只有将这些信息与一般个人信息予以区分，给其贴上敏感信息的预警标签，从信息处理的实体要求和程序要求上提供更加严格的保护，才能够全面提升对敏感信息的保护水平，[2]贯彻现行法秩序中作为首要价值的人格尊严的要求。[3] 另外，虽然《个人信息保护法》对敏感个人信息的类型进行了列举，但这种列举显然不能穷尽实践中的所有类型，对于未被法律明确列举的敏感个人信息的判断，可以以人格尊严这一抽象价值为基础，借助“敏感性分析模型”，通过全面列举损害清单，对损害的严重性、发生可能性、公众认可度、技术可预见性等因素进行风险量化分析，从而判定个人信息的敏感等级。[4]

《个人信息保护法》第 28 条第 1 款的规定，使对于敏感个人信息的涵摄范围不受限于受歧视这一条件，而是可以将任何对人格尊严造成影响的信息都纳入进来，[5]提升了个人信息保护与利用领域对人格尊严的保护强度。因为相较于一般个人信息而言，《个人信息保护法》在敏感个人信息的处理上设置了更为严格的保护规则，主要表现为：《个人信息保护法》规定信息处理者必须以具有特定目的和充分的必要性并采取了严格保护措施为前提（第 28 条第 2 款），对于基于个人同意处理敏感个人信息的，处理者应当取得个人的单独同意，若法律、行政法规规定处理敏感个人信息应取得书面同意的，从其规定（第 29 条）；处理者处理敏感个人信息的，在处理个人信息前，除应以显著方式、清晰易懂的语言向个人告知《个人信息保护法》第 17 条第 1 款规定的事项外，还应当向个人告知处理敏感个人信息的必要性及对其可能产生的影响（第 30 条）；若法律、行政法规规定处理敏感个人信息应取得相关行政许可或作出更严格限制的，那么从其规定（第 32 条）。因此，正如司法实践中有法院已经明确指出的一样，“将个人信息区分为个人敏感信息和非个人敏感信息的一般个人信息而允许采用不同的知情同意模式，旨在保护个人人格尊严与促进技术创新之间寻求最大公

---

① 参见江必新、郭锋主编：《〈中华人民共和国个人信息保护法〉条文理解与适用》，人民法院出版社 2021 年版，第 266 页。

② 参见胡文涛：《我国个人敏感信息界定之构想》，载《中国法学》2018 年第 5 期。

③ 参见王利明：《人格尊严：民法典人格权编的首要价值》，载《当代法学》2021 年第 1 期。

④ 参见谢琳、王漩：《我国个人敏感信息的内涵与外延》，载《电子知识产权》2020 年第 9 期。

⑤ 参见龙卫球主编：《中华人民共和国个人信息保护法释义》，中国法制出版社 2021 年版，第 128～129 页。

约数”,[①]而《个人信息保护法》的这种详细区分规定显然有助于敏感个人信息的充分保护。[②] 例如,在北京百度网讯科技有限公司与朱某隐私权纠纷案中,法院认为,网络平台处理匿名信息时采取明示告知与默示同意二者结合的方式,并未侵犯网络用户以人格尊严为基础的选择权和知情权。这是因为,现行法保护能够识别个人身份和涉及个人隐私的电子信息,网络精准广告中使用cookie技术收集、利用的匿名网络偏好信息虽具有隐私属性,但不能与网络用户个人身份对应识别,网络服务提供者和社会公众无法确定该偏好信息的归属主体,不符合个人隐私和个人信息的“可识别性”要求,因而该行为并不构成对个人尊严的侵犯。[③] 这种将敏感个人信息知情同意处理规则与一般人格权条款的人格尊严结合起来进行正当性论证的做法,能够显著提高法院作出的相应法律效果评价的说服力。

4. 敏感个人信息法律保护中的法律规范适用关系

如前所述,《民法典》人格权编围绕自然人人格尊严来构造个人信息规范体系。依据《民法典》第1034条第3款的规定,个人信息以是否私密为标准可以区分为私密信息和非私密信息。其中,私密信息应当优先适用有关隐私权保护的规定,只有在隐私权没有规定时,才适用有关个人信息保护的规定。通过该条规定可以看出,《民法典》在个人信息的保护与利用问题上选择了将前者置于更为优先的位置,[④]突出了对私密信息背后涉及的人格尊严更高程度的尊重与更强力度的保护。[⑤] 由于隐私权保护规则,特别是隐私权侵害民事责任认定规则,在责任成立的判断上部分采取了预先概括规定标准性事实构成要件+正当理由的例外检验模式,[⑥]使得在法律预先概括规定标准性事实构成要件可以涵摄的私密信息侵权责任成立问题上,可以严守构成要件论立场,而避免因法官自由裁量权的运用所可能导致的相应法律效果评价过程和结果的不可反驳性和不确定性问

---

① 参见朱某与北京百度网讯科技有限公司隐私权纠纷案,江苏省南京市中级人民法院(2014)宁民终字第5028号民事判决书。

② 参见龙卫球主编:《中华人民共和国个人信息保护法释义》,中国法制出版社2021年版,第128~129页。

③ 参见朱某与北京百度网讯科技有限公司隐私权纠纷案,江苏省南京市中级人民法院(2014)宁民终字第5028号民事判决书。

④ 参见王怀勇、常宇豪:《个人信息保护的理念嬗变与制度变革》,载《法制与社会发展》2020年第6期。

⑤ 参见朱晓峰:《人身自由作为一般人格权价值基础的规范内涵》,载《浙江大学学报(人文社会科学版)》2021年第2期。

⑥ 参见吴香香:《请求权基础视角下〈民法典〉人格权的规范体系》,载《中国高校社会科学》2021年第4期。

题，增强对该部分个人信息的保护力度；对那些无法通过预先概括规定标准性事实构成要件的个人信息的侵害，则将相应侵害行为的法律效果评价经由《民法典》第998条交由法官，由其在个案中综合涉案考量因素进行利益权衡确定，以在个人信息的保护和合理利用之间实现平衡。简言之，在《民法典》强调的充分保护自然人人格尊严的基本原则指引下，个人信息侵权责任认定规则内部可依私密性标准而区分为适用隐私权保护规则的与适用个人信息保护规则的两部分：前者可以遵循构成要件论立场而在《民法典》第1165条第1款的基本框架下评价侵权责任的成立与否；后者则主要是由法官在构成要件的框架下通过《民法典》第998条确立的利益权衡方法来认定侵权责任。

与《民法典》的立法模式不同，《个人信息保护法》以兼顾个人信息的保护和利用为目的，在个人信息的分类上未如《民法典》一样采用私密性标准，而是采用了敏感性标准，将个人信息分为敏感个人信息和非敏感个人信息，并针对二者为信息处理者构造了不同的行为规则，从而实现了由《民法典》重视保护到兼顾保护与合理利用二者平衡的转变。① 与这种二元立法目的并举的模式相适应，在个人信息侵权责任的认定问题上，《个人信息保护法》重点考虑了信息处理者特别是平台企业相对于自然人所普遍具有的优势地位，强调信息处理者处理个人信息时应负有更大的责任心而在过错问题上采过错推定规则，通过《个人信息保护法》第69条第1款将过错的举证责任倒置分配。② 这样既降低了受害人主张个人信息侵权责任时的难度而有助于充分保护个人信息，也使信息处理者有机会通过证明自己没有过错而免责，督促其合理利用个人信息，从而在个人信息侵权责任的认定中实现对保护与合理利用二者关系的平衡处理。除此之外，上述第69条第1款在责任成立的构成要件上并未改变《民法典》第1165条第1款的基本立场。③

从法律条文的文义看，相较于《民法典》第1165条第1款，《个人信息保护法》第69条虽然在第1款使用"等"而将其他责任形式包括其中，但结合第2款进行整体解释可以确定，该条主要是解决个人信息侵害导致的财产损害赔偿责任，并且将过错责任倒置以利于信息主体的保护。因此，若将这两条个人信息侵权责任认定规则共同置于现行法秩序内外在体系融

① 参见程啸：《侵害个人信息权益的侵权责任》，载《中国法律评论》2021年第5期。

② 参见申卫星：《论个人信息保护与利用的平衡》，载《中国法律评论》2021年第5期。

③ 参见龙卫球主编：《中华人民共和国个人信息保护法释义》，中国法制出版社2021年版，第128～129页。

贯的视角下看,则会发现导致这两条规则在适用关系上存在疑问的核心在于:第一,从宏观层面来讲,《个人信息保护法》在现行法秩序下的体系定位尤其是与《民法典》的规范关系并不清晰,学理上主要存在一般法与特别法说、①并存的基本法说、②综合性法律说③等观点,而不同立场的选择,都可能导致对两部制定法确立的具体规则在理解与适用问题上的分歧。第二,从微观层面来讲,《民法典》第1034条第3款确立的私密信息优先适用隐私权保护规则以及《个人信息保护法》通过第72条划定的该法适用范围,从文义上已经明确了围绕《民法典》第1165条第1款构建的侵权责任认定规则与围绕《个人信息保护法》第69条形成的个人信息侵权责任认定规则各自的适用条件与范围,④要突破这种明确的文义限制而妥善协调两种责任认定规则之间存在的分歧,需要另寻出路。

其中,在一般法与特别法说之下,相应的学理观点将《个人信息保护法》中的侵权责任认定规则与《民法典》中的侵权责任认定规则之间的关系定性为特别与一般的关系,即《个人信息保护法》第69条规定了过错推定原则和损害赔偿的责任形式,并将损害赔偿主要限定于财产损害领域。对于侵害个人信息权益造成自然人严重精神损害等情形的涵摄,该说认为,应回溯至《民法典》关于损害赔偿的一般规定如第1183条去。⑤ 在并存的基本法说下,相应的学理观点认为,《个人信息保护法》与《民法典》中的侵权责任规则之间并非特别与一般的关系,而是并存关系,相较于《民法典》第1165条第1款而言,《个人信息保护法》第69条只是采用了过错推定来平衡个人信息利用与保护之间在实践中所可能遭遇的事实上的不平等关系,它并没有改变个人信息侵权责任构成要件的数量,也未改变《民法典》通过第1182条确立的损害赔偿范围与赔偿数额的确定途径。⑥ 在综合性法律说下,相应的学理观点认为,《个人信息保护法》和《民法典》的调整对象并不相同,前者调整的是信息、技术、经济等能力并不对称的信息处

---

① 参见石佳友:《个人信息保护的私法维度——兼论〈民法典〉与〈个人信息保护法〉的关系》,载《比较法研究》2021年第5期。

② 参见周汉华:《个人信息保护的法律定位》,载《法商研究》2020年第3期。

③ 参见程啸:《论〈民法典〉与〈个人信息保护法〉的关系》,载《法律科学(西北政法大学学报)》2022年第3期。

④ 参见杨显滨、王秉昌:《侵害个人信息权的民事责任——以〈个人信息保护法〉与〈民法典〉的解释为中心》,载《江苏社会科学》2022年第2期。

⑤ 参见郭锋、陈龙业、贾玉慧:《〈个人信息保护法〉具体适用中的若干问题探讨——基于〈民法典〉与〈个人信息保护法〉关联的视角》,载《法律适用》2022年第1期。

⑥ 参见龙卫球主编:《中华人民共和国个人信息保护法释义》,中国法制出版社2021年版,第325页。

理者与自然人之间的个人信息处理活动，后者调整的是平等的民事主体之间的个人信息保护与利用关系。因此，依据《个人信息保护法》第72条第1款，如果个人信息侵害发生在个人之间或因家庭事务而产生的信息处理活动中，那么相应的侵权责任认定应适用《民法典》规定，反之则适用《个人信息保护法》的规定，其中不再区分相应侵害行为是否涉及私密信息。①

从现行法内外在体系融贯的角度来看，虽然综合性法律说下依《个人信息保护法》第72条而在个人信息侵权责任认定问题上采区分处理说的观点在形式上符合制定法之文义，但可能违反立法者通过《民法典》第1034条第3款明确表达的给予与自然人人格尊严的实现关系更密切的私密信息以更充分的保护的目的。② 因为即使《个人信息保护法》在第1条明确强调对个人信息的保护与合理利用二者持平衡处理的立场，但是保护仍在合理利用之前，是首要立法目的。③ 立法者在二元立法目的之间的价值平衡并不能以居于首位的立法目的的过度牺牲为代价，而是应当在现行法秩序内外在体系融贯的视角下体现适度性与均衡性的理念与思想。《个人信息保护法》对个人信息的划分未采私密性标准而代之以敏感性标准，但这并不意味着该法调整的个人信息处理行为不涉及私密信息，若在涉及居于自然人人身自由、人格尊严核心关注领域的私密信息处理问题上仍坚持采用区分处理说观点，则可能导致对部分个人信息权益保护不足的问题，违背贯通《民法典》《个人信息保护法》的自然人人身自由、人格尊严保护原则。

同样地，并存的基本法说将《个人信息保护法》与《民法典》并列，认为《民法典》第1165条第1款与《个人信息保护法》第69条第1款处于并列关系。虽然这种并列关系因为《个人信息保护法》第72条及《民法典》第1034条第3款在大多数情形中各有其特定的调整对象和规范领域而互不影响，并仅在例外情形下如涉及敏感私密信息侵害的侵权责任认定时才处于竞合状态，此时由请求权人择一主张。④ 但是，这种平行适用的观点并不能解决《个人信息保护法》第69条所确立的责任认定规则调整范围过窄而难以有效涵摄个人信息侵权财产损害赔偿责任之外的其他责任形式的

① 参见程啸：《侵害个人信息权益的侵权责任》，载《中国法律评论》2021年第5期。

② 参见张璐：《何为私密信息？——基于〈民法典〉隐私权与个人信息保护交叉部分的探讨》，载《甘肃政法大学学报》2021年第1期。

③ 参见江必新、郭锋主编：《〈中华人民共和国个人信息保护法〉条文理解与适用》，人民法院出版社2021年版，第9页。

④ 参见王利明：《敏感个人信息保护的基本问题——以〈民法典〉和〈个人信息保护法〉的解释为背景》，载《当代法学》2022年第1期。

问题,[①]难谓合理。

相较而言,一般法与特别法说将围绕《个人信息保护法》第 69 条第 1 款确立的个人信息侵权责任认定规则通过《民法典》第 1165 条第 2 款而与该条第 1 款建立联系,认为《个人信息保护法》第 69 条第 1 款是《民法典》第 1165 条第 1 款的特别规定,从而在有特别规定时适用特别规定,无特别规定时适用一般规定,解决了并存的基本法说难以解决的难题,应予赞同。

存在疑问的是,在一般法与特别法说之下,究竟应如何解决《民法典》第 1034 条第 3 款规定的私密信息应当优先适用隐私权保护规则以及《个人信息保护法》第 72 条明确划定的调整范围所引发的规则适用冲突问题。对此,学理上有观点认为,由于限缩适用《民法典》第 1034 条第 3 款前半句或《个人信息保护法》适用范围均难以彻底解决私密信息侵权责任适用隐私权保护规则的过错责任还是个人信息保护规则的过错推定责任问题,因此,应考虑隐私权保护规则优先性的缓和化方案,在隐私权保护规则下通过事实推定规则,确定侵权事实及个人信息处理者在此基础上是否违反成文法义务等,以在私密信息侵权责任构成上降低信息主体对过错要件的证明标准。[②] 该观点形式上看有助于解决私密信息侵害领域受害人证明责任难的问题,但实质上却面临两个更为棘手的问题:一是由于《民法典》第 998 条已经明确规定了非物质性人格权侵害民事责任认定中法官可以在综合考量诸如过错程度等因素的基础上进行利益权衡来认定相应侵害行为的民事责任,再通过降低信息主体对过错要件的证明标准来解决受害人证明责任难的问题,无疑会给法官更多的自由裁量权空间,并不利于相应法律效果评价结果的确定性和可预见性;二是通过在司法裁判中降低过错要件的证明标准的方法解决过错证明难的问题,可能导致在个人信息侵害民事责任认定中的过错判断标准的不统一等问题,可谓按下葫芦起了瓢,难谓合理。

事实上,在个人信息规范内外在体系融贯的视角下,《民法典》第 1034 条第 3 款强调的私密信息优先适用隐私权保护规则,与《个人信息保护法》第 69 条第 1 款确立的过错推定责任都是为了更好地保护自然人的个人信息尤其是私密信息,在内在体系构造上遵循的都是充分保护个人信息以促进实现人身自由、人格尊严这一基本原则。因此,若将作为内在体系之构

---

① 参见杨显滨、王秉昌:《侵害个人信息权的民事责任——以〈个人信息保护法〉与〈民法典〉的解释为中心》,载《江苏社会科学》2022 年第 2 期。

② 参见刘承韪、刘磊:《论私密信息隐私权保护优先规则的困局与破解——以〈民法典〉第 1034 条第 3 款为中心》,载《广东社会科学》2022 年第 3 期。

成的基本原则通过目的扩张解释而彰显出来,那么《民法典》第 1034 条第 3 款所规定的私密信息保护应优先适用隐私权规则的核心目的,即为了给那些与人格尊严具有最密切关系的私密信息以更为充分的保护,①势必要求个人信息侵害民事责任认定规则在外在体系的具体构造上亦应更方便于自然人个人信息权益被侵害时的责任主张。但与《民法典》第 1165 条第 1 款规定的过错责任相比,《个人信息保护法》第 69 条第 1 款的过错推定责任显然更有利于通过《民法典》第 1034 条第 3 款所彰显出来的核心目的的实现,若此时仍固守第 1034 条第 3 款的文义而拒绝在私密信息侵害责任认定时采过错推定,则显然有悖于立法者通过该款所明确表达出来的立法目的。

对此,依目的解释方法,当既有法律规定与立法目的不完全一致或者实际上有碍于立法目的的实现时,在立法上作出修改之前,有必要通过探求立法目的来确定解释结论,解决具体法律规则与立法目的不一致所导致的法律适用问题。② 亦即,对于《民法典》第 1034 条第 3 款的规定与立法者充分保护私密信息这一立法目的的实现之间的紧张关系,应通过目的扩张解释《民法典》第 1034 条第 3 款“没有规定的”范围,将隐私权保护规则没有规定、规定不充分或虽有规定但不足以为私密信息提供更有力的保护的情形,均纳入“没有规定的”范畴。由此在私密信息侵害责任认定时适用《个人信息保护法》第 69 条第 1 款规定的过错推定责任而非《民法典》第 1165 条第 1 款规定的过错责任。这也表明,若《民法典》与《个人信息保护法》对同一事项作了不同规定,那么应当在法秩序内外在体系融贯的视角下结合相关立法的规范目的,在个案中进行利益权衡和价值判断,以最终确定应予适用法律,更好地保障立法目的的实现。③

5. 小结

总结来看,以现行法秩序内外在体系的融贯为基点出发,可以将敏感个人信息侵权责任成立的认定规则解构如下:第一,现行法中的个人信息侵权责任围绕《民法典》第 1165 条第 1 款展开,《个人信息保护法》第 69 条第 1 款经由《民法典》第 1165 条第 2 款而成为《民法典》第 1165 条第 1 款的特别规定,主要解决侵权责任认定时的过错认定问题,因此在个人信息

① 参见最高人民法院民法典贯彻实施工作领导小组主编:《中华人民共和国民法典人格权编理解与适用》,人民法院出版社 2020 年版,第 357~369 页。

② 参见王利明:《法律解释学》(第 2 版),中国人民大学出版社 2016 年版,第 224 页。

③ 参见郑晓剑:《论〈个人信息保护法〉与〈民法典〉之关系定位及规范协调》,载《苏州大学学报(法学版)》2021 年第 4 期。

侵权责任认定规则的一般适用关系上是《个人信息保护法》第69条第1款的特别规定优先适用,没有特别规定的,则适用作为一般规定的《民法典》第1165条第1款;[①]第二,对《民法典》第1034条第3款规定的私密信息优先适用隐私权保护规则带来的个人信息规范内在体系与外在体系冲突问题,应通过目的扩张解释该款"没有规定的"情形,从而在私密信息侵害责任的认定上可以适用《个人信息保护法》第69条第1款规定的过错推定责任,提高对私密信息的保护力度;第三,对于《个人信息保护法》第72条第1款规定的涉及自然人因个人或者家庭事务处理个人信息导致的侵权责任认定,原则上应适用《民法典》第1165条第1款,若涉及私密信息的,则可因对《民法典》第1034条第3款的目的扩张解释而适用《个人信息保护法》第69条第1款的过错推定责任。

(三)性自主权

性自主权又称贞操权,是个人自主决定是否发生及与何人发生性关系的人格权益。[②] 对于性自主权的民法保护,有明确承认其为独立的人格法益的立法模式;也有不承认其为独立的人格法益或权利而认为其属于具有绝对权属性的利益,从而通过一般侵权条款进行保护的立法模式,如《日本民法典》第709条。[③]

1.《民法典》编纂前关于性自主权的理论分歧与司法实践

在《民法典》之前,对于性自主权应否保护以及如何保护,理论与实务上存在分歧。

反对者认为,贞操专指女性婚前不失贞、婚后不改嫁,是对丈夫从一而终的道德要求,是女性对男性的道德义务。[④] 易言之,贞操权表面上表现为一种权利,但实际上是保持贞操的义务,是男性对女性进行性压迫的封建性道德与社会意识,其严重戕害了女性,与男女平等的现代法治观念不符。[⑤] 并且法律亦未将贞操权明确规定为具体权利,在法律上给予保护缺乏规范依据。[⑥]

---

① 参见王利明:《敏感个人信息保护的基本问题——以〈民法典〉和〈个人信息保护法〉的解释为背景》,载《当代法学》2022年第1期。

② 参见王泽鉴:《人格权法:法释义学、比较法、案例研究》,北京大学出版社2013年版,第113页。

③ 参见[日]吉村良一:《日本侵权行为法》,张挺译,中国人民大学出版社2013年版,第32页。

④ 参见辞海编辑委员会编纂:《辞海》,上海辞书出版社1999年版,第2163页。

⑤ 参见郭卫华:《论性自主权的界定及其私法保护》,载《法商研究》2005年第1期。

⑥ 参见宋某与沈某人格权纠纷案,北京市朝阳区人民法院(2015)朝民初字第28258号民事判决书。

支持者则认为,性自主权或者贞操权本质上以自主支配性利益为核心,强调的是精神性人格要素,价值基础是人格尊严,具备人格利益所具有的基本结构与价值基础,应作为一项独立的人格利益在民法上予以保护。① 但是,对于如何保护,在司法实践与学说理论上也存在着分歧。司法实践中存在通过名誉权、②身体健康权、③性自主权、④一般人格权等进行保护的做法。法院在判决书中通常会认为,贞操权与性自主权同义,⑤都是指自然人"保持其性纯洁良好品行,享有所体现的人格利益的人格权"⑥,或者认为"性选择权或贞操权等属于一般人格权的范畴"⑦。

与司法实践中的分歧点相对应,理论上对于侵害性自主利益的民法保护路径也存在分歧。性自主利益否定论认为,民法上对性自主利益的保护可以通过既有的具体人格权,如名誉权、隐私权、身体权等实现,没有必要将之予以独立规定并提供相应保护;⑧具体人格权论者认为,性自主权虽然与其他具体人格权如身体权、名誉权等存在交叉重合的地方,侵害性自主权也可能导致造成被害人身体、名誉等人格要素的侵害,对这些侵害确实能通过身体权、名誉权等具体人格权规则救济,但身体、名誉等并不能完全涵盖性自主权的客体,不能概括性自主权所保护的抽象的性利益,亦即,性利益不能被身体权、名誉权等当中一项或几项具体人格权所涵盖,这些具体人格权未对其予以充分保护,应承认性自主权是一项独立的具体人格权,⑨并且现行法对性犯罪予以法律规制的中心价值就是保护性自主权

① 参见张红:《性侵之民事责任》,载《武汉大学学报(哲学社会科学版)》2019 年第 2 期;杨立新:《人格权法》,法律出版社 2020 年版,第 171 页。

② 参见北京市朝阳区人民法院(2004)朝民初字第 05892 号民事判决书。

③ 参见李某骞诉陈某人格权纠纷案,浙江省宁波市鄞州区人民法院(2015)甬鄞江民初字第 224 号民事判决书。

④ 参见谌某与李某某人格权纠纷案,广东省深圳市福田区人民法院(2015)深福法民一初字第 2868 号民事判决书。

⑤ 参见崔某、江某伟侵权责任纠纷案,广东省深圳市中级人民法院(2019)粤 03 民终 7796 号民事判决书。

⑥ 韩某与德某生命权、健康权、身体权纠纷案,北京市第三中级人民法院(2014)三中民终字第 04847 号民事判决书。

⑦ 张某某、董某某一般人格权纠纷案,广东省广州市中级人民法院(2019)粤 01 民终 8994 号民事判决书。实践中也有法院以贞操权于法无据而拒绝承认受害人相应的权利主张,相关判决参见郭某、姚某一般人格权纠纷案,江苏省盐城市中级人民法院(2021)苏 09 民终 6956 号民事判决书。

⑧ 参见何孝元:《损害赔偿之研究》,台北,商务印书馆 1982 年版,第 162 页;王泽鉴:《人格权法:法释义学、比较法、案例研究》,北京大学出版社 2013 年版,第 113 页。

⑨ 参见曲升霞、袁江华:《侵犯贞操权与身体权的司法认定及其请求权竞合之解决》,载《人民司法·应用》2009 年第 15 期。

本身;①一般人格权论者认为,性自主利益并未被制定法明确规定为一种具体人格权,而是以人格尊严、人格自由为基础而生的应受法律保护的人格利益,在性自主权被独立规定为具体人格权之前,应通过一般人格权予以保护。② 事实上,从具体人格权与一般人格权的规范适用关系看,在制定法未明确规定性自主权为典型权利时,通过一般人格权条款解决性自主权的民法保护的合法性基础更充分。另外,从法律论证的角度来看,在制定法未承认性自主权为具体人格权之前,通过一般人格权的价值基础即人格尊严等来论证性自主权应受法律保护的正当性问题,说服力更充分。由于人格尊严是一般人格权的价值基础中最重要的内容,若行为人在交往过程中隐瞒其已婚事实,使受害人产生错误认识而与其发生性关系,这实质上意味着行为人未将受害人视为平等的、具有人格尊严的民事主体予以对待,因此侵犯了受害人的一般人格权。③

2.《民法典》编纂过程中的理论分歧与立法选择

在《民法典》编纂过程中,对于应否将性自主权作为具体人格权明确加以规定,在学理上存在不同观点:

肯定论者认为,性自主权是自然人以性利益的实现为目的而享有的受法律保护的自我决定权,各国对性利益的保护大都经历了从歧视女性的贞操权到男女平等保护的性自主权的转变,且相应的学理也基本上是在平等保护的性自主权意义上来使用贞操权概念。另外,从我国当前的性自主权保护现状来看,实践中存在着大量强奸、欺诈型性侵、性骚扰、猥亵侮辱以及强迫卖淫等侵害性自主权的行为,仅依靠刑法以及其他非以性利益为关注重点的具体人格权并不足以救济受害人,为充分维护自然人人格尊严,助益于司法实践中此类案件得到合法合理解决,《民法典》应增设"性自主权"以克服现行立法对于性利益保护模糊不足的问题。④

反对者则认为,对于个人性自主权这样的新兴权利的民法保护来说,一方面,应从尊重权利本身而不是从单纯维护社会性风俗性秩序的角度考虑,因为无论对男性还是女性,只要身心健康,那么都应依据社会通常的行为规范和一般性期待而成长为既享有法律确认的自由,也要承担因自

---

① 参见贾健:《强奸究竟侵犯了什么?——作为通说的"性的自主决定权"法益之检讨》,载《法律科学(西北政法大学学报)》2018 年第 5 期。

② 参见王成:《性骚扰行为的司法及私法规制论纲》,载《政治与法律》2007 年第 4 期;张红:《性侵之民事责任》,载《武汉大学学报(哲学社会科学版)》2019 年第 2 期。

③ 参见李某某、胡某某一般人格权纠纷案,湖南省岳阳市中级人民法院(2021)湘 06 民终 3012 号民事判决书。

④ 参见齐云:《〈人格权编〉应增设性自主权》,载《暨南学报(哲学社会科学版)》2020 年第 1 期。

由选择而导致的后果与责任的真正主体，而非仅因性别原因就给予男性或女性以特别保护；①另一方面，在通过一般侵权条款等已经可以将包括性自主权在内的新兴权利纳入保护范围的情形下，没有必要再创设一项独立的具体人格权，因为“单纯就人格保护的需要而言，仅需不断扩充侵权责任法所保护的法益范围即可，是否采用一般人格权的概念也无关紧要。那种试图将各种可能的人格法益都称为权利的做法，其价值仅在于创造了众多权利概念，而这些所谓的权利却几乎没有任何实质内容”。②

显然，立法者采取了与反对论者相近的观点，在《民法典》第1010条对性骚扰问题作了明确规定而没有规定更具一般性的性自主权。由于性骚扰仅仅是对性自主权的一种具体的侵害形式，③对于性骚扰的民法调整，应依据《民法典》第1010条规定的具体构成要件展开；对于性骚扰之外的其他的性的自主利益的侵犯问题，由于并没有与之相对应的具体人格权规则涵摄，所以应依据《民法典》第990条第2款的以人格尊严、人身自由为价值基础的一般人格权条款进行调整。④

3. 通过一般人格权条款保护性自主权

事实上，从我国司法实务上性自主权纠纷的具体调整路径来看，通过以人格尊严、人身自由为价值基础的一般人格权条款也可以为性自主权的保护提供充分的正当性与合法性基础。司法实务上认定构成性自主权侵犯的通常标准主要包括恶意欺骗和严重损害后果要素。若行为人隐瞒已婚已育的事实并伪造假身份证、利用假名与受害人交往，与受害人拍摄婚纱照并办理结婚登记，使受害人误以为自己已经与行为人结婚并生育一孩；⑤或行为人在已婚的情况下仍以未婚名义在征婚网站发布信息并因此与通过征婚网站发布个人信息而意欲通过该途径构建婚姻组成家庭的受害人交往并建立恋爱关系、发生性关系，导致受害人怀孕及流产等事实发生时，法院即认为行为人使受害人在受欺骗的情况下对其性权利作出了处分，并因此造成了身体及精神上的严重伤害，应承担侵权责任。⑥ 由于司

① 参见张建文：《新兴权利保护中利益正当性的论证基准——以约为婚姻诱使他人与自己发生性关系的裁判立场为基础》，载《河北法学》2018年第7期。

② 韩强：《人格权确认与构造的法律依据》，载《中国法学》2015年第3期。

③ 参见最高人民法院民法典贯彻实施工作领导小组主编：《中华人民共和国民法典人格权编理解与适用》，人民法院出版社2020年版，第177页。

④ 参见张红：《性侵之民事责任》，载《武汉大学学报（哲学社会科学版）》2019年第2期。

⑤ 参见廖某玲、廖某炜一般人格权纠纷执行审查类案，广东省佛山市中级人民法院（2014）佛中法民一执复字第30号执行裁定书。

⑥ 参见蒋某诉李某人格权纠纷案，北京市房山区人民法院（2016）京0111民初2291号民事判决书。

法实务上对严重损害后果要素的严格要求,使实践中因性自主权或贞操权被侵犯而获得法律保护的对象通常是女性,男性仅在例外情况下才会被纳入以人格尊严为价值基础的贞操权的保护范畴。例如,行为人未经男性受害人同意而对其实施抚摸、亲吻的行为,在不存在其他严重损害后果的情况下,法院亦认为该行为损害了受害人的人格尊严,构成对受害人人格利益的侵害。①

性自主权是否因性别不同而有差异?事实上,在历史上确实存在对女性在性权利方面的更多的法律限制的实践,但现代法治国家普遍承认男女平等保护,这当然也包括性权利方面的平等,亦即性自主权在当前我国的法律实践中并不存在着因性别不同而进行差异保护的问题。于此需要强调的是,对于历史上曾经存在的对女性性权利的限制并不意味着当下需要强调对女性性权利的重点保护。② 对此,学理上所坚持的"无论是历史上的不平等,还是现在出现的新的不平等,都是应该纠正的"观点,③值得赞同。在此意义上,无论是男性,还是女性,抑或是双性人,④皆享有同样的性自主权。

由于性自主权强调自然人依自主意志对性利益的支配,因此在司法实务上,一方面,通常强调行为人故意"隐瞒已婚事实,假以结婚为目的"等诱使受害人错误处分自己的性权利而与其发生关系的事实,⑤认为"'男未婚、女未嫁'系我国社会一般道德观念所能接受的成年人之间发展正常男女关系的基本前提,行为人在双方发展男女关系过程中故意对婚姻状况进行编造,并积极主动要求与受害人发生性行为,明显有悖于我国公序良俗,具有严重过错,确实可能会导致受害人误判双方关系并由此作出与其发生性行为的决定"。⑥ 而另一方面,也会认为具有完全民事行为能力的成年人理应对男女双方交往、发生性关系等行为的后果具备基本的认知和判断能力,若行为人在与侵权人微信聊天相识之初即知晓被告尚未离婚的

① 参见杨某军等诉刘某光案,海南省海口市新华区人民法院(2001)新民初字第625号民事判决书。

② 参见张建文:《新兴权利保护中利益正当性的论证基准——以约为婚姻诱使他人与自己发生性关系的裁判立场为基础》,载《河北法学》2018年第7期。

③ 郭卫华:《论性自主权的界定及其私法保护》,载《法商研究》2005年第1期。

④ 参见梅贤明、张太洲、李炳南:《强奸双性人可构成强奸既遂》,载《人民司法·案例》2014年第22期。

⑤ 参见崔某、江某伟侵权责任纠纷案,广东省深圳市中级人民法院(2019)粤03民终7796号民事判决书。

⑥ 参见覃某与李某人格权纠纷案,北京市西城区人民法院(2018)京0102民初7614号民事判决书。

事实且在其仅口头表示已离婚的情况下却未进行审慎核实,①或者选择自己初次性行为的对象时未尽谨慎注意义务而对自己主张的贞操不够负责时,②那么亦应承担相应的责任。进言之,若男女双方之间发生性关系以自愿为前提如两人通过交友软件结识并以发生性关系为目的多次相见且发生性关系时并不存在强制,③或者一方不能证实对方对其进行诱骗并进而与其发生性关系,④那么法院通常认为于此情形下两人之间的自主性行为系基于双方的意思自治对自己的性权利所采取的自主行动,因此两人应对自己的行为负责而不存在性自主权被侵犯。⑤ 以此为基础,若受害人因侵权人隐瞒已婚事实而与之交往并在确立恋爱关系后发生性关系,继而怀孕并流产的,于此情形下主张性自主权被侵犯自无疑义,但在其第一次怀孕后即已知晓侵权人的婚姻状况并在流产后仍自愿与侵权人再次发生性关系从而导致第二次怀孕的,法院即认为双方均是完全民事行为能力人而应当认识到从事相关行为的后果,因此不再支持受害人此种情形下性自主权被侵犯的权利主张。⑥

有争议的是,在夫妻关系存续期间内,配偶双方的性自主权是否受婚姻关系的约束?支持受约束的观点认为:第一,配偶间的自愿性生活已作为婚姻契约中的一个当然组成部分而受到法律认可,只要婚姻契约不解除,性生活的合法性就不容置疑;第二,与配偶进行性行为,是婚姻关系中的夫妻双方在行使自己受法律保护的权利,无论哪一方都有义务应对方要求与其进行性行为;第三,在婚姻关系中过多强调性自主权既不利于家庭和社会的稳定,也有悖于法理民情,不符合我国国情。对此的反对观点则认为:第一,婚姻的合法性不等于性行为的合法性,法律禁止违背配偶的意志强行与之性交,正是基于人格自由、人格尊严而生的性自主权的应有之义;第二,夫妻性关系是一种平等、对应的权利义务关系,建立在平等基础

---

① 参见覃某与李某人格权纠纷案,北京市西城区人民法院(2018)京0102民初7614号民事判决书。

② 参见韩某与德某生命权、健康权、身体权纠纷案,北京市第三中级人民法院(2014)三中民终字第04847号民事判决书。

③ 参见陈某雨与盛某平一般人格权纠纷案,浙江省杭州市拱墅区人民法院(2019)浙0105民初5463号民事判决书。

④ 参见李某某、胡某某一般人格权纠纷案,湖南省岳阳市中级人民法院(2021)湘06民终3012号民事判决书。

⑤ 参见李某某、胡某某一般人格权纠纷案,湖南省岳阳市中级人民法院(2021)湘06民终3012号民事判决书。

⑥ 参见郭某榕与曹某人格权纠纷案,北京市朝阳区人民法院(2015)朝民初字第03240号民事判决书。

上的性权利自然排斥另一方以不平等乃至暴力方式实现权利之可能,任何一方不情愿地屈从另一方的意志被迫履行性义务,都违反了性权利平等原则。婚姻自由原则,包括结婚自由、离婚自由,也包含婚姻内夫或妻的性自由。婚姻契约并不意味着自然人放弃了自己的性自主权,其在婚姻存续期内亦享有一定的对性生活自由斟酌的权利,对方对此应予尊重;第三,婚姻关系是家庭与社会秩序稳定的基石,但不能因为对于后者的绝对追求而牺牲自然人以人格自由、人格尊严为基础的包括性自主权在内的人格权益,否则即违反了《民法典》保护人格尊严的基本立法目的。① 从《民法典》的基本立场来看,一方面,其在第 990 条第 2 款明确承认自然人享有的基于人身自由、人格尊严而享有的其他人格权益受法律保护,这显然为性自主权的民法保护提供了基础;另一方面,该法又在第 998 条对人格权侵害民事责任的认定条款中赋予了法官以较大的自由裁量权,这就意味着性自主权的民法保护并非绝对的,而是相对的,需要法官在个案中考量各种因素综合认定,其中婚姻关系的存续以及具体状态都会成为影响性自主权民法保护的具体考量因素。从法院的判决来看,若婚姻关系存续期间内婚姻状态正常,并无有力证据证明配偶一方以违反公序良俗等方式侵犯对方性自主权,那么即使存在影响对方性自主权的行为,通常情形下该行为亦不应被认为构成性自主权侵害责任;②若婚姻关系存续,但婚姻呈非正常状态,如配偶双方婚前并无感情基础,仅进行了婚姻登记但从无同居经历且长期分居,于此情形下一方违背对方意志而强行与之发生性关系,即构成对受害人之性自主权的侵犯,应承担相应的法律责任。③

(四)夫妻忠实关系

基于夫妻关系而生的配偶权属于身份权范畴,身份权与人格权并不完全相同,但其根植于人格权,在某种程度上属于对于人格权的限制或者扩张,④因此,日本法又称其为“身份上的人格利益”。⑤ 基于夫妻关系可以产生配偶同居的权利、忠实的权利与义务、婚姻住所商定权、⑥家事代理权

---

① 参见石耀辉、伍红梅:《非正常婚姻状态下强奸罪的构成》,载《人民司法·案例》2011 年第 24 期。

② 参见肖某黎故意杀人、侮辱案,广东省广州市中级人民法院(2019)粤 01 刑初 280 号刑事附带民事判决书。

③ 参见孙某亭强奸案,上海市浦东新区人民法院(2011)浦刑初字第 685 号刑事判决书。

④ 参见最高人民法院民法典贯彻实施工作领导小组主编:《中华人民共和国民法典人格权编理解与适用》,人民法院出版社 2020 年版,第 122 页。

⑤ 参见[日]吉村良一:《日本侵权行为法》,张挺译,中国人民大学出版社 2013 年版,第 32 页。

⑥ 参见王利明、程啸、朱虎:《中华人民共和国民法典人格权编释义》,中国法制出版社 2020 年版,第 159 页。

等，而这些因配偶关系享有的身份权在实际享有与行使上可能会对另一方的人格权造成限制。例如，一方本来享有独立的性自主权，但在婚姻关系中因有同居之义务，二者发生冲突时性自主权可能会受到一定的限制。① 身份权和人格权虽然不同，但二者之间存在密切关系，建立和维持与他人之间的身份关系，本身就是人格发展的必要条件，保护身份权往往同时就是保护人格利益。② 也正是由于身份权与人格权的此种关系，因此，我国《民法典》第 1001 条规定，因婚姻家庭关系等产生的身份权的保护在没有特别规定时，可以根据其性质参照适用人格权编的有关规定。

事实上，基于夫妻关系而产生的忠实权利与义务即会对婚姻关系存续期间内配偶双方的性自主权构成限制。对于婚姻关系存续期内夫妻一方违反夫妻忠实义务是否侵犯了无过错方应受法律保护的人身利益，由于各国不同的社会习俗与生活观念而存在不同。③ 例如，德国法原则上既不承认无过错方有权就对方违反婚姻义务的行为而主张停止侵害请求权或排除妨害婚姻请求权，④也不得向有过错的第三者主张《德国民法典》第 823 条第 1 款“其他权利”被侵害而产生的赔偿责任；⑤但日本法则承认于此情形无过错方有受《日本民法典》第 709 条保护的绝对权属性的身份上的人格利益被侵犯，对无过错方来说，有过错的配偶与第三者发生性关系，有过错的第三者的行为侵害了其维持婚姻共同生活的和睦的权利或者说这种值得法律保护的利益，⑥但在婚姻关系已经破裂的情况下则无法说无过错

---

① 参见王泽鉴：《人格权法：法释义学、比较法、案例研究》，北京大学出版社 2013 年版，第 113 页；最高人民法院民法典贯彻实施工作领导小组主编：《中华人民共和国民法典人格权编理解与适用》，人民法院出版社 2020 年版，第 123 页。

② 参见黄薇主编：《中华人民共和国民法典人格权编解读》，中国法制出版社 2020 年版，第 61 页。

③ 庄加园：《关于第三人侵扰婚姻关系的法律问题》，载《华东政法大学学报》2013 年第 3 期。《华东政法大学学报》以“第三人侵扰婚姻关系法律问题的比较研究”为题组织学者对德国、法国、意大利、英国、美国、日本的相关法律实践与法学理论进行了详细讨论，明确了相关国家及地区第三人侵扰婚姻场合的法律责任。

④ 参见［德］迪特尔·施瓦布：《德国家庭法》，王葆莳译，法律出版社 2022 年版，第 78 页。当然，也有少数观点认为，婚姻给予配偶保护婚姻共同体的绝对权。通奸粗暴地侵犯了婚姻无过错方的该项权利，违反忠实义务的婚姻过错方与第三者都负有赔偿由于侵犯婚姻所生损害的义务。Vgl. Eike v. Hippel, Schadensersatz bei Ehestörung, NJW 1965, S. 664.

⑤ Vgl. Hein Kötz/Gerhard Wagner, Deliktsrecht, 14. Aufl., Vahlen, 2021, S. 69.

⑥ 参见［日］河上正二：《民法学入门：民法总则讲义·序论》，［日］王冷然、郭延辉译，北京大学出版社 2019 年版，第 321 页。当然，对于日本法上的这种立场，日本学理上也有观点认为，即使是不贞行为，如果双方是基于自然的爱情的话，就应该尊重当事人的意思自由，否定侵权行为的成立，参见［日］吉村良一：《日本侵权行为法》，张挺译，中国人民大学出版社 2013 年版，第 33 页。

方拥有这种基于身份而生的人格利益被侵犯。①

在我国,学理与实务上对于违反夫妻忠实义务的行为是否导致婚姻中无过错方一个应受法律保护的权利或利益被侵犯存在着不同的观点。

肯定论认为,就中国当前的社会状况而言,婚姻仍是家庭与社会制度的基石所在,在当前的主流社会观念当中,性的专属性仍是婚姻的本质之一,该专属性通过婚姻的传统与法律仪式向共同体成员公示,由此取得了任何他人皆不得肆意侵犯的绝对权性质。② 因此,不侵犯他人的婚姻既是法律上的义务,也是人之行为的道德底线。婚姻的此类特性为承认配偶权为受侵权法保护的对象奠定了社会基础。③ 由于《民法典》第 1164 条并未对被纳入侵权法保护范围的民事权益性质作出限制,④因此,基于夫妻关系而生的配偶权自然也在该条的保护范畴。

反对者则认为,从司法工作实际情况出发,总结我国司法实践经验,不宜在立法上规定配偶权,但为树立良好社会道德风尚,只将配偶权中的夫妻应相互忠实、互相尊重的内容作为倡导性条款,规定到婚姻法总则中,而不是将之作为夫妻的实体权利义务予以确认。亦即,《民法典》婚姻家庭编第 1043 条只是以立法的形式明确告知社会,我国所提倡的婚姻家庭关系,体现的是德治结果而非法治之标。既然夫妻应互相忠实不是法定的权利义务,那么夫妻之间一方以他方单独违反该条为由提起诉讼的,法院不应支持。若夫妻一方违反其他法定条款如《民法典》第 1091 条导致离婚的,无过错方有权依据该条结合《民法典》第 1043 条请求损害赔偿。⑤

从《民法典》坚守的基本价值来看,人格尊严以及人格自由发展应当是权利承认与法律保护所追求的最高价值。⑥ 而以忠实义务为基础的配偶权却是基于婚姻家庭的保护而对人格自由发展的规范限制。尽管在我国当前社会背景下承认配偶权应受侵权法保护存在正当性基础,但从社会

---

① 参见[日]田山辉明:《日本侵权行为法》,顾祝轩、丁相顺译,北京大学出版社 2011 年版,第 62 页。

② 参见詹森林:《第三人侵扰婚姻关系法律问题的比较研究》,载《华东政法大学学报》2013 年第 3 期。

③ 参见朱晓峰:《配偶权侵害的赔偿责任及正当性基础》,载《浙江大学学报(人文社会科学版)》2017 年第 6 期。

④ 参见黄薇主编:《中华人民共和国民法典侵权责任编解读》,中国法制出版社 2020 年版,第 4 页。

⑤ 参见最高人民法院民法典贯彻实施工作领导小组主编:《中华人民共和国民法典人格权编理解与适用》,人民法院出版社 2020 年版,第 128 页。

⑥ 参见沈春耀:《关于〈民法典各分编(草案)〉的说明——2018 年 8 月 27 日在第十三届全国人民代表大会常务委员会第五次会议上》,载《民法典立法背景与观点全集》编写组编:《民法典立法背景与观点全集》,法律出版社 2020 年版,第 21 页。

发展的整体趋势来看，严格限制配偶权的保护范围并扩大以人格尊严和人格自由发展为基础的行为自由领域，[①]符合当代法律的基本价值。而如果将配偶权典型权利化，则势必造成对司法实践通过自由裁量权的运用而逐步顺应前述历史趋势的规范障碍，并不利于法律所欲之基本价值的实现。[②]

这就意味着，婚姻中无过错方在符合《民法典》婚姻家庭编第 1091 条规定的情形下向有过错的第三者，或者在第 1091 条规定的情形之外向有过错的配偶一方及第三人主张依据《民法典》第 1165 条第 1 款而确定的侵权责任，应严格限制解释以限缩第 1165 条的适用范围。实际上，在我国当前的司法实践中，在以忠实义务为基础的配偶权被侵害时，法院在适用一般侵权条款进行涵摄时一般会通过控制侵权责任成立的一般构成要件，如过错要件中的过错程度[③]、因果关系上的近因标准[④]、侵害行为的次数或持续时间[⑤]、社会影响的大小[⑥]、损害后果的严重程度[⑦]等，来适当限制侵权损害救济的范围与强度，从而在行为自由与婚姻家庭保护之间作出适当的平衡。

对于婚姻法规定的夫妻之间应"相互忠实"，司法实践中法院在案件审理时认为："夫妻互相忠实，不背叛爱情，不仅是传统美德，也是法定义务。对婚姻不忠实，是难以容忍的不诚信，它不仅破坏了夫妻关系，拆散了家庭，也伤及无辜的子女，而且败坏了社会风气，是法律所禁止的行为。为了保证法律的公平公正，维护正常稳定的婚姻家庭关系，引导配偶之间坚守相互忠诚的道德准则，应当对被告的此种漠视配偶间忠诚义务、挑战婚姻行为准则的行为予以制裁。只有对这种行为加以制裁才能对其他婚姻

---

① 参见朱晓峰：《侵权可赔偿损害类型化研究：以中德比较为核心》，法律出版社 2016 年版，第 638 页。

② 参见朱晓峰：《配偶权侵害的赔偿责任及正当性基础》，载《浙江大学学报（人文社会科学版）》2017 年第 6 期。

③ 参见李某甲与刘某离婚纠纷案，山东省滨州地区（市）中级人民法院（2016）鲁 16 民终 610 号民事判决书。

④ 参见陈某甲与胡某变更抚养关系纠纷案，广东省鹤山市人民法院（2015）江鹤法民二初字第 12 号民事判决书。

⑤ 参见唐某甲与唐某乙离婚纠纷案，福建省福州市中级人民法院（2014）榕民终字第 2536 号民事判决书。

⑥ 参见田某诉王某某一般人格权纠纷案，重庆市沙坪坝区人民法院（2010）沙法民初字第 7148 号民事判决书。

⑦ 参见张某与姚某甲离婚纠纷案，湖南省岳阳市中级人民法院（2015）岳中民一终字第 100 号民事判决书。

家庭中的夫妻起到警示和预防的作用,从而营造一个稳定有序的和谐社会。"①在法院看来,对于婚姻关系内的夫妻二人而言,一方在"夫妻关系存续期间,又与他人发生不正当的男女两性关系,……这是我国的社会主义法律和道德所不允许的,给对方的精神打击是巨大的,侵害了对方的人格尊严";②就婚姻关系外的第三人而言,特定婚姻关系是"两个具有人格权的自然人形成以终生生活为目的的伦理共同体。该婚姻关系具有人格性质和专属性,排斥婚外性行为等不忠行为的发生,如他人以不法的方式破坏婚姻双方的安宁生活,属对权利人人格尊严的侵犯,应依法承担相应侵权责任"。③

在我国传统观念中,婚姻中的忠实义务原则上仅是对女方而言的,对男方而言,其并不对妻子负有同等的忠实义务。而现行婚姻法中男女双方在婚姻关系中具有平等性,因此实践中对于违反忠实义务而导致的对于无过错方的人格尊严的侵犯不再特别强调性别问题。在婚姻中男方无过错而女方有过错的案件中,如在傅某嘉与赵某平一般人格权纠纷案中,法院即认为,女方在与男方夫妻关系存续期间与他人生育一子的行为有违公序良俗,且在双方离婚时隐瞒真相,由男方继续承担抚养义务,该行为不仅造成了男方在经济上的损失,同时也以违反社会公德的方式侵害了男方的人格尊严并导致了其严重精神损害,因此应承担赔偿责任。④ 同样,在婚姻中女方无过错而男方有过错的案件审理中,司法实践所持的基本立场同审理男方无过错而女方有过错的案件并无二致,如在陆某甲与童某离婚纠纷案中,法院即认为,夫妻应互相忠实,互相尊重,被告在与原告婚姻关系存续期间,与他人有不正当男女关系的行为,并生育一女,导致离婚,应承担相应的民事赔偿责任。⑤

当然,婚姻中无过错方以一般侵权条款主张侵权法上的损害救济,原

---

① 杨某某与高某某离婚纠纷案,天津市第二中级人民法院(2015)二中民一终字第1128号民事判决书;丁某、刘某刚侵权责任纠纷案,河北省廊坊市中级人民法院(2020)冀10民终3512号民事判决书。

② 参见周某章与郑某抚育纠纷案,四川省宜宾市中级人民法院(2001)宜民终字第402号民事判决书;陈某、张某离婚后损害责任纠纷案,河南省鹤壁市中级人民法院(2018)豫06民终540号民事判决书;吕某诉刘某离婚纠纷案,吉林省白城市中级人民法院(2017)吉08民终960号民事判决书。

③ 原告裴某某诉被告杨某某离婚纠纷案,广西壮族自治区南宁市西乡塘区人民法院(2014)西民一初字第1719号民事判决书。

④ 参见傅某嘉与赵某平一般人格权纠纷案,北京市石景山区人民法院(2014)石民初字第9030号民事判决书。

⑤ 陆某甲与童某离婚纠纷案,浙江省东阳市人民法院(2015)东民初字第197号民事判决书。

则上须以夫妻之间负有相互忠实义务的配偶关系存在为前提。例如,对于婚前与情人发生性关系的女性怀孕之后与他人结婚并将孩子生下来的行为,在我国当前的司法实践中,法院一般会认为,尽管这种婚前性行为有违人情道德,但并没有违反婚内夫妻忠实义务,因为该性行为发生时尚不存在应受法律保护的配偶关系,自然不存在对婚姻关系中另外一方当事人的侵权责任问题。① 当然,若存在严重违反社会公共道德且导致婚姻中无过错方人格权益严重受损的情形,即使侵害行为发生时并无婚姻关系存在,婚姻中无过错方向过错方主张损害赔偿请求权也会获得审理法院的支持。例如,对在恋爱期间同时又与他人交往并在与恋人婚后生育他人子女的行为,导致受害人误认为该子女为其亲生而长期抚养的,司法实践中有法院认为,于此的侵害行为属于违反社会公共道德而侵害受害人人格尊严的行为,在造成受害人精神损害并存在严重后果时,应依据一般侵权条款支持受害人所主张的精神损害赔偿请求权。②

(五)人格形象的统一性

每个人都是独立且独一无二的,人格尊严保护社会生活中的个人的人格形象的统一性与一致性,亦即个人基于人格尊严而生的人格形象及其实际形象应与所传播的内容相符,至于这种与个人实际形象不符的传播内容是否会造成相应个人的名誉贬损则在所不问。进一步讲,在传播不符合个人实际形象之内容的场合,若涉及人格贬损并导致负面社会评价,那么会涉及对受害人以人格尊严为价值基础的名誉权的侵犯;若并不涉及对受害人社会评价或公众形象的侵犯,那么就构成对个人人格形象之统一性和一致性的侵害。③ 例如,在陆某兴诉薛某良肖像权纠纷案中,被告在其出版的书中将原告与冰心的合影照片通过电脑技术合成为自己与冰心的合影,其将原告在照片中的躯干保留而将头部置换为自己的,但其事实上与冰心从来没有合影。法院认为:“自然人对自己的肖像有维护完整性的权利,有权禁止他人非法毁损,维护自己的尊严,公民的人格尊严受法律保护。在中华文化传统中,社会公众一般比较重视照片中自身影像的完整性,特别是将头部与躯干视为一个整体,不可分离,尤其是忌讳将已成影像

---

① 参见李某某与黄某某等婚约财产纠纷案,贵州省六盘水市中级人民法院(2017)黔 02 民终 1889 号民事判决书。

② 参见胡某甲与刘某离婚纠纷案,浙江省温州市中级人民法院(2014)浙温民终字第 1632 号民事判决书。

③ 参见陈甦主编:《民法总则评注》(下),法律出版社 2017 年版,第 756~757 页。

中的头部从躯干上人为地去除。"①对于行为人因过失导致受害人人格形象统一性受损的,如行为人在举办的非以营利为目的精华展活动中误将南京吆喝的演出者姓名与他人肖像相配而出现在其宣传册中,法院认为,行为人"在精华展宣传册中姓名与肖像配图不一致的行为客观上损害了上诉人的人格尊严,对上诉人的一般人格权造成侵害"。②

由于自然人人格形象的统一性与其在社会中获得的承认与尊重相关,因此,若相应的行为并未对自然人的人格形象产生不良影响,那么自然人主张的基于人格尊严而产生的一般人格权被侵犯的损害救济请求权不会获得法院的支持。例如,在张某与淄博友谊医院有限公司、山东大众报业集团鲁中传媒发展有限公司等名誉权纠纷、肖像权纠纷案中,法院认为:"人格尊严是指人作为法律主体应得的承认和尊重,凯莱希学校向大众报业发送照片正是基于张某的优良条件,大众报业和友谊医院的宣传行为也没有对张某进行人格贬低、歪曲和丑化,因此张某主张其人格尊严权受到侵害的理由不能成立。"③当然,未侵犯人格尊严并不意味着自然人不能通过其他具体人格权规则获得保护。在袁某鹰与成都晚报社肖像权纠纷案中,法院认为,尽管成都晚报社将原告照片作为其刊发的文章的配图,但该文章所采用的照片内容健康,文章内容本身亦是正面介绍成都,不会对原告造成负面影响,只是由于被告使用原告肖像时未征得本人同意,因此侵害了原告肖像权,应承担侵权责任。④

(六)仪式行为的可尊重性

不同于生活常态行为,举行特定仪式的行为本身是一种超常态行为,与生活中的常态行为相比,仪式行为的特殊性在于:第一,仪式行为的发生具有偶然性或定期性,而生活中的常态行为则基本上每天都有,相较而言,前者具有偶发性,而后者具有频繁性;第二,仪式行为通常所表达的是特定精神价值如信仰等,区别于日常生活行为以满足基本生理需求的实用性。虽然仪式行为区别于日常生活行为,但对行为人以及其所处的社会

① 陆某兴诉薛某良肖像权纠纷案,江苏省无锡市中级人民法院(2009)锡民终字第0168号民事判决书。

② 刘某龙与南京市文化广电新闻出版局一般人格权纠纷案,江苏省南京市中级人民法院(2017)苏01民终3731号民事判决书。

③ 张某与淄博友谊医院有限公司等名誉权、肖像权、一般人格权纠纷案,山东省淄博市中级人民法院(2014)淄民一终字第484号民事判决书。

④ 参见袁某鹰与成都晚报社肖像权纠纷案,四川省成都市中级人民法院(2008)成民终字第499号民事判决书。

共同体而言,该行为是正常的,并不具有反社会性。①

在个人的社会生活中,通常会在出生、成年、结婚、丧葬等人生重要的转折点上有仪式行为,相应的仪式又被称为“生命周期仪式”。② 通过相应的仪式行为,人可以表达欢乐、内心的和平、安宁和热烈并取得社会的认同等。仪式虽然具有虚拟性,但是,这并不代表仪式行为人的情感和心态的虚拟性,恰恰相反,与虚拟的仪式对应的是仪式行为人的真实感受。对真实感受的追求也是行为人举行仪式的目的所在。另外,在公开举行仪式场合,相应的仪式为社会公众所认知,所以对仪式行为的阻碍或破坏等会对仪式行为人内心感受、社会评价等产生负面影响,侵犯其人格尊严,于此场合认定行为人对他人一般人格利益构成侵犯就具有了社会基础。③ 事实上,在我国当代社会生活实践中,婚丧嫁娶等特定仪式中蕴含着社会对于特定人的认同与尊重,对于特定仪式的破坏通常会被认为是对仪式行为人之人格尊严的侵犯。

对于喜庆仪式的破坏,例如,行为人在特定自然人婚礼当天,在红纸喜字上方粘贴该自然人被法院驳回上诉的判决书复印件以破坏结婚仪式的,法院认为:“按照我国的风俗习惯,在结婚当天,一般应通过包括悬挂、张贴红纸喜字在内的多种方式制造喜庆气氛,以祝愿新婚夫妻家庭幸福美满;他人亦应避免在新人的这一重要日子里实施不当行为而给新人造成缺憾。”④而行为人粘贴判决书复印件的行为“违反了善良风俗,对他人的个人尊严造成伤害”。⑤ 对阻止新郎新娘从正门进入自家宅院的,法院认为:“结婚庆典应是自然人一生中具有特定纪念意义的事件。按照当地农村风俗习惯,结婚庆典过程从新郎出发前往新娘家接上新娘即已开始,新郎接上新娘回家应当从院落正门进入房屋。被告之行为导致受害人之婚车无法正常到达家门口,受害人通过梯子翻越两米多高的石头墙进入房屋。被告之行为不仅使受害人结婚庆典的完整性遭到破坏,而且侵犯了受害人的人格尊严,违反了公序良俗。”⑥同样地,行为人在他人为孩子举办满月酒

① 参见薛艺兵:《对仪式现象的人类学解释》(上),载《广西民族研究》2003 年第 2 期。

② 参见薛艺兵:《对仪式现象的人类学解释》(上),载《广西民族研究》2003 年第 2 期。

③ 参见李岩:《一般人格权的类型化分析》,载《法学》2014 年第 4 期。

④ 李某诉李某奎、乔某彩名誉权纠纷案,北京市第二中级人民法院(2013)二中民终字第 06082 号民事判决书。

⑤ 李某诉李某奎、乔某彩名誉权纠纷案,北京市第二中级人民法院(2013)二中民终字第 06082 号民事判决书。

⑥ 赵某锋与赵某东等人格权纠纷案,北京市第三中级人民法院(2018)京 03 民终 1707 号民事判决书。

的喜宴之际当场泼洒粪水污物的行为,法院亦认为,其有违社会公序良俗和社会公共道德,构成对受害人人格尊严的侵害。①

对于丧葬仪式的破坏,例如,原告父亲死亡之后,亲戚朋友到原告家中参加父亲的葬礼,但被告堵住公路不让治丧车辆通行。对此,法院认为,三河村委会的行为有悖社会公德,侵犯了刘某某等人的人格尊严,判决由其承担侵权责任。在法院看来,"孝敬老人是我国的传统美德,对老人的生养死葬是其重要内容,老人去世后,其子女等近亲属按照习俗进行安葬是其近亲属的人格利益"。② 当然,由于丧葬仪式与死亡等密切相关,而死亡在一般社会观念中属于严重忌讳事项。因此,若行为人在他人"住所处设灵台、挂白布、烧锡箔及逼迫他人向死者遗像下跪、磕头并往其身上浇矿泉水、塞锡箔等过激方式上门闹事",那么法院亦通常认为该行为侵害他人的人格尊严。③

四、人格尊严在死者人格利益保护中的运用

在我国传统尊严观中,"死者为大""入土为安"等尊重和保护死者人格尊严的观念同样根深蒂固。在人死之后,与死者有特定法律关系的人,尤其是五服以内的亲属需遵照死者遗愿,为其穿戴整齐并将之装殓入棺,葬入坟墓。依据一般社会观念,出于保护死者人格尊严的目的,死者的遗体以及遗体上的衣服、棺材、坟墓都处于不能冒犯、不能亵渎的状态。以此为基础,我国传统社会的法律明确规定,挖坟掘墓属于重罪,这在本质上都是为了尊重和保护死者的尊严。④ 另外,从活着的人的视角来看,法律上尊重和保护死者,对活着的人亦有重要意义:对于那些活着并为法律所保护的自然人而言,即使有朝一日死亡,不再是民法上具备权利能力的主体了,民法依然承认并保护其遗存的人格利益,使其能够生活在即使其死

① 参见姚某某诉叶某某一般人格权纠纷案,上海市浦东新区人民法院(2010)浦民一(民)初字第3619号民事判决书。

② 参见刘某5等与忠县汝溪镇三河村村民委员会等一般人格权纠纷案,重庆市高级人民法院(2012)渝高法民提字第218号民事判决书。

③ 参见吴某等诉闵某等财产损害赔偿纠纷案,上海市浦东新区人民法院(2010)浦民一(民)初字第13289号民事判决书。

④ 参见肖泽晟:《墓地上的宪法权利》,载《法学》2011年第7期。

亡以后依然能被法律尊重并被保护的这种期望当中。[①] 就此而言,对死者人格利益的保护在本质上依然是在保护那些具有权利能力的活着的人。因此,死者人格利益的保护,无论是对于生者还是对于死者,都具有重要意义。但是考虑到死者已经不是法律上的主体,如何对其人格利益予以保护,学说理论与实践上都存在争议。

(一)死者人格利益保护的争论与实践

在理论上,对于死者人格利益的民法保护途径存在分歧,主要表现为直接保护理论和间接保护理论的争议。

间接保护理论认为,就死者人格中的精神利益而言,对其保护实质上是对死者近亲属精神利益的保护,该利益保护期限为死者近亲属的生存期限。[②] 在该期限内,死者近亲属为了保护死者人格利益可以请求停止侵害及恢复原状。这和人的权利能力随着死亡而消灭及一般人格权既不可以继承也不可以转让并不矛盾。继承人行使其自己享有的为了死者也为了自己、不依赖于其是否是继承人的权利。[③] 因此,死者人格利益间接保护理论的实质是保护活着的遗属而非死者。[④] 但死者人格利益保护以死者利益本身为出发点,"在死后,自然人自我发展的过程将不再受到影响,但如果自然人在有生之年可以预料到其死亡即刻会成为他人任意揭穿或贬低的对象,那么这种预期对其人格之自由发展不可能没有影响……保护死后的非物质性人格利益是法律秩序所确保的生存期间人格自由发展的必要结果",[⑤]但间接保护理论的出发点和落脚点都建立在死者遗属利益的基础上,其目的是让死者遗属活得更安心,因此,学理上有观点认为,该理论偏离了死者人格利益保护的初衷。[⑥]

直接保护理论认为,自然人死后人格保护的目的不在于使在继承法之外死亡的后续效力得以可能,而在于考虑死亡对生者的前置性影响,死者

---

① 在德国,慕尼黑上诉法院曾在一个判决(1994 年 1 月 26 日)中也持同样的观点:一个人活着时的尊严及人格自由发展,只有当他能够期待在其死后也能获得法律对该权利至少是在遭到他人严重侵害情况下的保护,并且能在这种期待中生活时,才能算是获得了法律的充分保护。相关讨论参见 Christian v. Bar, Gemeineuropäisches Deliktsrecht, Bd. 2, C. H. Beck, 1999, S. 61, Fn. 307.

② 参见杨巍:《死者人格利益之保护期限》,载《法学》2012 年第 4 期。

③ Vgl. Larenz/Wolf, Allgemeiner Teil des Buergerlichen Rechts, C. H. Beck, 2004, S. 142.

④ Vgl. Peter Schwerdtner, Das Persoenlichkeitsrecht in der deutschen Zivilrechtsordnung, J. Schweitzer Verlag, 1977, S. 110.

⑤ Vgl. Andereas Hedlrich, Der Persoenlichkeitsschutz Verstorbener, in: Festschrift fuer Heinrich Lange zum 70. Geburtstag, C. H. Beck, 1970, S. 167.

⑥ 参见沈建峰:《一般人格权研究》,法律出版社 2012 年版,第 102 页。

人格权所要支持的不是自然人自我永垂不朽的追求,而是对死后的声誉请求。① 自然人只有可以肯定自己死后在法律上仍然会被善待,那么其在生存期间才能更有尊严地活着。因此,自然人死后的人格保护应当直接通过死者人格利益的保护来完成,无须通过保护近亲属的权利来完成。为解决法律直接保护死者而死者又不具权利能力的现实困境,直接保护理论采纳授权行使的思路,主张存在死者精神性人格利益的受托管理人。② 虽然在直接保护理论内部,还存在部分权利能力论、无主体权利论、普遍法律义务论的分歧,③但整体来看,死者人格利益保护的目的在于保护活着的人可以寄希望于自己死后而被善待从而能更有尊严地活着,并且让死者的近亲属不因死者人格利益被侵害而遭受精神痛苦。从目的论角度看,直接保护理论既可以为死者本身提供直接保护的正当性说明,也为死者遗属人格利益的保护预留了空间,因此更具合理性。

在我国,对于死者人格利益保护究竟是采取直接保护理论还是间接保护理论,相应的法律实践并没有明确表明其立场。④ 事实上,在《民法典》颁布前的死者人格利益保护,主要是通过司法实践完成的,制定法上并不存在一般意义上的明确的关于死者人格利益的保护规定。在我国司法实践中,对于死者人格利益的保护主要经历了三个阶段。⑤

在第一个阶段,法院在给予死者人格利益保护时,并未区分死者因为死亡丧失权利能力与保护对象是否可以为权利之间的内在规范关系,而是直接确认相应的侵害行为系对死者人格权的侵犯,如在荷花女案中,法院认为,“魏某林、《今晚报》社构成侵害死者名誉权”,⑥同样立场在海灯法师案等案件中均获得支持。⑦

到第二个阶段,法院认识到死者不再是权利能力的享有者而不再享有具体的人格权,因此仅承认死者名誉而非名誉权应受保护,如 1993 年最高

① Vgl. Schack, Das Persoenlichkeitsrecht der Urheber und ausuebenden Kuenstler nach dem Tode, in: GRUR, 1985, S. 356.

② Vgl. Andereas Hedlrich, Der Persoenlichkeitsschutz Verstorbener, in: Festschrift fuer Heinrich Lange zum 70. Geburtstag, C. H. Beck, 1970, S. 167.

③ 具体讨论参见沈建峰:《一般人格权研究》,法律出版社 2012 年版,第 100~108 页。

④ 参见张红:《死者人格精神利益保护:案例比较与法官造法》,载《法商研究》2010 年第 4 期。

⑤ 参见最高人民法院民法典贯彻实施工作领导小组主编:《中华人民共和国民法典人格权编理解与适用》,人民法院出版社 2020 年版,第 63~65 页。

⑥ 参见陈某琴诉魏某林、《今晚报》社侵害名誉权纠纷案,载《最高人民法院公报》1990 年第 2 期。

⑦ 参见《最高人民法院关于范应莲诉敬永祥等侵害海灯法师名誉权一案有关诉讼程序问题的复函》(〔90〕民他字第 30 号)。

人民法院《关于审理名誉权案件若干问题的解答》(已失效,以下简称《名誉权解答》)第5条即持此立场。这一实践立场显然更符合民法关于权利能力与权利内在规范关系的基本原理,但将死者人格利益保护与名誉保护关联起来,对死者非名誉性质的人格利益保护并不充分。

在第三个阶段,最高人民法院通过颁布《精神损害赔偿司法解释》而将死者人格利益的保护予以扩展,依据该解释的第3条规定,死者近亲属因侵害死者人格利益而精神痛苦的,可以向法院主张精神损害赔偿。与前两个阶段相比,第三个阶段对死者人格利益的保护主要有两个特点:一是将对自然人死亡之后人格利益的保护范围从名誉扩展至姓名、肖像、名誉、荣誉、隐私、遗体、遗骨,扩大了保护范围,有利于自然人人格尊严在死亡之后的延伸保护,①缺点是该司法解释对死者人格利益的类型采取决疑式的完全列举,未能穷尽依据人格尊严而应予以关注和保护的死者人格利益类型如坟墓、死亡仪式等;二是将死者人格利益的保护与死者近亲属的人格利益保护结合起来,采取了死者人格利益间接保护理论,区别于前两个阶段不持具体立场的做法。

与司法实践中法院对死者人格利益保护采积极保护的立场不同,我国制定法上直到2017年《民法总则》才对死者人格利益的保护作了直接规定。依据《民法总则》第185条的规定,侵害英雄烈士人格利益损害社会公共利益的,侵权人应承担民事责任。与该条直接相关的是2018年制定的《中华人民共和国英雄烈士保护法》(以下简称《英雄烈士保护法》),基于社会公共利益的考虑,该法对英雄烈士人格利益给予了充分保护,尤其是该法第22至26条规定了对英雄烈士姓名、肖像、名誉、荣誉等人格利益的具体保护规则和相应侵害行为应承担的法律责任。制定法之所以给予英雄烈士人格利益以特别的关注,是因为在现实生活中出现了大量利用歪曲事实、诽谤抹黑等方式恶意诋毁侮辱英雄烈士名誉、荣誉的案件,如葛某生与洪某快名誉权、荣誉权纠纷案②,邱某华与孙某等一般人格权纠纷案③等,社会影响恶劣,损害了社会公共利益。④ 在英雄烈士人格利益侵害案中,法院通常认为:“根据英雄烈士获得个人名誉及荣誉的历史事实、英雄

① 参见唐德华主编:《最高人民法院〈关于确定民事侵权精神损害赔偿责任若干问题的解释〉的理解与适用》,人民法院出版社2015年版,第37~39页。

② 参见葛某生诉洪某快名誉权、荣誉权纠纷案,最高人民法院指导案例99号(2018年)。

③ 参见邱某华与孙某等一般人格权纠纷案,北京市大兴区人民法院(2015)大民初字第10012号民事判决书。

④ 参见杜涛主编:《民法总则的诞生:民法总则重要草稿及立法过程背景介绍》,北京大学出版社2017年版,第414页。

烈士在历史上发挥的作用,可以将其事迹和精神认定为民族精神和社会主义核心价值观的重要体现,因而构成社会公共利益的一部分。歪曲、丑化、亵渎、否定英雄烈士的事迹和精神,不仅侵害英雄烈士个人的名誉及荣誉,也损害了社会公共利益,应当承担法律责任。"①在此背景下,《民法总则》草案的起草者认为:"英雄和烈士是一个国家和民族精神的体现,是引领社会风尚的标杆,加强对英烈姓名、名誉、荣誉等的法律保护,对于促进社会尊崇英烈、扬善抑恶、弘扬社会主义核心价值观意义重大。"因此,其在草案修改中增加了英雄烈士人格利益保护条款。②

基于社会公共利益保护,③在制定法中明确规定给予英雄烈士人格利益以充分保护的做法,应予肯定。但是,考虑到自然人平等享有的人格尊严这一共同的伦理基础,英雄烈士与其他死者人格利益保护之间存在关联性、同质性以及其在法律规范上应当保持一致性,④因此,在制定法上仅承认给予英雄烈士人格利益以明确保护而不同时承认死者人格利益的一般性保护,显然并不符合《民法总则》第109条规定的保护自然人人格尊严的本质要求。在此背景下,为了给予自然人人格尊严以充分的保护,一方面,《民法典》第990条规定了对有生命的自然人的人格权益的保护,就死者而言,由于其不具有权利能力而不再属于第990条的保护范畴;另一方面,基于自然人人格尊严的延伸保护需要,《民法典》第994条规定,自然人死亡之后遗留的一些人格要素的残存,如姓名、肖像、名誉、荣誉、隐私、遗体等,也属于法律保护的对象。⑤ 由此,在现行民事法律体系内,对于死者人格利益的保护就实现了在人格尊严这一共同价值的指引下的体系安排,有助于立法者保护人格尊严这一立法目的的实现。

(二)标表性人格利益

姓名、肖像、声音等属于标表性人格要素,其中,姓名是通过社会属性将社会中的人彼此区分出来的人格要素;肖像、声音是通过自然属性将社会中的人彼此区分出来的人格要素。在自然人死亡后,基于自然人格尊严

---

① 葛某生诉洪某快名誉权、荣誉权纠纷案,北京市第二中级人民法院(2016)京02民终6272号民事判决书。

② 李适时主编:《中华人民共和国民法总则释义》,法律出版社2017年版,第580页。

③ 参见王叶刚:《论侵害英雄烈士等人格权益的民事责任——以〈民法总则〉第185条为中心》,载《中国人民大学学报》2017年第4期。

④ 参见王春梅:《〈民法典〉框架下英烈与死者人格利益保护的立法调适》,载《烟台大学学报(哲学社会科学版)》2020年第5期。

⑤ 参见最高人民法院民法典贯彻实施工作领导小组主编:《中华人民共和国民法典人格权编理解与适用》,人民法院出版社2020年版,第62页。

延伸保护的需要,死者姓名、肖像、声音等标表性人格利益并不当然会因此湮没,也应予以保护。

1. 精神利益

就死者人格利益中内含的精神利益而言,正如墨菲斯托案(Mephisto)审理法院承认的:死者不仅遗留下了可让与的财产利益,其精神利益也超越死亡并继续存在,故仍有受侵害的可能而值得在死后予以保护……在这种可能受到侵害而值得保护的利益仍存在的情况下,却因为死者生命结束无法为自身辩护,而使之作为请求权而消灭,这并无道理。因此该院以《德国基本法》第1条第1款的人之尊严以及第2条第1款的人格自由发展为依据,认为人只有在相信即使在其死后其人格形象依然会受到法律保护并因此而活着时,其受《德国基本法》保护的人之尊严以及人格自由发展才能得到充分的保护,判决原告所主张的停止侵害请求权等。①

对于我国《民法典》第994条规定的死者人格利益,虽然立法者并未明确宣示其价值基础,但由于死者是第990条第2款规定的自然人的必然结局,因此第994条在规范关系上属于第990条第2款的延展,作为第990条第2款的其他人格权益的价值基础的人格尊严等亦当然构成第994条死者人格利益保护的价值基础。因此,基于人格尊严的充分保护,对死者姓名、肖像中内含的精神利益自应予以保护。在周某婴诉绍兴越王珠宝金行侵犯鲁迅肖像权案的审理过程中,最高人民法院针对浙江省高级人民法院的请示所作出的答复指出,自然人死亡后其肖像权仍应受法律保护。对于侵害死者肖像权的,死者近亲属有权主张相应的法律救济。② 显然,最高人民法院此种立场背后的正当性基础与墨菲斯托案并无不同。

2. 财产利益

就死者人格利益中内含的财产利益而言,理论上存在继承论和不当得利返还论的分歧。前者认为,在人格权的精神性利益受法律保护期间之内,人格权的财产性价值在自然人死亡后仍继续存在。在自然人死亡之后,与自然人生前人格权的财产性价值相关的权利由继承人取得,由其按照死者明示或可得推知的意思行使相应的权利。③ 在该观点看来,自然人的标表性人格权内含精神与财产双重利益,不论人的生死,对自然人人格权所内含的财产利益的保护是人性自主的必然结果,死者继承人有权利用

---

① Vgl. BGH 20. 3. 1968, BGHZ 50, S. 133.

② 《最高人民法院关于周海婴诉绍兴越王珠宝金行侵犯鲁迅肖像权一案应否受理的答复意见》(最高人民法院〔1998〕民他字17号)。

③ 参见王泽鉴:《侵权行为》,北京大学出版社2009年版,第147页。

死者生前的人格特征获取利益,这是一种无形财产权。继承人行使该项权利需要按照死者生前明知或者可以推知的意思进行,不得违反死者的意志,其权利行使期限应与著作权中的财产权保护期限一致,以自然人死后50年为限。① 后者认为,虽然《民法典》第994条作为死者人格利益保护的一般性规定为其人格利益内含的财产利益被直接确认提供了规范性依据,但《民法典》第992条仍然保留了人格权不可转让、不可继承的原则性规定,在此背景下,《民法典》第994条也仅是对死者人格利益的保护作了模糊处理,因此,不宜在《民法典》目前的规范体系内直接认定死者人格利益内含的财产利益的可继承性。对于死者人格利益内含的财产利益的保护,应通过采取不当得利返还请求权规则,避免死者近亲属基于经济利益驱动而产生恣意诉讼的行为,并在确认请求权主体以及对其的保护限度的同时,平衡处理死者人格利益中内含的财产利益保护与合理利用之间的关系,解决死者近亲属财产损害赔偿请求权的规范难题。②

与学理上的分歧相对,我国司法实务上对于死者标表性人格利益中内含的财产利益是否应予保护以及如何保护,也存在分歧。

第一种是非财产责任救济说。持这一观点的法院通常仅承认死者人格利益侵害场合,死者近亲属有权主张停止侵害、排除妨碍、消除影响等非财产责任方式的请求权,对于死者近亲属所主张的对侵权人利用死者标表性人格要素而获益的财产损失赔偿请求权,通常并不会获得支持,其主要理由是:人格权随着自然人的死亡而消灭,不发生继承问题,死者近亲属并不享有对具有商业化利用价值的死者的姓名、肖像等的专有权利,在死者人格利益被侵害时,死者近亲属只能主张相应的停止侵害等非财产责任请求权。例如,在周某婴诉梁某计算机网络域名侵权案(鲁迅域名案)中,对被告将鲁迅的姓名注册成为域名进行商用以及将"鲁迅.中国"标价出售的行为,法院一方面认为,其构成侵权,在法院看来,原告作为鲁迅的儿子,既有权继承其父的物质遗产,也对其父的姓名、名誉等人格利益享有精神性利益,并有权维护父亲的姓名等不受侵害;但另一方面,法院也认为,姓名权作为具体人格权,以自然人存在为前提,若自然人死亡,则该项权利消灭,不会发生由其近亲属继承的问题。就此而言,原告对其父的姓

① 参见张红:《死者生前人格上财产利益之保护》,载《法学研究》2011年第2期。
② 参见赵轩毅:《论死者人格财产利益保护的请求权基础及其内在限度》,载《学术交流》2020年第6期。

名不享有专有的权利。[①] 因此,该院仅支持了原告所主张的停止侵害以及赔偿为维权而发生的财产损失。

第二种是财产责任救济说。该观点认为,部分死者的肖像、姓名等标表性人格利益因其生前的特定身份而可能存在商业利用价值,这种因死者人格利益内含的财产利益经商业化利用后所产生的财产利益一般情形下也应当归属于死者近亲属,他人不得擅自使用死者人格利益获利。[②] 例如,在"邓某富诉南京独加试唱餐饮管理有限公司人格权纠纷案"(邓丽君案)中,法院认为:"基于身份关系、情感联系等因素,死者的姓名、肖像会对死者近亲属产生精神及经济上的特定利益:一方面,对死者姓名、肖像的侮辱、诽谤等不当使用会降低其社会评价,造成近亲属的精神痛苦;另一方面,死者的姓名、肖像等因其生前的特定身份可能具有一定的商业价值,由此产生的财产利益通常应归属于近亲属,他人不得擅自使用死者的姓名、肖像等牟利。"[③]

显然,直接以人格权不具有可继承性而拒绝死者人格利益被他人擅自商业利用场合死者亲属的财产损害赔偿请求权,并不利于死者生前可推知的意思的保护,与民法关于自然人人格尊严保护的基本宗旨相悖。因此,虽然司法实践上存在分歧,但承认死者近亲属财产损害赔偿请求权的观点日益成为主流。[④] 显然该案中二审法院的法律效果评价在正当性说理上更具有说服性。

在《民法典》中,虽然立法者并未在第994条明确规定死者近亲属在死者人格利益被侵害后有权主张的责任承担方式是否包括财产损害赔偿请求权,但通过体系性、目的性解释,依然可以推导出其对司法实践中的财产责任救济说的支持立场,即《民法典》并不否认对于死者人格利益中内含的财产性利益的侵害可以导致死者近亲属财产损害赔偿请求权发生的观点,理由在于以下三方面:

---

① 周某婴诉梁某计算机网络域名侵权案,北京市高级人民法院(2011)高民终字第76号民事判决书。

② 参见周某飞、周某斐等与贵州人民出版社图书发行公司、无锡当当网信息技术有限公司等肖像权纠纷案,上海市第二中级人民法院(2015)沪二中民一(民)终字第553号民事裁定书;王某英等与芜湖市艺术剧院有限公司一般人格权纠纷案,安徽省芜湖市中级人民法院(2019)皖02民终1045号民事判决书。

③ 邓某富诉南京独加试唱餐饮管理有限公司人格权纠纷案,江苏省南京市玄武区人民法院(2015)玄民初字第1257号民事判决书。

④ 参见黄某达等诉湖南养天和大药房企业集团有限公司姓名权纠纷案,湖南省长沙市雨花区人民法院(2012)雨民初字第2297号民事判决书;湖南省长沙市中级人民法院(2013)长中民一终字第02518号民事判决书。

第一,《民法典》第 992 条规定“人格权不得放弃、转让或者继承”的同时,在第 993 条规定自然人可以将自己的姓名、肖像等许可他人使用,这显然意味着第 993 条是第 992 条的例外。亦即,就可以商业化利用的标表性人格要素而言,虽然不能放弃、转让或继承,但可以在性质和法律允许的范围内许可他人进行商业化利用,并收取许可使用费,获取财产利益。依据第 993 条的例外性规定,标表性人格要素在商业化利用场合可以分离,这种可分离性并不会因自然人的死亡而在生前死后有本质不同。① 若自然人许可他人使用其标表性人格要素后死亡,其继承人自然有权依有效的许可使用合同而在许可使用期内主张许可使用费。若在此种情形下因许可权人死亡而以其人格权不能继承为由拒绝继承人依许可使用合同主张许可使用费,那么显然与继承人概括继承死者生前享有的债权规则相悖。

第二,《民法典》第 993 条允许自然人许可他人使用其肖像、姓名等标表性人格要素,因此,若自然人在生前通过自主意思在法律许可的范围内委托他人在其生前死后代为处理与其肖像、姓名等人格要素的许可使用等商业化利用相关的事宜,那么自然应尊重自然人的这种安排。在委托人死亡后,依据《民法典》第 934 条但书规定,于此情形下委托人死亡并不导致委托合同终止。② 若于此情形下,死者对因其人格利益的商业化利用所取得的财产利益的归属作出了安排,自应依死者的意志予以处分;若死者并未对此予以安排,那么自应由死者继承人依继承规则取得该财产利益。若此种情形下不承认继承人对该项财产享有的继承权,显然有违我国当前社会的一般观念以及民法关于继承的一般理念。③

第三,在自然人生前既未许可他人使用其标表性人格要素以获取相应的财产利益,亦未依自主意志预先安排相应受托人在其死后处理其人格利益的商业化利用以及因此所生之财产利益的归属,在此情形下,若不承认死者近亲属在死者人格利益被他人擅自商业化利用时有权向擅自利用死者标表性人格利益而获益的第三人主张损害赔偿责任或不当得利之返还,而仅是支持死者近亲属的非财产责任请求权,那么显然会助长擅自对死者人格利益进行商业化利用以进行获利的不正之风,④不利于《民法典》

---

① 参见张红:《死者生前人格上财产利益之保护》,载《法学研究》2011 年第 2 期。

② 参见黄薇主编:《中华人民共和国民法典人格权编解读》,中国法制出版社 2020 年版,第 29 页。

③ 参见最高人民法院民法典贯彻实施工作领导小组主编:《中华人民共和国民法典人格权编理解与适用》,人民法院出版社 2020 年版,第 55 页。

④ 参见赵轩毅:《论死者人格财产利益保护的请求权基础及其内在限度》,载《学术交流》2020 年第 6 期。

第994条关于保护死者人格利益以延长保护自然人人格尊严的立法目的的实现。①

至于依据《民法典》第994条结合第993条所推导出来的对于死者人格利益商业化利用所导致的财产损害赔偿请求权的基础,究竟是死者继承人依据继承规则所享有的财产权规则,还是不当得利返还规则,还应结合死者人格利益内含的财产利益的本质属性进行判断。在我国现行法律体系中,与具备精神利益及财产利益双重属性的标表性人格权益最类似的权利类型是著作权。对于著作权的保护,在著作权人死亡后,其著作人身权应具有永续性而相应的著作财产权原则上以著作权人死亡后50年为限,由此以实现死者人格利益、死者继承人财产利益和社会公共利益三者之间的平衡保护。② 与著作权相似,对于可以商业化利用的标表性人格权而言,在自然人死亡之后,基于自然人人格尊严的延伸保护,其精神性人格利益的保护不应受时间限制,对此学理上认为的"死后人格权的保护程度一般会随着死亡时间的推移而降低,并不一定要限于特定的时间"的观点,③颇值赞同;其财产性人格利益的保护亦应类推适用著作财产权的保护期限,以《民法典》第994条规定的死者近亲属的生存期间为限。④

于此之所以不适用不当得利返还规则作为死者近亲属主张法律救济的请求权基础,核心理由在于:第一,《民法典》第985条规定的不当得利返还规则以得利人没有法律上的原因为返还前提,主张返还的一方亦需证明自己因得利人的行为而遭受财产损失。⑤ 若不承认死者近亲属于此可以通过继承规则继承死者标表性人格利益中内含的财产性利益,其自然也不会因他人商业化利用死者的标表性人格要素而遭受财产损失,因此,即使于此场合第三人确实因使用死者姓名、肖像等标表性人格要素而获益,死者的继承人亦不得以《民法典》第985条来主张不当得利的返还。亦即,承认死者继承人依《民法典》第994条结合第993条而享有对死者人格利益内含的财产性利益是适用《民法典》第985条的前提,不能否认前者而直接

① 参见最高人民法院民法典贯彻实施工作领导小组主编:《中华人民共和国民法典人格权编理解与适用》,人民法院出版社2020年版,第62~63页。

② 参见冯晓青、刘瑞琪:《作品著作权保护期限届满后再保护之探讨——利益平衡视野下的判断逻辑》,载《苏州大学学报(法学版)》2020年第3期。

③ 陈甦主编:《民法总则评注》(下),法律出版社2017年版,第752页。

④ 参见最高人民法院民法典贯彻实施工作领导小组主编:《中华人民共和国民法典人格权编理解与适用》,人民法院出版社2020年版,第68页。

⑤ 参见黄薇主编:《中华人民共和国民法典合同编解读》(下),中国法制出版社2020年版,第1580~1581页。

依据后者主张法律救济。第二,若承认死者继承人对死者人格利益内含的财产性利益享有继承权,那么在第三人未经其同意而擅自对死者利益进行商业化利用时,于此场合死者继承人在第三人侵权责任成立的基础上有权依据《民法典》第 1182 条主张侵害他人人身权益造成损失的赔偿,而该条确立的财产损害赔偿计算标准包括被侵权人因侵权行为受到的损失或者侵权人因此获得的利益,这在实际法律效果上与通过《民法典》第 985 条的不当得利返还规则并无不同。因此,这种情形下即使确实存在依据《民法典》第 994 条结合第 1182 条主张死者人格利益侵害场合的财产损失赔偿请求权与依据《民法典》第 985 条的不当得利返还请求权的竞合,实际上也没有区分的必要。

(三)尊严性人格利益

在《民法典》颁布之前,对于死者名誉、荣誉、隐私的民法保护,在学说理论上存在争议。死者名誉保护否定论认为,侮辱人格必须以有生命的人存在为前提,只有对死者的诽谤同时也构成对与死者有特定法律关系的人的诽谤时,该诽谤才能成为后者主张相应法律上应受保护的权利的诉因,但该现象只在极特别的情况下才可以得到证明。因此,对死后人格的侵犯,即使是严重侵犯死者名誉,也很难获得侵权法上的救济。① 与此相反的观点则认为,一个人活着时的尊严以及人格的自由发展,只有当他能够期待,在死后也能够获得法律对该权利至少是在遭到他人严重侵害情况下的保护,并且他能在这种期待中生活时,才算是获得了法律的充分保护。因此,应当给予死者人格以充分的法律保护,在死者人格遭受侵害的情况下,亦应将被侵害的人格纳入侵权法救济的体系。② 从《民法典》第 990 条第 2 款自然人以人格尊严等为价值基础的其他人格权益与第 994 条死者人格利益之间的内在规范关系来看,我国现行立法显然赞同给予死者尊严性人格利益以保护的观点,值得肯定。

事实上,《民法典》第 994 条对死者尊严性人格利益给予保护的立场是对我国司法实践中长久以来的经验总结。在司法实践中,前述荷花女案首次将侵害死者人格利益与名誉权侵害的侵权法救济联系起来,法院通过扩张解释《民法通则》第 120 条,认为该条规定的公民享有的名誉权,在公民死后仍然受法律保护。在该案法院看来,纳入名誉权保护范畴的死者人格并非对与死者有特定法律关系的主体的法律保护,而是对死者人格利益本

---

① See Michael A. Jones/Anthony M. Dugdale ed., *Clerk & Lindsell on Torts*, 20*th*, Sweet & Maxwell Ltd, 2010, p. 1080.

② Vgl. OLG München 26. 1. 1994, NJW-RR 1994, S. 925.

身的保护。由于对死者人格的侵害只能发生在死亡事实发生之后,所以因死者人格受侵害而有权主张法律救济的请求权,被法律赋予了与死者有特定法律关系的主体,如死者的近亲属。另外,侵害死者人格,同时也会造成对与死者有特定法律关系的自然人本身人格利益的侵害,因此,法院承认于此情形下特定自然人因死者人格被侵害而遭受的精神损害属于法律上的损害,受害人有权主张侵权法上的损害赔偿请求权。① 1993 年的《名誉权解答》第 5 条将之前司法实践如荷花女案、海灯法师案等保护死者名誉权修改为保护死者名誉,确定了民法保护死者人格利益而不是其人格权,更符合民事法律规范体系的内在构成。2001 年的《精神损害赔偿司法解释》则突破了之前司法实践仅关注死者名誉的做法,将对死者名誉的保护扩展至对包括死者名誉、隐私等尊严性人格利益在内的更广泛的人格利益的保护,扩大了死者人格利益的保护范围。2020 年《民法典》在此基础上更进一步拓展了对死者人格利益的保护范围。《民法典》第 994 条在立法模式上并未完全依循《精神损害赔偿司法解释》第 3 条的完全列举模式,而是采用"具体列举+概括性规定"的模式,在解释论上既可以将死者人格利益纳入,甚至也可以包括对死者近亲属自身之人格利益的保护,更具开放性。

与标表性人格利益不同,由于名誉、隐私等尊严性人格利益直接与自然人的人格尊严关联,其与人格尊严的依存度更紧密,因此,不能与自然人相分离而成为供他人进行商业化利用的对象,②属于《民法典》第 993 条规定的"根据其性质不得许可"使用的对象,死者尊严性人格利益中仅存在精神性利益而没有财产性利益,不发生因侵害行为导致的财产损失赔偿请求权的问题,死者近亲属只能依据《民法典》第 994 条主张停止侵害、排除妨碍、恢复名誉等责任的请求权以及相应的侵害死者人格利益导致严重损害发生场合的精神损害赔偿。

(四)物质性人格利益

物质性人格利益主要是指自然人死后的物理性遗存。《民法典》第 994 条将之规定为"遗体",通常意义上即指尸体。依据《精神损害赔偿司法解释》第 3 条第 3 项,《民法典》第 994 条的"遗体"应当作扩大解释,也包括遗骨和骨灰,其中,前者是人体腐烂后遗留的残骸,后者是人体焚烧后

① 参见陈某琴诉魏某林、《今晚报》社侵害名誉权纠纷案,载《最高人民法院公报》1990 年第 2 期;谢某雄、冯某山财产损害赔偿纠纷案,广西壮族自治区崇左市(2020)桂 14 民终 1270 号民事二审判决书。

② 参见程啸:《我国〈民法典〉个人信息保护制度的创新与发展》,载《财经法学》2020 年第 4 期。

遗留的残骸。如何对待人的遗体这种自然人死亡后的物理遗存,反映了人类文明的进步程度。①

1. 遗体的法律属性

关于遗体的法律属性,学理与司法实务上存在争议,主要有特殊之物说和非民法上之物说。

民法传统理论多采特殊之物说,认为尸体是民法上的物,但由于其特殊的伦理属性,因此其并非一般的物,而是具有"准物"的性质,仅可用于埋葬、祭祀或法律允许范围内的医学研究等事务,而不是通常意义上的可以自由流通的融通物。② 此种理论在我国司法实务上属于有力说。法院通常认为,遗体作为死者的物质性人身遗存,具有特定的人格尊严和伦理因素,是亲属缅怀、祭奠死者的精神象征物,承载着死者亲属的精神利益,对死者亲人有特殊的精神价值。因此,遗体作为具有特定象征意义的物,③一种具有强烈社会伦理意义的特殊物,④或者是一种具有人格象征意义的特定纪念物,⑤属于民法所调整的物的范畴。因遗体的归属、管理所产生的纠纷,也属人民法院应予处理的民事纠纷范围。⑥

与特殊之物说相反的观点则否认尸体为物的立场,该观点从自然人的人格尊严出发,认为尸体是自然人死后的人格残存,不能将之降低到客体的保护范畴。⑦ 司法实务上也有部分支持该观点的判决。持此立场的法院认为,民法上的物一般指不动产和动产,法律规定权利作为物权客体的除外,故其基本特征为有财产价值并可用于交换,而包含骨灰在内的遗体则因具有强烈的社会伦理意义,是死者亲属精神利益的物化,是其精神利

---

① 参见唐德华主编:《最高人民法院〈关于确定民事侵权精神损害赔偿责任若干问题的解释〉的理解与适用》,人民法院出版社 2015 年版,第 40 页。

② 参见史尚宽:《民法总论》,中国政法大学出版社 2000 年版,第 251 页。

③ 参见张 A 与沈 A 等一般人格权纠纷案,江苏省无锡市中级人民法院(2013)锡民终字第 0219 号民事判决书;薛某、胡某人格权纠纷案,陕西省西安市雁塔区人民法院(2021)陕 0113 民初 22425 号民事判决书;杨某传、张某芝等提供劳务者受害责任纠纷案,山东省临沂高新技术产业开发区人民法院(2021)鲁 1391 民初 1795 号民事判决书。

④ 参见于某明等诉于某林骨灰安置纠纷案,江苏省宿迁市中级人民法院(2011)宿中民终字第 0161 号民事判决书。

⑤ 参见林某与林某梅一般人格权纠纷案,吉林省吉林市中级人民法院(2018)吉 02 民终 2779 号民事判决书;黄某武、黄某义等财产损害赔偿纠纷,广西壮族自治区来宾市中级人民法院(2021)桂 13 民终 342 号。

⑥ 参见张 A 与沈 A 等一般人格权纠纷案,江苏省无锡市中级人民法院(2013)锡民终字第 0219 号民事判决书;范某懿等与重庆龙赢市政建设有限公司等侵权责任纠纷案,重庆市第一中级人民法院(2020)渝 01 民终 7122 号民事判决书。

⑦ 参见吴文珍:《论人体组成部分的法律地位及其归属》,载《河北法学》2011 年第 5 期。

益的载体,故不宜认定为民法物权法意义上的物。[①]

理论与司法实践关于死者遗体法律属性的争议核心在于,如何在现行法律体系上适当安置自然人出生前及死后人格尊严的延伸保护状态。对此,在现行法律体系依然坚持人、物二元划分的基本背景下,对于因死亡而发生的由自然人到遗体的转换结果,应以物的基本属性结合自然人的人格尊严价值要求来构造遗体的法律属性。因此,将遗体作为一种民法上的特殊物对待,亦可以充分体现“保护生者的人格尊严和精神利益”的目的,[②]在现行法律体系下更具有正当性基础,且更有利于相应纠纷的规范解决。

2. 遗体的处理规则

从民法上特殊的物的基本属性出发,对于包括遗骨、骨灰在内的遗体的处理,通常应当依照法律、法规,尊重公序良俗,参照结合死者遗嘱、亲属间的意愿以及继承法的相关规定予以合情合理的处理。[③] 以不违反法律及公序良俗为前提,首先应尊重死者遗嘱;若没有遗嘱,而亲属间又不能就骨灰的处置达成一致意见时,则应优先考虑与死者有最密切关系的亲属的精神利益,将骨灰交由该亲属处置管理。[④] 此时的管理权利,应当限于埋葬、祭祀,保证死者人格尊严不受侵犯等,并且不得妨碍其他亲属对死者同样享有的哀悼、祭奠权利。[⑤] 例如,对遗体的解剖必须符合现有的规范条件、权限和程序的规定,禁止对遗体进行商业化利用的行为。[⑥]

3. 侵害遗体的民事责任

自然人的人格尊严在其死亡之后并不立即消灭,自然人的遗体仍有一定利用价值,对遗体的不当行为会涉及对自然人人格尊严的侵害,[⑦]自应承担相应法律责任。依据《民法典》第 994 条结合第 995 条、第 179 条

---

① 参见张 A 与沈 A 等一般人格权纠纷案,江苏省无锡市中级人民法院(2013)锡民终字第 0219 号民事判决书。

② 参见唐德华主编:《最高人民法院〈关于确定民事侵权精神损害赔偿责任若干问题的解释〉的理解与适用》,人民法院出版社 2015 年版,第 40 页。

③ 参见黄薇主编:《中华人民共和国民法典人格权编解读》,中国法制出版社 2020 年版,第 67 页。

④ 参见范某懿等与重庆龙赢市政建设有限公司等侵权责任纠纷案,重庆市第一中级人民法院(2020)渝 01 民终 7122 号民事判决书。

⑤ 参见张 A 与沈 A 等一般人格权纠纷案,江苏省无锡市中级人民法院(2013)锡民终字第 0219 号民事判决书;于某明等诉于某林骨灰安置纠纷案,江苏省宿迁市中级人民法院(2011)宿中民终字第 0161 号民事判决书。

⑥ 参见黄薇主编:《中华人民共和国民法典人格权编解读》,中国法制出版社 2020 年版,第 67 页。

⑦ 参见唐德华主编:《最高人民法院〈关于确定民事侵权精神损害赔偿责任若干问题的解释〉的理解与适用》,人民法院出版社 2015 年版,第 40 页。

等,死者近亲属可以主张停止侵害、排除妨碍、消除危险等非财产责任请求权。① 另外,依据《民法典》第1165条第1款并结合第1183条第1款以及《精神损害赔偿司法解释》第3条第3项规定,当存在以非法利用、损害或以违反社会公共利益、社会公德的方式侵害遗体的行为时,死者近亲属有权主张精神损害赔偿请求权。②

对于侵害行为的认定,司法实务上通常会区分究竟是对狭义的遗体即尸体的侵害,还是对遗骨和骨灰的侵害而有不同的判断标准。

对于前者,依据一般社会观念,"保护尸体的完整,不受任何非法的毁损和利用,这是人类社会共同的道德理念,也受到法律的保护。侵犯尸体,伤害了死者近亲属的感情,既是对民法中公序良俗原则的违反,亦是对死者近亲属人格尊严的侵犯"。③ 因此,因重大过失碾压已死亡之自然人的尸体④、因过失而使死者尸体被刮擦,导致尸体完整性被损害的,实务上通常认为相应的行为侵犯了死者的人格尊严,也给死者的家属精神上造成了痛苦。⑤

对于后者,依据当前的一般社会观念,遗骨、骨灰等"作为死者的物质性人身遗存,包含有特定的人格尊严和伦理因素,是亲属缅怀、祭奠死者的精神象征物,承载着死者亲属的精神利益,对死者亲人有特殊的精神价值",⑥对遗骨的侵害,实际上是"侵害了我国民族传统意识中死者的尊严和安宁,导致死者近亲属精神上和心理上的痛苦"。⑦ 例如,行为人在施工过程中挖出他人棺木、遗骨后,不仅未及时停工妥善处理,反而将棺木、遗

① 参见王利明、程啸、朱虎:《中华人民共和国民法典人格权编释义》,中国法制出版社2020年版,第78页。

② 参见黄薇主编:《中华人民共和国民法典人格权编解读》,中国法制出版社2020年版,第29页。

③ 罗某平、吴某仙诉上海第二医科大学附属新华医院、顾某范其他人身权案,上海市杨浦区人民法院(2005)民一(民)初字第551号民事判决书;谭某信、谭某芳等与秦某清、冉某英侵权责任纠纷案,重庆市石柱土家族自治县人民法院(2020)渝0240民初4853号民事判决书。

④ 参见中国太平洋财产保险股份有限公司瓦房店支公司与李某琴等人格权纠纷案,辽宁省大连市中级人民法院(2014)大民一终字第477号民事判决书。

⑤ 参见宋某山、雷某连一般人格权纠纷案,河南省南阳市中级人民法院(2018)豫13民终5796号民事判决书;谭某信、谭某芳等与秦某清、冉某英侵权责任纠纷案,重庆市石柱土家族自治县人民法院(2020)渝0240民初4853号民事判决书。

⑥ 张A与沈A等一般人格权纠纷案,江苏省无锡市中级人民法院(2013)锡民终字第0219号民事判决书。

⑦ 陆某、陆某家一般人格权纠纷案,广西壮族自治区百色市中级人民法院(2017)桂10民终1832号民事判决书;谭某信、谭某芳等与秦某清、冉某英侵权责任纠纷案,重庆市石柱土家族自治县人民法院(2020)渝0240民初4853号民事判决书。

骨随意抛弃,这显然“违反社会公德,侵害了死者的遗骨”。[①]

(五)其他人格利益

对死者人格利益的保护,《民法典》第994条未如《精神损害赔偿司法解释》第3条一样采完全列举模式,而是采取更具有科学性的“具体列举+概括规定”的立法模式,这就极大提高了该条的涵摄能力,对死者人格利益保护更充分。这意味着,除该条具体列举的死者姓名、肖像、名誉、荣誉、隐私、遗体外,实践中存在的其他表现形式丧葬仪式以及墓穴等,亦可以通过该条而纳入民法的保护范畴。

1. 丧葬仪式

在我国当前的社会生活当中,为死者举行丧葬仪式,一方面是对死者的致敬和尊重,涉及死者的社会评价和人格尊严;另一方面,是体现死者亲属寄托哀思、表达孝心、报答恩情等特殊精神利益的程序,其基于亲属关系而产生的一种对已故亲人表示追思和敬仰的人身利益应受法律保护。

对死者来说,丧葬仪式既应受习惯和公序良俗的限制,也应受死者生前意志的约束。在确定死者遗体、遗骨、骨灰等的安葬方案时应尊重其生前明示或者可得而知的意思,同时应符合公序良俗原则。例如,在缪某与于某甲一般人格权纠纷案中,死者于某莲没有以遗嘱形式明确表达死后跟谁合葬的意思,但于某莲的保姆及邻居均证实,于某莲生前一直认为王某建系其丈夫,并表达过去世后与王某建合葬的意愿。从其生前的视频录像显示,虽然王某建先于其去世,其后又改嫁缪某,但其一直认为王某建系其丈夫。在法院看来,死者与前夫合葬的意愿并不违反法律规定,且符合当地风俗习惯,因此应予尊重。并且鉴于骨灰是一种具有强烈社会伦理意义的特殊物,骨灰作为逝者躯体延伸的载体,具有极强的人身依附性,在确定由何人行使安葬权利时,首先应遵从或尊重死者生前的意愿。因此在处理此类案件时,行使安葬事务的人员应根据与死者遗愿最具关联性来确认,以确保死者生前的意愿得以实现与尊重。[②]

---

① 王某来与陶某福等一般人格权纠纷案,湖南省益阳市中级人民法院(2016)湘09民终692号民事判决书;王某国与陶某福等一般人格权纠纷案,湖南省益阳市中级人民法院(2016)湘09民终683号民事判决书;王某华与陶某福等一般人格权纠纷案,湖南省益阳市中级人民法院(2016)湘09民终685号民事判决书。

② 参见缪某与于某甲一般人格权纠纷案,江苏省南通市中级人民法院(2014)通中民终字第0188号民事判决书;何某涛、何某盛与佛山市顺德区伦教街羊额村民委员会合同纠纷案,广东省佛山市中级人民法院(2019)粤06民终4438号民事判决书;范某懿等与重庆龙赢市政建设有限公司等侵权责任纠纷案,重庆市第一中级人民法院(2020)渝01民终7122号民事判决书。

对死者的亲属来说,祭奠权是自然人基于特定亲属关系而享有的对死者表示追悼、纪念的权利,核心内容包括处理死者的遗体、举行悼念以及丧葬仪式等。亦即,祭奠权既为保护死者人身权益所需,又是与死者存在特定身份关系的自然人的情感所系。对此,有法院认为:老人去世后,其子女等近亲属按照习俗进行安葬是其近亲属的人格利益,若行为人违反公序良俗而阻碍他人正在举办的丧礼,则构成对该人格利益的侵犯。①

2. 坟墓

通常而言,坟墓作为埋葬死者尸骨的特殊场所,是人们悼念死者、寄托哀思的精神载体。② 由于坟墓寄托了死者亲属的个人感情、对于死者的怀念、死者与生者的尊严等,③所以对于坟墓的保护,既涉及死者人格利益的尊重,也与死者亲属人格利益的充分实现密切相关。④

就死者而言,其遗体、遗骨中内含应受保护的人格利益,当损毁坟墓的破坏行为导致死者遗体或遗骨发生变动、减少或灭失,对坟墓的毁损即是对死者人格利益的侵害。⑤ 例如,行为人在施工中因违反公序良俗而致他人祖坟内埋葬的遗骸全部丢失,法院认为于此场合的侵害行为侵害了死者人格利益而导致其亲属的精神痛苦,依法应承担侵权责任。⑥

就死者亲属而言,坟墓作为埋葬死者遗体、遗骨的特殊建筑物,是后代追忆、祭祀已逝祖先的特定场所,死者亲属对它不仅享有有限的财产所有权,而且它还承载着死者近亲属对先人的缅怀之情,承载着死者近亲属特殊的以人格尊严为基础的人格利益。⑦ 以此为基础,维护坟墓的完好是一种公序良俗,毁坏坟墓则会侵害死者的人格利益,影响死者亲属的祭祀,必

---

① 参见刘某5等与忠县汝溪镇三河村村民委员会等一般人格权纠纷案,重庆市高级人民法院(2012)渝高法民提字第218号民事判决书。

② 参见龚某与陈某民一般人格权纠纷案,北京市第三中级人民法院(2014)三中民终字第05390号民事判决书;贺某甲等与重庆某矿业有限公司侵权责任纠纷案,重庆市第三中级人民法院(2021)渝03民终1673号民事判决书。

③ 参见刘某平、孙某毛等财产损害赔偿纠纷、一般人格权纠纷案,江西省赣州市中级人民法院(2018)赣07民终447号民事判决书。

④ 黄某武、黄某义等财产损害赔偿纠纷案,广西壮族自治区来宾市中级人民法院(2021)桂13民终342号民事判决书。

⑤ 参见赵某与刘某存一般人格权、财产损害赔偿纠纷案,河南省商丘市中级人民法院(2014)商民二终字第691号民事判决书;龚某与陈某民一般人格权纠纷案,北京市第三中级人民法院(2014)三中民终字第05390号民事判决书;贺某甲等与重庆某矿业有限公司侵权责任纠纷案,重庆市第三中级人民法院(2021)渝03民终1673号民事判决书。

⑥ 参见刘某平、孙某毛等财产损害赔偿纠纷、一般人格权纠纷案,江西省赣州市中级人民法院(2018)赣07民终447号民事判决书。

⑦ 参见罗某花等与罗某超等人格尊严权纠纷案,广西壮族自治区来宾市中级人民法院(2016)桂13民终1164号民事判决书。

然造成死者亲属的精神损害。[①] 例如,行为人在安葬自己父亲时未经认真勘察而将之葬于他人祖父母坟墓内,以至毁坏了他人祖父母双葬坟墓,法院即以该侵害行为侵害了死者遗体、遗骨,伤害了生者的感情,因此认定行为人应承担相应责任。[②] 另外,如果死者亲属采取合理措施以维护祖坟的完整性而不被侵害,亦应允许。在法院看来,“祖坟是亲人寄托感情、悼念的客观载体,纪念祖先是中华民族的传统美德,拜祭祖坟是亲人纪念先祖的一种传统表达方式。侵害祖坟,便伤害亲人的感情,违反了社会公德和善良风俗。本案中,被告为保护自己的权利,避免祖坟受侵害,离祖坟边缘约一米处设立边界保护祖坟并无不当”。[③]

五、本章小结

人格尊严的思想渊源丰富且具有开放性,以之作为一般人格权条款的核心价值基础,有助于提高一般人格权条款的涵摄能力,能够助益于立法者通过创制一般人格权条款为自然人人格利益的充分保护提供合法性基础这一核心目的的实现。特别是新科技时代出现的基因编辑技术、辅助生殖技术等引发的法律纠纷,人类胚胎的道德地位及其保护问题,以及《民法典》第1002条生命尊严这一重要范畴所涉及的包括拒绝卫生治疗权、安宁缓和医疗权、生前预嘱制度等问题的解决,都有以人格尊严为基础的一般人格权条款发挥规范作用的空间。

当然,鉴于人格尊严的抽象性,对于以人格尊严为价值基础而应纳入一般人格权条款涵摄范畴的人格利益的发现与确定,应在总结实践经验的基础上进行类型化处理,并随着实践的发展而逐步丰富应受保护的具体类型。另外,人格尊严的保护既要彰显平等性,也应关注现实生活中个人因年龄、性别、身体等方面存在的现实差异而导致的实际不平等问题,这就要求以人格尊严为价值基础的一般人格权条款在回应具体人之人格利益保护的现实需求时,应在形式平等与实质平等之间达成适当的平衡。

---

① 参见符某建等诉符某康等一般人格权纠纷案,海南省第一中级人民法院(2017)琼96民初199号民事判决书;汪某国等诉黄某国财产损害赔偿纠纷案,河南省南阳市中级人民法院(2012)南民二终字第168号民事判决书。

② 参见肖某安、萧某文一般人格权纠纷案,广东省茂名市中级人民法院(2018)粤09民终654号民事判决书。

③ 孙某江与宋某超排除妨害纠纷案,云南省永善县人民法院(2019)云0625民初834号民事判决书。

第五章　民法典一般人格权条款与具体人格权条款的适用关系

在我国《民法典》中，对于人格权益的保护，既有具体人格权条款，也有一般人格权条款。依据立法者创制一般人格权条款的基本目的，在具体人格权条款有明确规定时，通常并没有一般人格权条款的适用空间；在缺乏具体人格权条款时，应依一般人格权条款涵摄相应人格利益以填补法律漏洞。但在具体人格权条款有规定，只是相应规定存在缺陷时，于此情形下可否适用一般人格权条款来解决存在缺陷的具体人格权条款所带来的问题？亦即，在此情形下，具体人格权条款与一般人格权条款的规范适用关系是什么？以死者人格利益保护为例，基于对自然人人格尊严给予充分保护之现实需求的及时回应，我国《民法典》在总结司法实践经验以及完善《民法总则》《英雄烈士保护法》等制定法中对特定范围的死者人格利益保护规则的基础上，[①]在第994条明确规定了一般死者人格利益保护规则，这使《民法典》第990条第2款所明确宣示的人格尊严价值在整个人格权保护规范体系中有了更完整的体现，值得肯定。问题是，在我国当前的社会背景下，考虑到失独老人现象较多，[②]少子化甚至无子化家庭日益增加，[③]并且自然人寿命普遍延长导致的四世同堂、五世同堂屡见不鲜，[④]《民法典》第994条将死者人格利益侵害场合有权主张法律救济的请求权人限定在死者的近亲属范围内，当死者没有近亲属或近亲属在死者人格利益被侵害时不主张法律救济的，那么立法者通过第994条保护死者人格利益以延伸保护自然人人格尊严的立法目的即无从实现。另外，在《民法典》承认自然人平等享有人格尊严的同一价值评判标准下，立法者承认对特定群

---

① 参见黄薇主编：《中华人民共和国民法典人格权编解读》，中国法制出版社2020年版，第27页。

② 参见陈恩：《全国"失独"家庭的规模估计》，载《人口与发展》2013年第6期；陈文华：《我国失独家庭问题研究综述——基于2001—2016年的研究文献》，载《老龄科学研究》2016年第6期。

③ 参见谷俞辰、李新宇、陆杰华：《新中国成立以来家庭结构变迁及其核心研究议题与未来方向展望》，载《人口与健康》2019年第10期；郭静：《社会保障视角下失独家庭的重新定位——基于失独与丁克人群对比研究》，载《社会与公益》2020年第7期。

④ 参见总报告起草组、李志宏：《国家应对人口老龄化战略研究总报告》，载《老龄科学研究》2015年第3期。

体如英雄烈士的人格利益侵害在没有近亲属时检察机关有权提起相应诉讼,却在第994条通过明确规定请求权人为近亲属的方法而实际上拒绝了给予同样享有人格尊严的一般人在死后以同样的法律对待,这可能违反了第990条第2款所明确宣示的自然人平等享有人格尊严。确实,在自然人死后,其"自我发展的过程将不再受到影响,但若自然人在有生之年可以预见其死亡之后即刻会成为他人任意揭穿或贬低之对象,那么这种预期在其活着的时候显然会对其人格自由发展产生影响……保护自然人死后的精神性人格利益是法秩序所确保的自然人在其生存期间人格自由发展的必要结果"。① 因此,即使是对那些没有近亲属或近亲属在其死后当其人格利益被侵害而可能无动于衷的自然人来说,基于人而应当平等享有的人格尊严、人格自由,其死后的人格利益也应得到充分的关注和保护。这就意味着,保护死者人格利益的具体条款,即《民法典》第994条,与一般人格权条款或者人格利益保护的一般性条款,即《民法典》第990条第2款,存在同一价值评判标准下的内在冲突问题。如何在法典内外在体系融贯的视角下解决于此存在的同一价值评判冲突问题,实际上涉及《民法典》一般人格权条款与具体人格权条款规范适用关系的界定问题。

一、我国司法实践及学理上的主要分歧

一般人格权条款由于具有高度的抽象性和概括性特征,因此,其适用要件有时候比较模糊含混,这可能对法律安全价值造成影响。另外,一般人格权条款作为一般条款,在司法实践中也容易引发"向一般条款逃逸"的现象,法官以此来豁免其判决中的论证义务。因此,明确一般人格权条款与具体人格权条款的规范关系以避免这些局限,成为学理与实务关注的核心。

对于一般人格权条款与具体人格权条款的规范关系,由于司法实践与学说理论关注的焦点并不完全相同,二者在认识和判断上存在明显区别。对于司法实践来说,其创制一般人格权的核心目的在于解决制定法中规定的具体人格权条款在保护人格利益时的不足问题,因此其关注的是一般人格权对具体人格权的创设、解释和补充功能,②在二者的规范关系认定上亦主要集中在这些功能的实现上,并且相应的立场亦相对比较统一。相比

---

① Vgl. Andereas Hedlrich, Der Persoenlichkeitsschutz Verstorbener, in: Festschrift fuer Heinrich Lange zum 70. Geburtstag, C. H. Beck, 1970, S. 167.

② 参见唐德华主编:《最高人民法院〈关于确定民事侵权精神损害赔偿责任若干问题的解释〉的理解与适用》,人民法院出版社2015年版,第27页。

较而言,我国学说理论上除了关注创制一般人格权条款能否解决实践中具体人格权规定之不足的法律漏洞问题,还关注立法的科学性、体系性,因此,在对一般人格权本身以及与具体人格权关系的认定上存在较大的分歧。

(一)司法实践的基本立场

在《民法典》颁布之前的法律实践中,独立的一般人格权条款最早出现在最高人民法院颁布的司法解释即《精神损害赔偿司法解释》中。在该司法解释的起草者看来,《精神损害赔偿司法解释》(2001)第1条第1款第3项规定的"人格尊严权"即为一般人格权,其"是人格权利一般价值的集中体现,因此,它具有补充法律规定的具体人格权利立法不足的重要作用……在处理具体案件时,应当优先适用具体人格权的规定,而将一般人格权作为补充适用条款"。① 最高人民法院的这一立场在司法实践中获得了普遍支持,地方人民法院在其审理的具体案件的判决书中通常亦会明确表示:"一般人格权是民事主体所享有的,包括人格平等、人格独立、人格自由和人格尊严等内容的一般人格利益,用以解释和补充具体人格权之不足。"②因此,在我国的司法实践中,只有相应侵害行为不构成对具体人格权侵害但又涉及人格尊严、人格自由侵犯的,受害人才可以依据一般人格权条款向法院主张救济,③如生活安宁利益④、贞操权⑤、受教育权⑥等;如果存在具体人格权侵害而受害人主张一般人格权被侵害的救济,那么,法

① 唐德华主编:《最高人民法院〈关于确定民事侵权精神损害赔偿责任若干问题的解释〉的理解与适用》,人民法院出版社2015年版,第8页。

② 江某某与彭某某一般人格权纠纷案,上海市第一中级人民法院(2014)沪一中民一(民)终字第2315民事判决书;齐云:《〈人格权编〉应增设性自主权》,载《暨南学报(哲学社会科学版)》2020年第1期。

③ 参见杨某甲、杨某乙一般人格权纠纷案,天津市第一中级人民法院(2018)津01民终7033号民事判决书;薛某林诉杨某风侵害人格尊严精神损害赔偿案,江苏省镇江市中级人民法院(2006)镇民一终字第339号民事判决书;谭某与曹某某、武汉市黄陂区祁某某街道祁某某中学一般人格权纠纷案,湖北省武汉市中级人民法院(2016)鄂01民终355号民事判决书。

④ 参见阮某泳诉中国移动通信集团广东有限公司侵权案,广东省茂名市茂南区人民法院(2011)茂南法民初字第1604号民事判决书。

⑤ 参见廖某玲、廖某炜一般人格权纠纷执行审查类案,广东省佛山市中级人民法院(2014)佛中法民一执复字第30号民事裁定书;李某某、胡某某一般人格权纠纷案,湖南省岳阳市中级人民法院(2021)湘06民终3012号民事判决书;陈某某、王某某一般人格权纠纷案,广东省广州市中级人民法院(2020)粤01民终19285号民事判决书。

⑥ 参见周某娟诉潘某儿一般人格权纠纷案,浙江省高级人民法院(2015)浙民申字第1331号民事裁定书。

院通常会直接依据具体人格权条款进行处理。① 当然,实践中法院在适用具体的尊严型人格权条款如名誉权规则、隐私权规则等涵摄具体案件事实时,②亦会运用与一般人格权条款同一的价值基础即人格尊严作为裁判说理的正当性依据,但最终裁判的合法性依据只能是具体人格权条款。

(二)学说理论上的主要争议

对于司法实践中法院所普遍坚持的具体人格权条款与一般人格权条款的补充适用关系,我国学说理论上存在不同的观点。

1. 候补适用关系说

该说内部又区分为完全性渊源关系和限制性渊源关系两种。完全性渊源关系论认为,一般人格权是指关于人之存在价值及尊严的权利,标的为受法律保护的全部人格利益之总和,包括生命、身体、健康、名誉、自由、姓名、贞操、肖像、隐私等,③为特别人格权的渊源,而作为立法上明定的具体人格权,并不是对具体人格权的穷尽式列举,它的标的也不是所有的具体人格利益。由于一般人格权确定了凡因人格所生之合法利益均受法律保护的基本属性,因此,在对制定法上已明确规定的具体人格权进行解释时,一般人格权可以作为解释的正当性基础。由于一般人格权的主要功能在于弥补具体人格权立法上的不足,所以二者的具体规范关系是一般法与特别法的关系,在适用上应优先适用具体人格权规则,在无具体人格权规定时可以直接适用一般人格权条款。④ 这显然是一种候补适用的关系。

限制性渊源关系论认为,一方面,就具体人格权而言,一般人格权是对它的概括,但对法律具体规定出来的人格权来说,一般人格权就是它的渊源,对其有解释、创设与补充的功能,其对具体人格权的发现并扩展人格权保护范围具有基础作用;另一方面,一般人格权是具体人格权的渊源,但并非所有的具体人格权的出现都是以一般人格权的存在为前提,将一般人格

---

① 参见覃某豪诉桂平市郊区农村信用合作社名誉权侵权案,广西壮族自治区贵港市中级人民法院(2008)贵民一终字第 37 号民事判决书;广西壮族自治区北海市海城区人民政府驿马街道办事处与徐某监护权纠纷案,广西壮族自治区高级人民法院(2021)桂民申 2557 号民事裁定书。

② 参见姜某与广州市培英中学人格权纠纷案,广东省广州市中级人民法院(2013)穗中法民一终字第 4323 号民事判决书;覃某豪诉桂平市郊区农村信用合作社名誉权侵权案,广西壮族自治区贵港市中级人民法院(2008)贵民一终字第 37 号民事判决书。

③ 参见梁慧星:《民法总论》,法律出版社 2021 年版,第 97 页。

④ 参见王利明:《人格权法》,中国人民大学出版社 2021 年版,第 68 页;程啸:《人格权研究》,中国人民大学出版社 2022 年版,第 147 页;张红:《人格权总论》,法律出版社 2022 年版,第 422 页。

权的渊源功能与所有具体人格权的出现联系起来是不正确的。①

2. 补充适用关系说

该观点认为，一般人格权是一般性条款，并不是具体人格权在理论上的上位概念，而是存在自己独有内容的实在性制度，是立法者为了强化保护自然人的基本权利和人格尊严而在立法上采取的技术性措施。亦即，一般人格权不是理论层面上的概念抽象，而是以自然人的价值和尊严为保护目的而通过特定法技术表达出来的具体制度。与此相比，作为具体人格权之上位概念的人格权概念在一般人格权之前就已经存在了。在这个意义上，将一般人格权概念作为统摄具体人格权的上位概念的表达，并不完全准确，事实上，一般人格权并非各具体人格权的简单叠加，它和具体人格权之间亦非整体与部分的关系，而是作为与具体人格权平行的独立制度而存在。基于此，一般人格权与具体人格权在规范适用关系上存在补充适用关系，对于那些因时代发展而出现的新型人格权益来说，当其不在具体人格权的保护范围时，在满足一般人格权的涵摄要件时可以依其进行调整，对于这些新型人格权益来说，一般人格权属于渊源权。②

3. 互相排斥说

依据这一观点，一般人格权以人格权的一元论模式为基础，认为存在一个统一的、以整体人格利益为客体的人格权，具体的人格要素如姓名、肖像、名誉等只构成这个具有统一性的人格利益的一个方面，因此也处于这个统一人格权概念的涵盖之下。而具体人格权则以人格权的多元论模式为基础，认为不存在一个以统一的、整体的人格利益为客体的人格权，而是存在着一系列的具体人格权，这些人格权保护的是具体人格利益，因为这些作为客体的人格利益的不同而构成了不同人格权的存在基础。由于一般人格权和具体人格权建基于不同的理论基础，因此，二者互相排斥而不能共存。③ 基于一般人格权和具体人格权两种模式在根本上是排斥的特性，因此，二者在立法上不能并存，但人格利益保护的原则宣告与具体人格权规范则是可以并存的。在该观点看来，关于人格权的一般规定可以涉及人格利益保护上的法律原则、利益衡量、可以适用的救济方法等对各种人格权共通的规定，只是该一般规定不能被混淆为一般人格权。④

① 参见尹田：《论一般人格权》，载《法律科学（西北政法学院学报）》2002 年第 4 期。

② 参见叶金强：《一般人格权制度初论》，载《南京大学法律评论》1999 年第 1 期。

③ 参见薛军：《人格权的两种基本理论模式与中国的人格权立法》，载《法商研究》2004 年第 4 期。

④ 参见薛军：《人格权的两种基本理论模式与中国的人格权立法》，载《法商研究》2004 年第 4 期。

4. 竞合关系说

与候补适用关系说类似，竞合关系说也认为，一般人格权概括保护自然人的所有紧密人格领域，而具体人格权是保护某一具体确定的人格领域，因此，具体人格权是一般人格权的特别表现形态，是一般人格权中被立法特别构造和明确规定的部分。对人的全部人格利益，一般人格权在通过保护领域理论予以具体化之后，即可被构造成针对不同人格领域的相对具体与明确的保护规则，其中足够具体明确的人格保护领域就是事实上的具体人格权，在通过立法承认后就成为真正的具体人格权，如《侵权责任法》对隐私权的承认。亦即，具体人格权是一般人格权通过立法特别构造的保护领域。在此意义上，一般人格权得以发挥创设生成新的具体人格权的功能。但在二者的规范适用关系上，竞合关系说认为，若涉及具体人格权未曾规定的领域，自然应当以一般人格权作为具体人格权的补充而予以适用；若既涉及具体人格权规定的人格领域，又涉及一般人格权规范调整的范畴，则存在具体人格权与一般人格权适用的规范竞合问题。具体而言，若具体人格权的保护程度足以实现对人格利益的保护，那么自无一般人格权适用之必要，于此的核心考虑在于，具体人格权是立法上的特别构造，为尊重立法、减少不必要的利益衡量及防止具体人格权成为具文，应认定具体人格权与一般人格权构成排除性的竞合关系，前者排除后者而优先适用；若具体人格权对该人格领域的保护程度未达到上述要求，则应当适用一般人格权，由此实现对人格权益更为充分的保护。①

应当说，2017 年《民法总则》颁布之后，一般人格权条款与具体人格权条款的这种规范关系之争暂时性地被解决了。因为依据《民法总则》第五章的整体体例安排，被置于整个第五章民事权利之首以提纲挈领的第 109 条，其不论是作为一般人格权，②还是作为人格权保护的一般性规定，③都可以被视为其后规定的第 110 条具体人格权的抽象概括或一般性规定，第 110 条在解释论上既可以视为对第 109 条的具体化，由此显现出来二者的渊源性关系，亦可以视为与第 109 条相并列而分别调整不同人格领域的关系。这样，在规范适用关系上，第 110 条与第 109 条之间存在的特殊与一般的关系，在规范适用上自然应依据特别法优于一般法的规定而展开，亦即在具体适用时，能纳入具体人格权范畴的适用第 110 条，其他的人格利

① 参见刘召成：《民法一般人格权的创设技术与规范构造》，载《法学》2019 年第 10 期。

② 参见王利明：《关于制定民法总则的几点思考》，载《法学家》2016 年第 5 期。

③ 参见叶金强：《〈民法总则〉“民事权利章”的得与失》，载《中外法学》2017 年第 3 期。

益则交由具有高度抽象概括性的第 109 条处理。① 但《民法典》通过之后,人格权编中的一般人格权条款和具体人格权条款在体例上的具体位置又发生了细微调整,其将第 990 条第 1 款作为具体人格权的一般性规定而置于作为一般人格权或人格权的一般性规定的第 990 条第 2 款之前,与维持《民法总则》关于二者体例安排的总则编第 109 条、第 110 条存在不同,由此可能导致二者适用关系上的新争议。另外,尤需关注的是当具体人格权条款和一般人格权条款对于同一法律事实都有规定,但具体人格权的规定存在对人格利益保护不足的问题时,于此场合如何处理具体人格权条款与一般人格权条款的规范关系以解决具体人格权条款存在的问题,在《民法典》适用背景下依然需要进一步明确。

二、域外法相关规定

事实上,对于同样的关于一般人格权条款与具体人格权条款在具体适用上的规范关系处理,德国法依据具体人格权条款的规范类型而有所差别的处理方法就很清晰。依据德国司法实践的基本立场,可以将具体人格权条款与一般人格权条款的规范关系区分为三类。②

(一)保护范围不重合

保护范围不重合是指具体人格权条款和一般人格权条款在构成要件上不存在交叉,由于一般人格权条款是概括地对人格利益进行保护的规定,因此,二者不重合具体是指不存在针对某种人格利益的具体人格权条款的情况。由于此种情形下具体人格权条款和一般人格权条款的保护范围不同,构成要件也不会发生交叉重合的问题,因此二者之间根本不会发生冲突,亦即不会发生请求权基础聚合或竞合的问题。在因存在相应人格利益被侵犯而需要进行法律涵摄时,直接适用一般人格权条款即可,不需要考虑具体人格权条款。在演员卡特里娜·瓦伦特(Caterina Valente)案中,对于广告人在其广告中未经姓名权人同意而提及其姓名的行为,德国联邦最高法院即认为,由于本案中被告并未为自己、自己的产品、自己的给付行为或者他人获得了一项因该被提及的姓名所彰显的内在的或精神性价值,因此并不存在《德国民法典》第 12 条即姓名权规则的适用空间,③因为后者规定的姓名权是一项精神性的权利,主要功能在于防止个人身份的

---

① 参见朱晓峰:《人格权编一般人格权条款的具体表达》,载《吉林大学社会科学学报》2020 年第 1 期。

② 参见沈建峰:《一般人格权研究》,法律出版社 2012 年版,第 153~158 页。

③ Vgl. BGH, Caterina Valente, BGHZ 30, S. 7.

混淆,[①]主要是一种防御性权利,并不能作为规范利用姓名权行为的依据。但是,姓名权没有被侵犯,并不意味着原告值得尊重的人格领域不能通过第 823 条第 1 款“其他权利”结合《德国基本法》第 1 条第 1 款人的尊严以及第 2 条第 1 款人格自由发展而生的一般人格权条款进行涵摄,德国联邦最高法院经一般人格权条款的运用而以假定的许可使用费作为计算原告财产损失的标准,肯定了权利人的姓名中包含一定的经济价值,并承认对他人在未经其许可的情形下擅自使用导致的侵害享有损害赔偿请求权。[②]

(二)保护范围重合但具体人格权条款是封闭性保护规定

如果一般人格权条款和具体人格权条款的保护范围发生重合,亦即多个法条的事实构成全部或者部分重合以至于同一法律事实同时可以被多个法条所涵摄,于此场合存在通常所谓的请求权基础聚合或者竞合的问题。[③] 在此情形下,若具体人格权条款的保护性规定是封闭性的,其目的在于排除其他法律规范的适用,那么于此场合就应当排除一般人格权条款的适用,只能以具体人格权条款作为唯一的涵摄依据。对此,德国联邦最高法院在涉及数据保护的案件判决中明确表示,只要法律是封闭性地调整当事人的产生于不被许可的数据传播的权利,那么《德国民法典》第 823 条第 1 款“其他权利”所生的一般人格权条款即不能作为请求权基础,于此场合只能以第 823 条第 2 款所指向的具体的保护性法律被违反而依据具体人格权条款进行涵摄。[④] 对于哪些具体人格权条款具有封闭性,通常是由德国联邦最高法院在个案审理中具体进行判断的,因此学理上有观点认为,“具体人格权的规定是封闭性”的类型更多属于法院进行正当性论证时的一项论证理由,其并非严格意义上的具体人格权条款和一般人格权条款适用上的具体规范关系。[⑤]

(三)保护范围重合且具体人格权条款是开放性保护规定

具体人格权条款是开放而非封闭的,主要是指从立法目的看,相应具体人格权条款并不排除根据价值判断对具体人格权的事实构成和法律效果进行发展和补充。亦即,在此情形下具体人格权条款亦会因实践发展而发展,这样就会和对人格利益进行概括保护的一般人格权条款在保护范围

---

① Vgl. Michael Hartl, Persoenlichkeitsrechte als Verkehrsfaehige Vermoegensgüter, Universität Konstanz, 2005, S. 41.

② Vgl. BGH, Caterina Valente, BGHZ 30, S. 7-8.

③ 参见[德]卡尔·拉伦茨:《法学方法论》,黄家镇译,商务印书馆 2020 年版,第 338 页。

④ Vgl. BGHZ, 80, S. 311.

⑤ 参见沈建峰:《一般人格权研究》,法律出版社 2012 年版,第 155 页。

上发生重合，尤其是具体人格权条款和一般人格权条款对同一保护内容规定了不同的法律效果时，二者在具体适用上的规范关系如何确定，即变得极为重要。对此，德国联邦最高法院的立场经历了两个阶段。

第一个阶段即具体人格权条款独立适用阶段。德国联邦最高法院认为，一般人格权条款是对既存制定法中具体人格权条款的补充，在具体人格权条款对特定人格领域提供了保护的范围之内，其本身就是标准，原则上不能再通过一般人格权条款来涵摄这一已经被具体人格权条款调整的特定人格领域，尽管一般人格权条款是这些规则进行人格保护的真正基础。① 亦即，于此场合的具体人格权条款和一般人格权条款在规范适用上是平行关系，作为具体人格权条款之补充的一般人格权条款的适用空间仅存在于具体人格权条款所未保护的人格利益范围，对于具体人格权条款已经予以涵摄保护的人格利益，即不再适用一般人格权条款调整。对于具体人格权条款为特定人格利益提供保护但该保护不充分或不符合《德国基本法》规定的基本价值判断的，法院可直接依据基本法规定的基本价值对相应的存在缺陷的具体人格权条款进行法律续造，而非经由一般人格权条款进行保护。这实质上是承认宪法基本权利具有直接第三人效力，认为人格尊严、人格自由等基本权利的相对人不仅有国家，还包括民事主体，因此可以将对《德国基本法》第 1 条第 1 款规定的对人的尊严予以尊重的命令及相应的防御功能直接在私法主体之间的关系上予以适用。② 例如，在骑士案（Herrreiter）中，德国联邦最高法院认为，由于《德国基本法》第 1 条第 1 款规定的人的尊严和第 2 条第 1 款规定的人格自由发展为自然人的基本价值，因此，原《德国民法典》第 847 条的“自由”也包括第 823 条第 1 款身体自由之外的决定自由，而未经许可传播他人照片即侵害了肖像权人的这种自由，受害人有权依据该条主张相应的精神抚慰金。③ 这就解决了当时德国法律实践中因《德国民法典》将精神损害赔偿仅限定在个别具体人格法益的救济范围，而司法实践发展出来的一般人格权却可以通过精神损害赔偿救济，所导致的制定法明确规定的人格法益可能无法获得精神损害赔偿，而制定法未规定的人格利益却获得了精神损害赔偿的困境。对于德国

---

① Vgl. BGH, Caterina Valente, BGHZ 30, S. 7.

② 支持宪法基本权利直接第三人效力说的判决和理论主要有：BGHZ 13, S. 334, 338; 24, S. 72, 76 f; 27, S. 284, 285; Bettermann/ Nipperdey, Die Grundrechte Bd. Ⅳ 2, Duncker & Humblot, 1962, S. 747 ff; Leisner, Grundrechte und Privatrecht, C. H. Beck, 1960, S. 356 ff; Kamm, Die Freiheit der Willensbildung-Zur Lehre von der Drittwirkung der Grundrechte und der Rechtsstruktur der Vereinigung, Gustav Fischer Verlag, 1960, S. 38 ff, 56 ff.

③ Vgl. BGH, Herrenreiter, BGHZ 16, S. 349.

联邦最高法院将具体人格权条款和一般人格权条款予以平行适用的观点,德国学理上的支持者认为,一般人格权并非具体人格权条款的渊源,其与具体人格权条款一样,都是人格利益民法保护制度的构成部分,它们二者的共同渊源是《德国基本法》第 1 条第 1 款的人的尊严和第 2 条第 1 款的人格自由发展,①所以二者在适用时都可以直接通过回溯至基本价值条款而续造、完善自身,彼此之间没有派生和补充的关系。

第二个阶段是具体人格权条款和一般人格权条款结合适用。通过直接引入基本法规定的基本价值来续造那些对特定人格领域进行保护但又不充分的具体人格权条款的做法,在德国联邦最高法院嗣后的司法实践中没有被继续坚持,其转向了一种通过将一般人格权效力延伸至具体人格权条款以补充具体人格权条款规定之不足的立场。德国联邦最高法院认为,具体人格权条款仅是通过明确的制定法规定而置于特别保护之下的一般人格权的片段,其致力于保护依据《德国基本法》第 1 条第 1 款人的尊严和第 2 条第 1 款人格自由发展所确立的基本价值判断出来的具有特别意义的人格领域。② 在杰奎琳(Petite Jacqueline)案中,德国联邦最高法院明确指出:“著作人格权也是一般人格权的一个片段和一种特别表现形式。于此场合可以毫无顾虑地按照之前的法律规定,当存在严重侵害著作人格权的情形时,可以依据在一般人格权和肖像权中发展出来的原则承认对精神损害的赔偿。”③这种立场无疑与具体人格权是一般人格权的特别表现形式的理论相一致,对于后者来说,具体人格权是一般人格权的具体形态,后者构成前者的基础,④因此,一般人格权在它可以限定的具体形态中,在它的从它之中流出来的、可以命名的且被命名了的具体人格权中得到保护。⑤ 简言之,德国联邦最高法院于此的观点显示出其对具体人格权条款的效力的补充并非通过援引基本法的价值判断,而是通过结合一般人格权来完成的基本立场,之所以如此的正当性论证基础在于理论上所坚持的具体人格权在本质上属于一般人格权的片段的观点,因此,侵害具体人格权的同时也就存在对一般人格权的侵害,所以在通过具体人格权条款涵

---

① Vgl. Marion Baston-Vogt, Der Sachliche Schutzbereich des Zivilrechtlichen Allgemeinen Persoenlichkeitsrechts, Mohr Siebeck, 1997, S. 111.

② Vgl. BGH, NJW 1965, S. 1375.

③ Vgl. Petite Jacqueline, NJW 1971, S. 885.

④ Vgl. Georg Wronka, Das Verhaeltnis zwischen dem Allgemeinen Persoenlichenkeitsrecht und den sogenannten besonderen Persoenlichenkeitsrechten, in: UFITA, Bd. 69, 1973, S. 71.

⑤ Vgl. Hans C. Nipperdey, Das Allgemeine Persoenlichenkeitsrecht, in: UFITA, Bd. 30, 1960, S. 9.

摄特定领域的人格利益时可以结合一般人格权进行相应法律效果评价。①这显然是一种宪法基本权利间接第三人效力理论的法律实践，即宪法基本权利对民事主体的行为和私法规范都仅具有间接效力，在民法中实现由宪法基本权利所设定的对整个法秩序均具有效力的价值体系的方法，是依据该价值体系解释并适用能被基本价值所填补的及需要被基本价值所填补的民法概念和一般性条款，由此宪法基本权利通过作为民法上的一般性条款的一般人格权条款而对需要被基本价值填补的具体人格权条款产生影响。②

整体而言，德国关于一般人格权条款与具体人格权条款规范关系的司法实践和学说理论的基本立场显现出来的基本结论是：在一般人格权条款与具体人格权条款保护范围不重合，或者虽然重合但具体人格权条款是封闭性规定的场合，由于二者的规范适用领域是明确的，因此各自都是独自发挥规范作用以实现对主体人格利益的保护；而在二者保护范围重合且后者是开放性保护规定的场合，由于人格利益的保护具有整体性，这种整体性以《德国基本法》第 1 条第 1 款的人的尊严和第 2 条第 1 款的人格自由作为价值基础，因此，不管是平行保护论还是结合保护论，事实上都承认司法实践于此的法律续造自由，只是前者将有缺陷的具体人格权条款与基本法规定的基本价值直接结合起来，而后者则间接通过一般人格权条款和基本法的基本价值相结合，在最终的法律效果评价上二者最终是殊途同归的。

三、一般人格权条款与具体人格权条款适用关系的类型化处理

我国学理上，无论是承认一般人格权条款和具体人格权条款之间存在渊源关系进而在规范适用关系上可以候补适用、补充适用或者是竞合适用关系的观点，还是认为一般人格权条款和具体人格权条款基于不同的理论构造相互排斥而不能共存，进而在立法上应通过"人格权保护一般条款+具体人格权"模式而非"一般人格权+具体人格权"模式解决人格权保护问题的立场，事实上都承认具体人格权条款立法之不足，都需要通过一般人格权条款或人格权保护一般条款来解决。这显然和德国法上关于一般人格权与具体人格权之规范关系的司法实践与学理讨论存在共识。因此，对

---

① 参见沈建峰：《一般人格权研究》，法律出版社 2012 年版，第 158 页。

② 支持宪法基本权利间接第三人效力说的判决与理论主要有：BVerfGE 7, S. 198, Leitsatz 2 und S. 205; 30, S. 173, 199 f; Mikat, Festschrift für Hans Carl Nipperdey zum 70. Geburtstag, C. H. Beck, 1965, Bd. I, S. 587; Hesse, Grundzüge des Verfassungsrechts der Bundesrepublik Deutschland, 13. Aufl., C. F. Müller Verlag, 1982, Rdnr. 356; Bleckmann, Allgemeine Grundrechtslehren, Springer, 1979, S. 153.

我国作为一般人格权条款的《民法典》第 990 条第 2 款与各具体人格权条款的规范适用关系，也可以考虑在类型化的前提下来分类讨论。

（一）具体人格权条款的独立适用空间

对于《民法典》第 990 条第 1 款以及该条引致的具体人格权条款可以解决并且足以为自然人之人格利益的实现提供充分保护的，当然应唯一性地依据具体人格权条款涵摄相应法律纠纷。对此的核心考虑在于：

第一，从《民法典》人格权编各章具体规定的具体人格权概念来看，其内涵外延相对比较清晰明确，相应的法律规则具有较强的确定性和可预见性，适用具体人格权条款有助于保护行为自由。

第二，虽然《民法典》第 998 条规定除侵害生命权、身体权和健康权之外的人格权的民事责任的认定可以由法院考虑“行为人和受害人的职业、影响范围、过错程度，以及行为的目的、方式、后果等因素”综合确定，但相较于一般人格权条款而言，具体人格权条款留给法院的自由裁量空间较小，适用具体人格权条款有助于维护法的安定性。

第三，对于可以适用具体人格权条款进行调整的法律纠纷，如果不加区分地直接适用填补法律漏洞的具有一般性条款性质的一般人格权条款，那么可能会导致当时被立法者以高度区分的方法所确定的各具体人格权条款之间以及具体人格权条款与一般人格权条款之间原本相对比较清晰的保护界限被掩盖，①既影响民法典外在体系的科学性，亦无助于立法目的的实现。

（二）一般人格权条款的适用空间

由于立法固有的滞后性，导致立法者在法典编纂时所明确列举出来的具体人格权难以涵摄因为时代发展而逐渐生成的新的人格权益类型，因此，一般人格权被创制出来的首要任务在于补充具体人格权条款之不足以填补立法之漏洞。② 因此，在具体人格权没有将相关人格利益纳入自己的保护范围或压根不存在针对特定人格利益的具体人格权条款如被遗忘权、贞操权、祭奠权时，于此情形下具体人格权条款和一般人格权条款的保护范围不会重合，事实构成不会交叉，不存在所谓的请求权基础聚合或竞合问题，所以不存在需要协调二者适用关系的空间，直接且唯一性地适用一般人格权条款涵摄相关的具体人格利益即可。③ 例如，在贞操权保护纠纷

---

① Vgl. MüKo/Wagner, § 823, 5. Aufl., C. H. Beck, 2007, S. 1816.

② 参见阮某泳诉中国移动通信集团广东有限公司侵权案，广东省茂名市茂南区人民法院（2011）茂南法民初字第 1604 号民事判决书。

③ 参见沈建峰：《一般人格权研究》，法律出版社 2012 年版，第 153 页。

案中,实践中有法院会认为,"性选择权或贞操权等属于一般人格权的范畴",①是自然人"保持其性纯洁良好品行,享有所体现的人格利益的人格权",②在其被侵害时受害人有权依据一般人格权条款主张相应的法律救济。司法实践中,有法院以贞操权于法无据而拒绝承认受害人所主张的请求权的做法,③显然未正确处理一般人格权条款与具体人格权条款的规范适用关系,违反了立法者创制一般人格权条款的初衷,不利于自然人人格尊严的保护,应予纠正。亦即,当不存在《民法典》第 990 条第 1 款以及该条引致的具体人格权条款可供适用时,自然应适用《民法典》第 990 条第 2 款的一般人格权条款调整相应的人格权益。

(三)具体人格权条款与一般人格权条款的交叉领域

如前所述,对于具体人格权条款虽有规定,但相应规定本身存在缺陷或者因时代背景的变化以至于不利于自然人之人格尊严、人格自由的保护,于此究竟应继续适用具体人格权条款而排除一般人格权条款的适用,还是依据《民法典》第 990 条第 2 款这一一般人格权条款进行调整,抑或具体人格权条款于此场合与一般人格权条款存在竞合关系,由当事人择一适用,在学理上不无争议。④ 从立法者创制一般人格权的主要目的来看,其主要担负着产生、解释和补充具体人格权的制度功能。⑤ 在虽然存

① 张某某、董某某一般人格权纠纷案,广东省广州市中级人民法院(2019)粤 01 民终 8994 号民事判决书;崔某、江某伟侵权责任纠纷案,广东省深圳市中级人民法院(2019)粤 03 民终 7796 号民事判决书;陈某某、王某某一般人格权纠纷案,广东省广州市中级人民法院(2020)粤 01 民终 19285 号民事判决书。

② 韩某与德某生命权、健康权、身体权纠纷案,北京市第三中级人民法院(2014)三中民终字第 04847 号民事判决书。

③ 参见宋某与沈某人格权纠纷案,北京市朝阳区人民法院(2015)朝民初字第 28258 号民事判决书。

④ 参见刘召成:《民法一般人格权的创设技术与规范构造》,载《法学》2019 年第 10 期。

⑤ 对于一般人格权担负的这些制度功能,我国学说理论与相应的司法实际亦普遍持赞同立场。相应的判决参见李某某、胡某某一般人格权纠纷案,湖南省岳阳市中级人民法院(2021)湘 06 民终 3012 号民事判决书;周某华、魏某丽一般人格权纠纷案,湖北省孝感市中级人民法院(2021)鄂 09 民终 198 号民事判决书;高某生与郁某华一般人格权纠纷案,上海市第二中级人民法院(2019)沪 02 民终 8375 号民事判决书;栗某井与栗某芹等一般人格权纠纷案,北京市第一中级人民法院(2018)京 01 民终 3534 号民事判决书;江某某与彭某某一般人格权纠纷案,上海市第一中级人民法院(2014)沪一中民一(民)终字第 2315 号民事判决书。相应的学说理论参见梁慧星:《民法总论》,法律出版社 2021 年版,第 104~105 页;王利明:《人格权法》,中国人民大学出版社 2021 年版,第 66~67 页;杨立新:《人格权法》,法律出版社 2020 年版,第 73~75 页;张新宝:《〈中华人民共和国民法总则〉释义》,中国人民大学出版社 2017 年版,第 215 页;程啸:《人格权研究》,中国人民大学出版社 2022 年版,第 146 页;黄薇主编:《中华人民共和国民法典人格权编解读》,中国法制出版社 2020 年版,第 16~17 页;陈甦、谢鸿飞主编:《民法典评注:人格权编》,中国法制出版社 2020 年版,第 12 页。

在具体人格权条款但相应具体规则不足以为具体人格利益的保护提供充分保护的场合显现的实质仍然是具体人格权条款本身存在的缺陷。此种缺陷与根本没有具体人格权条款调整所形成的法律漏洞,虽然在表现形式上存在不同,但二者在本质上是相同的:具体人格权条款没有规定的场合所存在的法律漏洞是因立法者理性不足而不能完全预计社会发展所可能形成的新型人格利益的现实保护需求所导致的;而具体人格权条款虽有规定但相应规定因社会发展而不复适用时所导致的法律失灵亦是立法者理性不足导致相应的具体规定与社会现实相脱节所致。

这在事实上就要求,在没有具体人格权条款规定的场合,依据《民法典》第 990 条第 2 款而为相应的人格利益的保护提供规范依据是发挥一般人格权条款的补充功能;而在存在具体人格权条款但相应规定不足以为具体人格利益提供充分保护时,《民法典》第 990 条第 2 款规定的一般人格权可以为存在缺陷的具体人格权条款提供解释依据以克服其缺陷,从而为相应人格权益的保护提供更充分的正当性与合法性基础。于此场合具体人格权和一般人格权的规范适用关系是一种合作关系。[①] 例如,依据《民法通则》第 100 条规定,在他人未经肖像权人同意而将其肖像用于非以营利为目的的场合,肖像权人可否向该他人主张肖像权被侵害的侵权责任。在此场合中,显然并非没有具体人格权条款而可以直接适用一般人格权条款进行调整,亦非可以直接适用存有缺陷的《民法通则》第 100 条而拒绝肖像权人的请求权。这种现象的出现实际上是因立法者理性不足导致规定的具体人格权不足以应对现实生活中具体人的人格权益保护需求。

对此,在袁某鹰与成都晚报社肖像权纠纷案中,法院即将具体人格权条款和一般人格权条款结合起来展开相应的法律效果评价,以增强论证结果在正当性与合法性上的说服力。法院在判决书中指出:"《民法通则》第 100 条的立法本意在于授权,属授权性法律规范,而《民通意见》第 139 条规定的是特定侵害肖像权行为的具体责任构成,不是规定侵害肖像权责任的一般构成。两者均未表明没有营利目的就不构成侵权。不以营利为目的使用公民肖像,一般也必须征得本人同意。把营利目的作为侵害肖像权责任的构成要件,将难以制止无营利目的但非法使用肖像的行为,可能把肖像权之保护引入人格商品化的歧途,亦难以全面保护肖像权人的人格尊

---

① Vgl. Horst-Peter Götting, Grundlagen des Persönlichkeitsrechts, im: Horst-Peter Götting/Christian Schertz/Walter Seitz Hrsg., Handbuch Persönlichkeitsrecht, C. H. Beck, 2019, S. 20.

严。因此,是否以营利为目的,不是侵害肖像权责任的构成要件。"[①]最后法院将以人格尊严为价值基础的一般人格权条款与具体人格权条款即《民法通则》第100条等结合起来,作为判决行为人承担人格权侵害民事责任的依据。

值得注意的是,在具体人格权条款和一般人格权条款存在交叉重合的领域,若具体人格权条款存在缺陷时,通过将一般人格权条款和具体人格权条款结合起来进行解释以解决具体人格权条款存在的缺陷,可以避免直接将民法上的具体人格权条款的实践发展与宪法上的基本价值联系起来所可能引发的宪法基本权利第三人效力的争议。[②] 尤其是在《民法典》将人格尊严、人格自由作为民法一般人格权条款的基本价值而明确予以宣示的情况下,司法实践中法院在个案审理时直接通过人格尊严、人格自由来解释和发展具体人格权条款,可以使具体人格利益的充分保护更具正当性与合法性基础,有利于立法者保护自然人人格尊严之立法目的的实现。

四、人格权条款交叉领域的规范关系在死者人格利益保护中的运用

在具体人格权条款与一般人格权条款的保护范围存在交叉、在事实构成上存在重合时,将二者的规范关系界定为结合关系而非候补适用关系或者竞合适用关系,可以解决因为立法者的理性不足所导致的具体人格权涵摄能力不足的问题,有助于立法者通过一般人格权条款所明确宣示的人格尊严这一法律基本价值在《民法典》人格权保护规范体系内发挥贯通作用,融贯人格权保护规范的内外在体系。以具体人格权条款与一般人格权条款的此种规范关系为基点,对于《民法典》第994条死者人格利益保护规则在适用中存在的问题,也可以在结合《民法典》第990条第2款规定的人格尊严的基础上得以解决。

(一)死者人格利益保护的核心目的

《民法典》草案起草者指出,《民法典》第994条确立的死者人格利益保护规则究竟是直接保护死者,还是通过保护死者近亲属这些生者间接保护死者利益在学理上尽管存在分歧,但对死者人格利益应当予以保护是存

---

① 袁某鹰与成都晚报社肖像权纠纷案,四川省成都市中级人民法院(2008)成民终字第499号民事判决书。

② 关于宪法基本权利第三人效力的讨论,参见朱晓峰:《民法一般人格权的价值基础与表达方式》,载《比较法研究》2019年第2期;黄宇骁:《论宪法基本权利对第三人无效力》,载《清华法学》2018年第3期;[日]高桥和之:《"宪法上人权"的效力不及于私人间——对人权第三人效力上的"无效力说"的再评价》,陈道英译,载《财经法学》2018年第5期;[德]克劳斯-威尔海姆·卡纳里斯:《基本权利与私法》,曾韬、曹昱晨译,载《比较法研究》2015年第1期。

在共识的,①该规则的核心目的在于"保护个人的人格尊严,这种人格尊严不仅要在自然人生前获得保护,在其死后也应当获得保护……法律保护其生前的人格尊严与保护死后的人格尊严,二者乃是一个不可分割的整体"。② 这显然是支持保护死者人格利益的立场,且这种立场也与司法实务上一直以来所坚持的基本立场一脉相承。③ 例如,最高人民法院在早期的关于死者人格利益保护的典型案件,如范某莲诉敬某祥等侵害海灯法师名誉权案中,即认为:"海灯死亡后,其名誉权应依法保护,作为海灯的养子,范某莲有权向人民法院提起诉讼。"④在对《精神损害赔偿司法解释》(2001)的理解与适用中指出:"法律和司法解释保护的,不是死者近亲属的民事权利……自然人生命终止以后,继续存在着某些与该自然人作为民事主体存续期间已经取得和享有的与其人身权相联系的利益,损害这些利益,将直接影响到曾经作为民事主体存在的该自然人的人格尊严……确认对自然人的人身权益给予民法的延伸保护,体现了法律对民事主体权益保护的完整性"。⑤

(二)死者人格利益保护请求权主体的范围

在肯定死者人格利益的保护系保护具有统一性的自然人的人格尊严的同时,《民法典》草案起草者还认为:"如果对请求权主体不加以限制,过于泛化,不利于社会关系的稳定。一般而言,近亲属与死者具有在共同生活中形成的感情、亲情或者特定的身份关系,最关心死者人格利益保护的问题,死者人格利益被侵害时受到的伤害最大、感到的痛苦最深,最需要慰藉和赔偿。因此,本条将请求权主体限于近亲属。"⑥这显然又将死者人格利益保护问题与近亲属人格利益保护混淆了。对于近亲属因死者人格利益被侵害而遭受的精神痛苦,属于死者近亲属自己的人格利益被侵害,⑦

① 参见黄薇主编:《中华人民共和国民法典人格权编解读》,中国法制出版社 2020 年版,第 27 页。

② 王利明、程啸、朱虎:《中华人民共和国民法典人格权编释义》,中国法制出版社 2020 年版,第 70 页。

③ 参见最高人民法院民法典贯彻实施工作领导小组主编:《中华人民共和国民法典人格权编理解与适用》,人民法院出版社 2020 年版,第 65 页。

④ 《最高人民法院关于范应莲诉敬永祥等侵害海灯法师名誉权一案有关诉讼程序问题的复函》(〔90〕民他字第 30 号)。

⑤ 唐德华主编:《最高人民法院〈关于确定民事侵权精神损害赔偿责任若干问题的解释〉的理解与适用》,人民法院出版社 2015 年版,第 39 页。

⑥ 黄薇主编:《中华人民共和国民法典人格权编解读》,中国法制出版社 2020 年版,第 27~28 页。

⑦ 参见王泽鉴:《人格权法:法释义学、比较法、案例研究》,北京大学出版社 2013 年版,第 251 页。

可以直接依据《民法典》第 990 条第 2 款规定的一般人格权条款进行救济。① 因此,若严格依起草者的前述观点解释《民法典》第 994 条,那么在死者人格利益被侵犯而死者又无近亲属或者近亲属不主张相应法律救济的情形下,立法者通过《民法典》第 994 条保护死者人格利益,从而实现对自然人人格尊严充分周延之保护的核心立法目的即会落空。

另外,将死者人格利益保护的请求权人严格限定在近亲属范围之内,还会出现同一基本法律价值评判不一的问题。因为依据《民法典》第 185 条结合《英雄烈士保护法》第 22 至 29 条尤其是第 25 条第 2 款规定,在英雄烈士人格利益被侵害场合,英雄烈士没有近亲属或近亲属不提起诉讼的,检察机关应依法提起诉讼,这给予了英雄烈士人格利益以周延的保护。② 由于《民法典》第 109 条、第 990 条第 2 款所保护的自然人人格尊严具有平等性,不能因其身份、地位、社会贡献等而有差别,③若将《民法典》第 994 条死者人格利益保护的请求权主体限定在死者近亲属范围内,那么实践中就会出现自然人平等享有的人格尊严会因其身份的不同而在其死后获得差别保护,违反了作为《民法典》基本价值的人格尊严的统一价值评判标准。

(三)死者人格利益保护规范缺陷的解决方案

由于《民法典》第 994 条属于赋权性规范,其明确规定配偶、子女、父母以及其他近亲属在死者人格利益被侵害时有权主张相应的法律救济以及主张权利时的顺位是为了保护死者人格利益,并未排除且不能排除死者生前可能预先安排好的管理人对其死后人格利益进行管理的可能。以此为基点,对于《民法典》第 994 条存在困境的解决,应从目的解释的立场出发,以立法者通过《民法典》第 109 条、第 990 条第 2 款所保护的自然人的人格尊严这一法律基本价值的同一评价为基准,将《民法典》第 994 条保护的死者人格利益作为保护此种人格尊严的延伸,④在确定依据第 994 条有权主张死者人格利益保护请求权的主体范围时,在法律规定与当事人意思自治之间进行平衡时应考虑的因素包括:

---

① 参见唐德华主编:《最高人民法院〈关于确定民事侵权精神损害赔偿责任若干问题的解释〉的理解与适用》,人民法院出版社 2015 年版,第 53 页。

② 参见王春梅:《〈民法典〉框架下英烈与死者人格利益保护的立法调适》,载《烟台大学学报(哲学社会科学版)》2020 年第 5 期。

③ 参见黄薇主编:《中华人民共和国民法典总则编解读》,中国法制出版社 2020 年版,第 343 页。

④ 参见陈甦主编:《民法总则评注》(下),法律出版社 2017 年版,第 751~752 页;最高人民法院民法典贯彻实施工作领导小组主编:《中华人民共和国民法典人格权编理解与适用》,人民法院出版社 2020 年版,第 62 页。

第一,死者生前的预先安排。首先应承认自然人生前对于自己死后人格利益保护主体的自主安排,即自然人通过意思自治的方式预先安排了在其死亡之后人格利益被侵害时可以主张相应法律救济的受托管理人时,应在此种安排不违反《民法典》第 143 条规定的法律行为生效要件的情形下予以尊重,即使这里的受托管理人并不属于《民法典》第 994 条规定的近亲属。对接受死者生前委托的人有权主张的责任方式,应基于保护死者人格利益这一目的而将之限于停止侵害、排除妨碍、消除危险、消除影响、恢复名誉等,不包括精神损害赔偿。①

第二,死者生前的生活事实。在死者生前未通过明示方式预先安排死后保护其人格利益的管理人时,在存在其他可推知其意思的默示授权如与之有密切生活关系的人时,应基于《民法典》第 990 条第 2 款规定的自然人人格尊严的充分保护,而承认这种可推知的死者人格利益管理人在死者人格利益受侵害场合有权主张相应的请求权以保护死者精神性人格利益。支持该推论的正当性论证基础在于,“这种精神遗产受托管理人的委任源于一般人格权条款上广泛的对人格的保护。出于同样的理由,默示的授权也应被许可,这种默示授权特别可以从当事人之间事实上密切的生活关系中产生”。② 事实上,《民法典》第 994 条规定的配偶、子女、父母优先于其他近亲属的请求权顺序,正是立法者对死者与生者之间可能存在的事实上的密切生活关系的推认。③ 并且司法实践上亦承认“之所以规定由死者近亲属行使这种请求权,是考虑到由于近亲属与死者具有在共同生活中形成的感情、亲情或特定的身份关系,最关心死者人身权益的延伸保护问题”。④ 亦即,于此场合下死者人格利益保护问题“涉及亲属持有的他人利益,亲属为了死者的利益受其之托行使权利”,⑤尽管这里的委托可能是在死者没有明示其委托意思的情形下由制定法依据亲属与死者生前可能存在的亲密关系而拟制出来的。

以《民法典》第 990 条第 2 款自然人人格尊严的延伸作为《民法典》第

---

① Vgl. BGH NJW 1974, S. 1371; NJW 2006, S. 606 ff.

② Vgl. Andereas Hedlrich, Der Persoenlichkeitsschutz Verstorbener, in: Festschrift fuer Heinrich Lange zum 70. Geburtstag, C. H. Beck, 1970, S. 171.

③ 参见黄薇主编:《中华人民共和国民法典人格权编解读》,中国法制出版社 2020 年版,第 27 页。

④ 唐德华主编:《最高人民法院〈关于确定民事侵权精神损害赔偿责任若干问题的解释〉的理解与适用》,人民法院出版社 2015 年版,第 40 页。

⑤ Vgl. Schack, Das Persoenlichkeitsrecht der Urheber und ausuebenden Kuenstler nach dem Tode, in: GRUR, 1958, S. 361.

994 条死者人格利益保护的基本目的，在处理死者人格利益保护的请求权人范围时应将《民法典》第 994 条的人格利益保护规则与宣示人格尊严的《民法典》第 990 条第 2 款结合起来作出解释：

首先，当死者生前安排的受托管理人与《民法典》第 994 条规定的近亲属范围一致时，由于第 994 条并没有对请求权人可以主张的责任承担方式作出限制，从死者及其近亲属人格利益双重保护的目的出发，应当以《民法典》第 994 条作为死者人格利益受托管理人的请求权基础。

其次，当死者生前安排的受托管理人与《民法典》第 994 条规定的近亲属不一致时，若受托管理人是基于死者生前明示的意思保护其死后人格利益，那么当死者精神性人格利益被侵害而需要提起诉讼时，任何一方都可以提起停止侵害、排除妨碍、消除危险、消除影响、恢复名誉之诉。若涉及死者人格利益中的财产利益保护，如果死者在生前已经对相应财产利益的归属作出了明确安排，那么法律自然应当尊重这种安排；在其对相应的财产利益的归属没有明确安排时，则应由死者的近亲属获得，①以兼顾对立法者明确列举出来的近亲属利益的保护。

最后，当死者生前未明示安排管理人而是通过默示推知其死后人格利益保护管理人时，若管理人与《民法典》第 994 条规定的近亲属不一致，由于第 994 条规定的近亲属是立法者基于通常的社会认知而在制定法中明确规定的死者人格利益的管理人，在此情形下制定法上的推定优先于通过其他与死者生前存在亲密关系而推知的管理人。就像《英雄烈士保护法》第 25 条第 2 款规定的在英雄烈士人格利益被侵害场合，英雄烈士没有近亲属或近亲属不提起诉讼的，检察机关有权提起诉讼以保护英雄烈士人格利益一样，于此通过默示推知的死者人格利益管理人具有补充性质，只有在《民法典》第 994 条规定的死者近亲属不提起诉讼或死者没有近亲属的场合，才有权就相应的侵害死者人格利益的行为提起诉讼，且其可以主张的请求权也应限于对死者精神性人格利益的侵害而主张停止侵害、排除妨碍、消除危险、消除影响、恢复名誉等救济方式，不包括精神损害赔偿，也不包括对死者人格利益中的财产利益主张权利。

将作为一般人格权条款的《民法典》第 990 条第 2 款与作为具体人格权条款的第 994 条结合起来理解，把第 994 条对死者人格利益的保护作为第 990 条第 2 款规定的自然人人格尊严的自然延伸，从而将第 994 条所规

---

① 参见最高人民法院民法典贯彻实施工作领导小组主编：《中华人民共和国民法典人格权编理解与适用》，人民法院出版社 2020 年版，第 67 页。

定的死者人格利益被侵害场合的保护请求权主体予以适当的扩展，就可以为“祭祀祖先是中华民族的传统美德，维护祖坟的完好也是一种公序良俗”这种法院在裁判书中经常使用的论据提供更充分的合法性基础，①从而解决司法实践中那些如因为属于高祖而非祖父的祖坟被破坏场合的死者人格利益保护问题，②解决没有近亲属或者近亲属不愿提起诉讼场合的死者人格利益保护问题，实现《民法典》第994条保护死者人格利益的目的，最终助益于《民法典》第990条第2款所追求的对于自然人人格尊严的充分保护的立法目的的实现。

五、本章小结

显然，将作为具体人格利益保护规则但存在不足的《民法典》第994条所规定的死者人格利益保护与《民法典》第990条第2款规定的以人格尊严为价值基础的一般人格权条款结合起来，适用于涉及具体人格权条款和一般人格权条款存在交叉领域的民事法律纠纷的解决，在正当性、合法性基础上可能更充分。事实上，在司法实务中法院通过一般人格权条款所内含的法律基本价值来解释具体人格权条款以解决其本身的缺陷并为其适用提供正当性论证的做法并不鲜见。③ 这也恰好表明，在具体人格权条款与一般人格权条款存在交叉重合的领域，将二者的规范适用关系不界定为非此即彼的关系，而是承认二者于此场合彼此结合适用的关系，在相应法律效果的论证与评价上也更具有说服力。

---

① 党某能、何某琼一般人格权纠纷案，四川省巴中市中级人民法院(2020)川19民终239号民事判决书。

② 司法实践中，有法院因为被破坏的祖坟属于原告的高祖而非近亲属的祖坟而不承认原告主张的赔礼道歉等请求权。相关判决参见吕某甲、吕某乙等与雷某一般人格权纠纷案，河南省南阳市宛城区人民法院(2019)豫1302民初8140号民事裁定书。

③ 参见姜某与广州市培英中学人格权纠纷案，广东省广州市中级人民法院(2013)穗中法民一终字第4323号民事判决书；覃某豪诉桂平市郊区农村信用合作社名誉权纠纷案，广西壮族自治区贵港市中级人民法院(2008)贵民一终字第37号民事判决书。

第六章 《民法典》一般人格权侵害民事责任的认定方式

由于《民法典》第990条第2款规定的以人身自由、人格尊严为价值基础的一般人格权具有抽象性,其所涵摄的其他人格权益在内涵外延上通常具有不确定性,在个案审理中能否获得民法的保护通常需要法官进行利益衡量。为尽量减少司法的恣意以实现司法的统一并保护法的权威,法院应当提出较明确的判断因素,使其衡量过程透明化。[①] 在此意义上,《民法典》人格权编第998条规定法官在认定物质性人格权之外的其他人格权侵害的民事责任时有权依据制定法具体列举的考量因素进行利益权衡。显然,该条在立法技术上区别于《民法典》侵权责任编确立的认定侵权责任的第1165条第1款。[②] 侵权法学理与实务上通常认为,《民法典》侵权责任编第1165条第1款在认定侵权责任成立的问题上采用构成要件主义,即认定侵权责任成立首先需满足侵害行为、损害后果、因果关系和过错四项要件,若其中一项要件不满足,则相应的侵权责任不成立。[③] 与此不同,学理与实务上有观点认为,《民法典》第998条在认定侵害人格权民事责任成立时采取了动态系统论的立场,摒弃构成要件主义全有全无的责任成立模式,将相应的民事责任成立问题交由法官,由其在个案审理中依据涉案因素具体把握。[④] 若这种观点成立,那么显然,《民法典》第998条即构成对第1165条第1款所确立的侵权责任成立要件立场的实质违反。因此,反对观点认为,被害人以人格权受侵害为由向加害人主张承担民事责任时,应以侵害行为具备侵权行为的构成要件为前提,亦即《民法典》第1165条第1款构成人格权侵权责任的请求权基础,而人格权编的规定如

---

① 参见王泽鉴:《侵权行为》,北京大学出版社2016年版,第170页。

② 参见程啸:《侵权责任法教程》,中国人民大学出版社2020年版,第23页。

③ 参见最高人民法院民法典贯彻实施工作领导小组主编:《中华人民共和国民法典人格权编理解与适用》,人民法院出版社2020年版,第43~44页。

④ 参见黄薇主编:《中华人民共和国民法典人格权编解读》,中国法制出版社2020年版,第46页;最高人民法院民法典贯彻实施工作领导小组主编:《中华人民共和国民法典人格权编理解与适用》,人民法院出版社2020年版,第99页;王利明:《民法典人格权编中动态系统论的采纳与运用》,载《法学家》2020年第4期。

《民法典》第998条等则属于不完全法条,是侵权责任编的辅助性规定。① 由此产生的分歧是,究竟应如何理解《民法典》第998条的规范构成?其与《民法典》第1165条第1款之间的规范关系究竟为何?对于以人身自由、人格尊严为价值基础的一般人格权所涵摄的其他内涵外延本身并不周延的人格权益,在相应的民事责任认定中,究竟如何通过第998条规定的法官自由裁量权与法定考量因素之间的平衡处理最终决定个案中的其他人格权益应否被保护以及被保护的边界和程度,确保纳入一般人格权调整范畴的其他人格利益在确认相应责任时具有相应的确定性和可预见性?等等,尚有进一步讨论空间。

一、人格权侵害民事责任认定条款的立法选择与基本属性

对于人格权侵害民事责任的认定,学理上争议的焦点在于:《民法典》第998条究竟是具备完整法律效果评价的逻辑构成而可以作为独立请求权基础的完全法条,还是属于不完全法条而作为《民法典》第1165条的辅助性规范而存在的?② 对于这个问题的回答,事实上取决于对《民法典》第998条之基本属性的认识与立场。

(一)《民法典》编纂中的争议与选择

与财产权不同,人格权特别是精神性人格权在权利的享有和保护方面会涉及更多的权利冲突和利益平衡考量,若给予人格权的保护过于宽泛和绝对,可能会导致对与之冲突的其他权利造成不当的戕害。③ 因此,对于人格权益侵害民事责任的认定具体应如何在《民法典》中妥为表述,在立法过程中不无争议。

事实上,民法室室内稿中并没有关于侵害人格权民事责任认定的独立规定,直到征求意见稿首次将人格权侵害责任的认定独立规定为一条,其在第9条第1款规定:"认定行为人承担侵害人格权益的民事责任,应当考虑下列因素:(一)人格权益的类型;(二)行为人和受害人的职业、社会身份、社会影响范围等;(三)行为人的过错程度,但法律另有规定的除外;(四)行为的目的、方式、时间、后果等具体情节。"④该条在立法技术上看显

① 参见王泽鉴:《中国民法的特色及解释适用》,载《法律适用》2020年第13期。

② 参见王利明:《民法典人格权编中动态系统论的采纳与运用》,载《法学家》2020年第4期;王泽鉴:《中国民法的特色及解释适用》,载《法律适用》2020年第13期。

③ 参见黄薇主编:《中华人民共和国民法典人格权编解读》,中国法制出版社2020年版,第45页。

④ 何勤华、李秀清、陈颐编:《新中国民法典草案总览(增订本)续编》,北京大学出版社2020年版,第78、187页。

然是裁判规则,受《精神损害赔偿司法解释》(2001)影响。《精神损害赔偿司法解释》(2001)将人格权区分为两类:依据第 8 条、第 9 条规定,侵害生命权、身体权、健康权导致死亡或残疾发生的,受害人主张的精神损害赔偿请求权应被支持,同时依据第 10 条规定,法院于此情形下可以自由裁量的空间仅存在于赔偿数额的多寡,赔偿责任的成立与否不在自由裁量的范围;生命权、身体权、健康权之外的其他人格权益被侵害的,依第 8 至 10 条,受害人主张的精神损害赔偿请求权是否会被法院支持以及支持后所能获得赔偿数额的多寡,均在法院自由裁量的范围之内。① 尽管《精神损害赔偿司法解释》(2001)第 10 条规定的是关于人格权益侵害场合精神损害赔偿金的认定因素,但实践中法院通常会依据该条列举的具体考量因素来确定生命权、身体权、健康权之外其他人格权益侵害的赔偿责任成立问题。但与《精神损害赔偿司法解释》(2001)不同的是,征求意见稿并未明确对人格权的类型进行区分,而是统一交由法官依据自由裁量权在具体案件中进行处理。对此,学理上有观点认为,生命权、身体权和健康权等物质性人格权在整个权利位阶体系中居于基础和核心位置,在发生权利冲突时通常应优先予以保护;②即使例外情形下应予限制,也属于法律保留范围,③应由法律作出明确规定而非由法官在个案中自由衡量决定。另外,民事侵权责任成立的判断,在法律未作特别规定时,过错程度高低原则上并不影响责任成立,④将人格权侵害民事责任的认定统一交由法官在个案中综合考虑包括过错程度在内的因素进行确定,与侵权责任成立的一般法理不符。⑤

一次审议稿第 779 条第 1 款部分接受了学理上的批评意见而在征求意见稿第 9 条的基础上删除了该条第 1 款第 3 项关于过错程度的表述并稍微作了文字上的调整之后规定:"认定行为人承担侵害人格权的民事责任,应当考虑下列因素:(一)人格权的类型;(二)行为人和受害人的职业、社会身份、影响范围等;(三)行为的目的、方式、地点、时间、后果等具体情节。"⑥显然,一次审议稿并未解决不区分处理人格权类型而统一将之

---

① 参见唐德华主编:《最高人民法院〈关于确定民事侵权精神损害赔偿责任若干问题的解释〉的理解与适用》,人民法院出版社 2015 年版,第 63 页。

② 参见韩大元:《生命权与其他权利的冲突及其平衡》,载《人权》2020 年第 3 期。

③ 参见王利明、程啸、朱虎:《中华人民共和国民法典人格权编释义》,中国法制出版社 2020 年版,第 130 页。

④ 参见张红:《民法典人格权编立法论》,法律出版社 2020 年版,第 14 页。

⑤ 参见《民法典立法背景与观点全集》编写组编:《民法典立法背景与观点全集》,法律出版社 2020 年版,第 399 页。

⑥ 何勤华、李秀清、陈颐编:《新中国民法典草案总览(增订本)续编》,北京大学出版社 2020 年版,第 289 页。

交由法官自由裁量的问题。如前所述,这种不予区分可能导致对居于权利体系核心位置的物质性人格权的保护不周,①难谓合理,因此在征求意见过程中受到普遍质疑。② 鉴于此,二次审议稿转而接受了明确区分人格权类型并分别处理的意见,将一次审议稿第 779 条第 1 款独立规定为一条(第 781 条)并在表述上不再具体分项而是整体规定"认定行为人承担侵害除生命权、身体权和健康权以外的人格权的民事责任,可以考虑行为人和受害人的职业、影响范围、过错程度,以及行为的目的、方式、后果等因素"。③ 但由于二次审议稿第 781 条使用了"可以"一词而给予了法官在个案审理中几乎不受限制的自由裁量权,有可能使该条滑入学理上所普遍担心的特定行为的法律效果评价完全取决于法官个人的陷阱,因为这种情况下法官的个人性因素,如性别、年龄、生活经验等,都会对人格权侵害民事责任的认定产生实质影响,可能导致相应法律效果评价极不确定,侵害法的安定性。④ 因此,三次审议稿第 781 条将"可以"修改为"应当",⑤这就回到之前《精神损害赔偿司法解释》第 8 至 10 条所采取的立场,在给予法官自由裁量权的同时又对之予以了适当限制,⑥值得肯定。2019 年 12 月 16 日《民法典(草案)》第 998 条及最终通过的《民法典》第 998 条都继续保持了三次审议稿的立场与表述。

整体而言,《民法典》立法中的争议焦点,在于人格权侵害民事责任认定中可以通过利益权衡方法进行处理的人格权类型以及可以通过利益权衡方法予以认定的人格权侵害责任中的法官自由裁量权的限度。立法者最后所采取的基本立场其实与《精神损害赔偿司法解释》的一致,即在人格权侵害责任认定问题上区分人格权类型进行处理,并且在给予法官自由裁量权的同时又对其予以限制,符合人格权保护的现实需求。但是,由于立法者并未明确《民法典》第 998 条规定的责任认定究竟是关于责任成立

① 参见王利明:《民法典人格权编中动态系统论的采纳与运用》,载《法学家》2020 年第 4 期。

② 参见《民法典立法背景与观点全集》编写组编:《民法典立法背景与观点全集》,法律出版社 2020 年版,第 399~400 页。

③ 何勤华、李秀清、陈颐编:《新中国民法典草案总览(增订本)续编》,北京大学出版社 2020 年版,第 401 页。

④ 参见朱晓峰:《抚养纠纷中未成年人最大利益原则的评估准则》,载《法律科学(西北政法大学学报)》2020 年第 6 期。

⑤ 参见何勤华、李秀清、陈颐编:《新中国民法典草案总览(增订本)续编》,北京大学出版社 2020 年版,第 446 页。

⑥ 参见唐德华主编:《最高人民法院〈关于确定民事侵权精神损害赔偿责任若干问题的解释〉的理解与适用》,人民法院出版社 2015 年版,第 63 页。

的认定还是责任承担的认定,又或是二者兼而有之,①从而导致了对于该条理解上的争议。从系争问题的本质来看,第998条究竟适用于哪一层次的责任认定实际上取决于其本身的属性,因此对系争问题的解决在解释论上应以第998条之基本属性的厘清为前提来展开。

(二)人格权侵害民事责任认定条款的基本属性

从法律规则的基本逻辑构造来看,一项完整的法律规则由行为模式和法律后果二项构成。其中,行为模式是关于主体具体行为方式的部分,具体可以分为可为模式、应为模式和勿为模式;法律后果是主体的实际行为与行为模式的要求相符或不符时所承担的相应的结果,具体包括肯定后果和否定后果。以法律规则的基本逻辑构成为标准将《民法典》第998条予以解构并在此基础上从不同的视角来观察,可以确定的是:

第一,从法律规则的功能区分角度看,作为人格权侵害民事责任认定条款的《民法典》第998条是裁判规则而非行为规则。② 在法理上,行为规则是指特定法条要求受规范的主体取向于该规则而为行为,裁判规则是指法条要求裁判者以相应的规则为裁判的标准进行裁判。我国民法理论上普遍认为,民法兼具行为规则和裁判规则的双重功能。③ 确实,一般情形下法官在裁判时"当然必须以行为规范为其裁判的标准,故行为规范在规范逻辑上当同时为裁判规范,否则,若行为规范不同时为裁判规范,则行为规范所预示之法律效果不能在裁判中被贯彻,从而它便失去命令或诱导人们从事其所欲命令或诱导之作为或不作为的功能",④但裁判规则调整的是裁判者的裁判行为,其并不必然具备行为规则的功能。亦即,行为规则通常情形下又是裁判规则,⑤但裁判规则并非当然是行为规则。⑥ 由于《民法典》第998条并非针对行为人的特定行为而明示与之相对应的法律效果,而是直接要求裁判者对涉诉行为进行法律效果评价时应当遵循的规则,因此显然属于裁判规则而非行为规则。

第二,从法律规则逻辑构成的完整性角度看:一方面,作为裁判规则的

---

① 参见张红:《〈民法典(人格权编)〉一般规定的体系构建》,载《武汉大学学报(哲学社会科学版)》2020年第5期。

② 参见中国审判理论研究会民事审判理论专业委员会编著:《民法典人格权编条文理解与司法适用》,法律出版社2020年版,第70页。

③ 参见梁慧星:《民法总论》(第5版),法律出版社2017年版,第36页;王利明:《民法总则》,中国人民大学出版社2017年版,第16~17页。

④ 黄茂荣:《法学方法与现代民法》,中国政法大学出版社2001年版,第100~111页。

⑤ 参见[德]卡尔·拉伦茨:《法学方法论》,陈爱娥译,商务印书馆2003年版,第132页。

⑥ 参见陈绍松:《规范分离与裁判接受》,载《政法论丛》2016年第1期。

《民法典》第998条规定的行为模式是一种应为/义务模式,要求裁判者在认定人格权侵害责任时必须在考量该条明确规定的因素基础上,作出对相应具体涉诉行为的法律效果评价;①另一方面,该条对于与行为模式相对应的法律后果没有规定,因此在逻辑构成上属于不完全法条,需要与其他法律规则结合才能发生规范作用,"才能开展共创设法效果的力量"。②

第三,从法律规则规范作用发挥的角度看,一方面,作为裁判规则的《民法典》第998条是不完全法条,其仅规定裁判者在人格权侵害民事责任认定的法律效果评价过程中应为特定行为的义务,但何谓人格权侵害,仍需要结合其他法律规则尤其是《民法典》第1165条第1款确定;③另一方面,由于《民法典》第998条属于裁判规则而非行为规则,人格权被侵害而向法院提起诉讼主张法律救济的权利人的请求权基础亦只能是行为规则,如《民法典》第1165条第1款,第998条规范作用的发挥以第1165条第1款等为前提。在此意义上,《民法典》第998条要发挥规范作用,实现立法者通过该条承认但合理控制裁判者认定人格权侵害责任时的自由裁量权,从而在人格权及与之冲突的合法权益之间进行平衡保护的立法目的,④就必须将之与其他行为规则结合起来运用。

第四,从法律规则彼此之间的规范关系角度看,《民法典》第998条在作用于人格权侵害民事责任认定这一法律效果评价过程中,必须以特定行为被纳入侵权法的评价范围为前提。依据《民法典》侵权责任编的规定,要纳入该法涵摄范围的具体行为若没有其他特别法律规则调整,那么都在作为一般侵权条款的第1165条第1款的调整范畴。《民法典》第1165条第1款在逻辑构成上满足行为模式与法律后果的基本要求,属于兼具行为规则和裁判规则功能的完全法条,人格权益遭受侵害的受害人有权以该条作为请求权基础向法院提起诉讼请求。⑤ 只有受害人在依据第1165条第1款向法院提起诉讼后,法院在案件审理中才有权依据第998条来认定相应的民事责任。在此意义上,《民法典》第998条并非独立的请求权规范,而是作为《民法典》第1165条第1款的辅助规范发生作用。

---

① 参见最高人民法院民法典贯彻实施工作领导小组主编:《中华人民共和国民法典人格权编理解与适用》,人民法院出版社2020年版,第101页。

② [德]卡尔·拉伦茨:《法学方法论》,陈爱娥译,商务印书馆2003年版,第138页。

③ 参见程啸:《侵权责任法教程》(第4版),中国人民大学出版社2020年版,第23页。

④ 参见黄薇主编:《中华人民共和国民法典人格权编解读》,中国法制出版社2020年版,第45~46页。

⑤ 参见中国审判理论研究会民事审判理论专业委员会编著:《民法典侵权责任编条文理解与司法适用》,法律出版社2020年版,第32~33、35页。

第五，从法律规则适用范围角度看，作为一般侵权条款辅助规范的《民法典》第998条明确将其适用范围排除在生命权、身体权和健康权之外：这一方面固然是为了强调对于处在整个权利体系核心位置的物质性人格权的格外珍重和保护，①不允许法官在个案审理中因自由裁量权的运用而戕害生命权、身体权和健康权；另一方面也是为了缓和《民法典》第1165条第1款在人格权保护方面过于绝对和宽泛的立场所导致的紧张，因为生命权、身体权和健康权之外的其他非物质性人格权在享有和保护过程中多会出现彼此冲突的情形，当然地承认或拒绝侵害人格权的特定行为的民事责任而不考虑个案具体情形，并不利于实现立法者平衡保护包括人格权在内的各项合法权益的立法目的。② 因此，就第998条的适用范围看，在我国现行民事侵权责任体系中，其并未否定围绕《民法典》第1165条第1款构建起来的基本体系，充其量也仅是对后者僵硬的构成要件主义的缓和与补充。

基于上述理由，作为不完全法条的《民法典》第998条是裁判规则而非行为规则，其在作用于人格权侵害民事责任认定的法律效果评价过程当中，并未完全摆脱构成要件主义的全有或全无立场，③而是依然在采取要件构成主义立场的《民法典》第1165条第1款的框架内作为辅助性规范发挥作用。在人格权侵害案件的审理中，法院只能在受害人依《民法典》第1165条第1款主张相应的侵权责任的前提下，依据《民法典》第998条规定的内容进行综合考量以支持或者拒绝受害人的权利主张。④ 就此而言，《民法典》第998条规定的裁判者应予综合考量的因素所发挥的规范作用，是关于侵权责任构成要件体系的例外规定，法官在依据侵权责任构成要件判断人格权侵害责任时，需要将这些例外情形与具体构成要件如违法性结合起来以增强其论证效果。就此而言，这些法律规定的法官必须加以考量的例外情形亦可被称为正当化事由。⑤

在瑞士法中，纳入一般侵权条款涵摄范畴的侵权行为必须满足法律

---

① 参见孟勤国、牛彬彬：《论物质性人格权的性质与立法原则》，载《法学家》2020年第5期。

② 参见黄薇主编：《中华人民共和国民法典人格权编解读》，中国法制出版社2020年版，第45～46页。

③ 参见王利明：《民法典人格权编中动态系统论的采纳与运用》，载《法学家》2020年第4期。

④ 参见杨立新主编：《中华人民共和国民法典释义与案例评注：人格权编》，中国法制出版社2020年版，第79页；中国审判理论研究会民事审判理论专业委员会编著：《民法典人格权编条文理解与司法适用》，法律出版社2020年版，第72页。

⑤ Vgl. Bettina Huerlimann-Kaup/ Joerg Schmid, Einleitungsartikel des ZGB und Personenrecht, 2. Aufl., Zurich/ Basel/ Geneva: Schulthess Juristische Medien AG, 2010, Nr. 893.

关于损害、因果关系、违法性和过错的判断才构成侵权责任,在通常情形下当侵害某一法规范规定的绝对权时即满足《瑞士债务法》第 41 条对于违法性的要求,但在同样侵害具有绝对权属性的人格权场合,则需要法官依据《瑞士民法典》第 28 条在个案中审慎权衡以确定违法性的存在。① 对于《瑞士民法典》第 28 条与《瑞士债务法》第 41 条在作用于人格权侵害民事责任法律效果评价过程中的规范关系,学理上形象地将之描述为一种"双重的观察方式",即第一重为存在侵犯,第二重为审查此侵犯的违法性。②

虽然我国侵权法学理上对违法性问题存在不同意见,③但前述法律实践就人格权侵害责任的认定方面所采取的论证方式,对于理解我国《民法典》第 998 条与第 1165 条第 1 款的规范关系仍有意义。亦即,法院在个案中具体适用《民法典》第 998 条时不宜将之与第 1165 条第 1 款相分离而孤立地在民事责任认定中发挥规范作用,而是应在第 1165 条第 1 款的观察框架下依据第 998 条来鉴别并确认用于民事责任法律效果评价的各项条件,以增强相应法律效果的正当性论证,否则在法典的外在体系上就无法理解仅作为裁判规则的第 998 条发生作用的基本机制。以《民法典》第 998 条与第 1165 条第 1 款的此种规范关系为前提,再来讨论第 998 条的具体理解和适用,才会避免建设"空中楼阁"的谬误。

二、人格权侵害民事责任认定条款作用方式的理论争议与评析

考虑到非物质性人格权在享有和保护上的特殊性,同时为了在法官自由裁量权和法的安定性之间实现妥适的平衡,《民法典》第 998 条,一方面,承认法官在认定侵害非物质性人格权的民事责任时享有自由裁量权;另一方面,又通过具体列举作用于民事责任认定之法律效果评价的法定考量因素来限制法官在个案审理中可能存在的司法恣意,④与学理上所追求的"为尽量减少司法的恣意以实现司法的统一并保护法的权威,法院应提

---

① Vgl. Heinz Rey, Ausservertragliches Haftpflichtrecht, 4. Aufl., Zurich/ Basel/ Geneva: Schulthess Juristische Medien AG, 2008, Nr. 682 ff.

② Vgl. Bettina Huerlimann-Kaup/ Joerg Schmid, Einleitungsartikel des ZGB und Personenrecht, 2. Aufl., Zurich/ Basel/ Geneva: Schulthess Juristische Medien AG, 2010, Nr. 891.

③ 参见张新宝:《侵权责任法》(第 2 版),中国人民大学出版社 2010 年版,第 26 页;王利明:《我国〈侵权责任法〉采纳了违法性要件吗?》,载《中外法学》2012 年第 1 期。

④ 参见王利明、程啸、朱虎:《中华人民共和国民法典人格权编释义》,中国法制出版社 2020 年版,第 133~134 页。

出较为明确的判断因素,透明化其衡量过程"这一目的相符,①整体上值得肯定。问题是,对于《民法典》第998条规定的作用于人格权侵害之民事责任认定的诸因素在个案审理中究竟如何作用于相应法律效果的评价,学理上存在争议,主要表现为动态体系论和利益权衡论两种观点。

(一)人格权侵害民事责任认定条款作用方式的主要理论分歧

动态体系论者认为,《民法典》第998条"基于人格权保护中的位阶差异、利益冲突频发、保护程度差异、救济方式差异等原因,区分物质性人格权与其他人格权,对后者的民事责任确立采用动态系统论,考量行为人和受害人的职业、影响范围、过错程度、行为目的、行为方式、行为后果等因素,按法定顺序排列其权重……在人格权侵害的责任成立判断中,应根据法定因素及其顺序,通过因素间的互动综合考量,摒弃全有全无的责任成立。在责任形式、赔偿范围确定中,也应运用动态系统论"。② 在该观点看来,"动态系统提供了一个替代方案:通过明确规定法官裁判时应当考量的各种重要因素,立法者可以达到非常具体化的规定目的,能够决定性地限制法官的自由裁量空间,并且也使得法官自由裁量具有可预见性,而同时又有所控制地兼顾了生活事实的多样性",③由此使法官通过《民法典》第998条认定人格权侵害民事责任的司法实践与立法者承认但又合理限制法官自由裁量权的立法目的相一致。④

与动态体系论者一样,利益权衡论者也强调,立法者应当在法律制定时通过概括性条款给予法官在个案审理时以适当的自由裁量权,认为法官在个案审理中运用自由裁量权时应当综合考量涉案的具体情形并作用于最终的法律效果评价,从而使相应的法律效果评价过程去神秘化而具有可反驳性且能经受得住反驳,最终使相应的法律效果评价结果能够为案件当事人以及社会公众所普遍接受。⑤ 但与动态体系论者强调的重点不同,利益权衡论者既不要求立法者必须首先在法秩序中对法律价值位阶预先作出排序,也不要求法官在个案审理中先入为主地强调纳入考量范围的诸因

---

① 王泽鉴:《侵权行为》,北京大学出版社2016年版,第170页。

② 王利明:《民法典人格权编中动态系统论的采纳与运用》,载《法学家》2020年第4期;王利明、程啸、朱虎:《中华人民共和国民法典人格权编释义》,中国法制出版社2020年版,第134~137页。

③ [奥]海尔穆特·库奇奥:《损害赔偿法的重新构建:欧洲经验与欧洲趋势》,朱岩译,载《法学家》2009年第3期。

④ 参见黄薇主编:《中华人民共和国民法典人格权编解读》,中国法制出版社2020年版,第45~49页。

⑤ 参见朱晓峰:《抚养纠纷中未成年人最大利益原则的评估准则》,载《法律科学(西北政法大学学报)》2020年第6期。

素或所涉利益的优先层级而必须对作用于法律效果评价的因素赋予权重以综合计算，而是将侵害人格权之民事责任认定的自由裁量权交由法官，由其在具体个案中依具体情形综合把握。① 同时，为了避免法官自由裁量权在人格权侵害民事责任认定中的滥用，利益权衡论者也支持立法者对于此种自由裁量权作出适当限制，排除其在物质性人格权侵害场合的适用，要求其必须考量制定法明确列举出来的法定因素。这样，"法秩序安定性由立法和司法携手，通过司法者在立法者所划定的考量因素基础上进行论证所取得的共识而予以实现"。②

从动态体系论和利益权衡论两种观点的基本立场来看，二者都强调对概念法学构成要件主义在人格权侵害民事责任认定场合的僵化立场的缓和，都承认应当给予法官个案中的自由裁量权以平衡保护被侵害的具体人格权益以及与之冲突的其他权益，同时亦承认应对法官于此享有的自由裁量权以适当限制，从而控制司法的恣意并达到维护法秩序之安定性的目的。因此，动态体系论和利益权衡论本质上都属于利益法学的范畴，法官在个案审理中依据《民法典》第 998 条认定人格权侵害民事责任时，都应当"认识所涉及的利益、评价这些利益各自的分量、在正义的天平上对它们进行衡量，以便根据某种社会标准去确保其间最为重要的利益的优先地位，最终达到最为可欲的平衡"。③ 二者的根本性分歧在于，究竟应如何控制法官自由裁量权的运用？对此，动态体系论的基本立场是价值排序、因素类型法定、因素在法律效果评价中的权重划定等，④而利益权衡论对此则不作过多要求。当然，就利益权衡论而言，这并非说法官在个案中进行利益权衡时完全不受限制，而是说在具体法律规则不清楚时，法官应根据占支配地位的社会公平正义观念来判决，如果什么是社会公平正义观念亦不能确定时，那么法官即应依据其个人之主观的法律意识进行判决，从而使作出的相应法律效果评价与最高人民法院"确保司法裁判既经得起法律检验，也符合社会公平正义观念"⑤的基本目标相吻合。因此，这是一种比

---

① 参见陈甦、谢鸿飞主编：《民法典评注：人格权编》，中国法制出版社 2020 年版，第 64～65 页；中国审判理论研究会民事审判理论专业委员会编著：《民法典人格权编条文理解与司法适用》，法律出版社 2020 年版，第 77 页；张红：《民法典人格权编立法论》，法律出版社 2020 年版，第 14～15 页。

② 朱虎：《侵权法中的法益区分保护：思想与技术》，载《比较法研究》2015 年第 5 期。

③ [美]E. 博登海默：《法理学：法律哲学与法律方法》，邓正来译，中国政法大学出版社 2004 年版，第 152 页。

④ 参见王利明：《民法典人格权编中动态系统论的采纳与运用》，载《法学家》2020 年第 4 期。

⑤ 于某故意伤害案，最高人民法院指导案例 93 号（2018 年）。

动态体系论更激进的利益法学立场，甚至可能已经滑入被利益法学所诟病的自由主义法学立场的领域。因此，从对法官自由裁量权的合理控制的目的来看，理想状态下动态体系论显然要比纯粹的利益权衡论更合适。但问题是，《民法典》第998条究竟是否完全采纳了动态体系论的立场呢？

（二）人格权侵害民事责任认定条款作用方式的基本构造与立场

由于《民法典》第998条属于单纯的裁判规则而不具有行为规则的属性，①因此，在人格权侵害民事责任的认定中需要作为《民法典》第1165条第1款的辅助规则而发挥作用。依据《民法典》第998条的逻辑构成，法官在认定人格权侵害民事责任时，应当遵守的行为模式在具体构造上包括三层：

第一，承认法官享有自由裁量权。作为纯粹的裁判规则，《民法典》第998条承认法官在个案中认定人格权侵害民事责任的自由裁量权。这主要是考虑到人格权本身的特性，即人格权内部的各项权利在位阶上存在差异，在与其他权利共存时经常会发生冲突，并且现行法给予不同类型的人格权的保护程度并不完全相同，而且人格权侵害的不同情形亦会导致不同的救济方式，②这就要求立法者必须承认法官的自由裁量权而使人格权侵害责任的认定与个案中的具体情形有机结合起来，避免概念法学及构成要件主义的僵化立场所可能导致的谬误。

第二，限定自由裁量权的适用范围。立法者采取区分原则而将生命权、身体权和健康权排除在外，将法官依据《民法典》第998条认定人格权侵害民事责任的自由裁量空间限制在非物质性人格权的范畴之内，既考虑了物质性人格权与精神性人格权在权利位阶体系中的差异性而给予位阶更高者以更严格的保护，又照顾到了精神性人格权在权利享有和行使上与其他权益冲突的现实可能性而给了法官个案中的自由裁量空间，以防止对个案中的具体人格权的过度保护而戕害其他权益。③

第三，平衡考量因素的法定性与开放性。一方面，立法者将人格权侵害民事责任认定中必须予以考量的因素明确列举出来，法官在个案的法律效果评价过程中对这些列举出来的因素必须予以考量而不能回避或无视，这与最高人民法院在《精神损害赔偿司法解释》（2001）第10条所表达

① 参见中国审判理论研究会民事审判理论专业委员会编著：《民法典人格权编条文理解与司法适用》，法律出版社2020年版，第70页。

② 参见王利明、程啸、朱虎：《中华人民共和国民法典人格权编释义》，中国法制出版社2020年版，第134～137页。

③ 参见最高人民法院民法典贯彻实施工作领导小组主编：《中华人民共和国民法典人格权编理解与适用》，人民法院出版社2020年版，第100页。

出来的目的一致,即采取"由法官根据确定的因素进行裁量的办法……尽可能降低裁量的主观性和任意性";①另一方面,考虑到涉及人格权益侵害的具体情形复杂多样,每个案件中涉及的具体人格权益侵害的情形不尽相同,采取完全列举的方式难以穷尽人格权益侵害场合认定民事责任的考量因素,因此,《民法典》第 998 条采取了"具体列举+概括规定"的立法模式,除了规定法院在个案审理中必须考量的具有普遍性、典型性的法定因素外,还将考量因素的范围予以开放,法官可以在个案审理中因具体案情需要而将相关的法定考量因素之外的其他因素纳入认定范围。这种立法模式实质上是立法者在制定法规则的确定性与灵活性之间进行平衡的结果。

显然,《民法典》第 998 条的基本构造所显现的立法者在人格权侵害责任认定场合的基本立场是:承认但应适当控制法官在个案审理中对人格权侵害民事责任认定的自由裁量权。这种控制主要体现在对自由裁量权适用的人格权类型的区分限制和对必须予以考量的因素的明确列举上,法官个案审理时在遵循法定控制标准的前提下,有权综合考量各种因素以认定人格权侵害的民事责任。立法者的这一立场表明,其并未采纳纯粹的利益权衡论给法官以不受限制的自由裁量权观点,而是对法官的自由裁量权予以了明确限制,由此以确保法秩序的安定性和法律规则适用的相对确定性和可预见性;同时,在其允许法官自由裁量的非物质性人格权侵害的民事责任认定上,对于法官必须予以考量的因素如"行为人和受害人的职业、影响范围、过错程度,以及行为的目的、方式、后果"以及未被该条列举而由法官在个案中予以认定的其他考量因素,规定它们在形式逻辑上处于平等的并列状态,在具体的适用上亦不存在优先性上的排序问题,并且对作用于人格权侵害民事责任认定的因素所占的权重与具体赋值问题,②《民法典》第 998 条都未予以规定,而是交由法官在个案审理中自由裁量。在此意义上,该条亦未完全采纳动态体系论的观点。

事实上,立法者在人格权侵害责任认定问题上既不完全采纳纯粹的利益权衡论观点,亦未完全采纳动态体系论的观点,而是在这两种观点的基础上采取了一种更折中的立场,既赋予了法官自由裁量权,又对该项权利予以了适当限制,可以有效避免采纳纯粹利益权衡论观点所可能导致的法的安定性受损问题;同时对纳入自由裁量范畴的因素不再预先排序、赋值

---

① 唐德华主编:《最高人民法院〈关于确定民事侵权精神损害赔偿责任若干问题的解释〉的理解与适用》,人民法院出版社 2015 年版,第 63 页。

② 参见王利明:《民法典人格权编中动态系统论的采纳与运用》,载《法学家》2020 年第 4 期。

并确定权重,而是交由法官在个案中综合考量确定,既尊重了法官个案审理中的积极主动性,也省却了个案中给纳入考量范围的因素具体赋值并确定其权重等难以实际操作的程序性麻烦,有助于立法者承认法官自由裁量权以平衡保护人格权及与之冲突的其他利益的基本目的的实现。

三、人格权侵害民事责任认定条款考量因素的独立作用方式

从法律论证方法来讲,立法者通过《民法典》第998条所强调的法律论证方法,既不是以概念法学所强调的构成要件主义的涵摄教条为出发点,也不是自由法学所倾向的法律非理性主义之立场的主题。① 因为传统概念法学构成要件论所导致的确定主义完全不需要论证理论,这种情形下法律已经预定了唯一正确的答案,裁判不需法官加以证成;②对于法律非理性主义或决断主义来讲也不需要法律论证方法,因为相应的裁判如果被认为是体现法官意志的自由裁量权的行使结果,那么法官采取什么样的论证方法来证成其作出的判决就不会实际发生作用。事实上,立法者在《民法典》第998条所采纳的立场要求法官在人格权侵害民事责任认定中应采取的法律论证只对第三种情形有实质意义,即于此情形下法官的裁判既不是对法律的单纯机械僵硬适用,也不是法官依其自主意志的任意行为,而是一种并没有被法律完全确定但是可以经由法官理性证立的决定。③ 这就要求,法官在个案中依《民法典》第998条所赋予的自由裁量权而将作用于人格权侵害民事责任认定的评价因素结合具体案情予以运用时,应将考量因素作用于法律效果评价的过程显示出来,使法律评价过程去神秘化,让评价过程看得见、可予反驳且能经得住反驳,正当化评价过程,可避免法官自由裁量权滥用所可能导致的司法恣意问题。④ 具体而言,法官既应关注《民法典》第998条规定的因素在单独作用于人格权侵害民事责任认定时的影响,亦应注重多个因素共同存在时的作用方式,从而在整体上把握人格权侵害民事责任的认定。

---

① Vgl. Martina Renate Deckert, Folgenorientierung in der Rechtsanwendung, C. H. Beck, 1995, S. 76; Kent D. Lerch, Lesarten des Rechts: Sprache und Medien der Jurisprudenz, Avinus-Verlag, 2008, S. 19.

② Vgl. Rudolf Westerhoff, Die Elemente des Beweglichen Systems, Dunker & Humblot, 1991, S. 21.

③ Vgl. Ulfrid Neumann, Juristische Argumentationslehre, Wissenschaftliche Buchgesellschaft, 1986, S. 1-2.

④ 参见朱晓峰:《抚养纠纷中未成年人最大利益原则的评估准则》,载《法律科学(西北政法大学学报)》2020年第6期。

（一）行为人和受害人的职业

将行为人和受害人的职业作为认定人格权侵害民事责任的考量因素，学理上存在不同观点。反对观点认为，人格权侵害民事责任的认定与行为人和受害人的职业无关，绝不能因行为人具有某种职业、社会身份、社会影响范围而不承担责任，亦不能因行为人的职业差异、社会地位高低、社会影响大小而影响责任方式或赔偿数额。① 支持观点则认为，行为人的职业与责任的认定、影响的范围都有联系，而考虑受害人职业因素的目的并不在于对某些不同职业的人提供有区别的特殊保护，而是旨在平衡职业背后的社会利益与个人利益。②《民法典》第 998 条采纳了支持者的观点。事实上，将人格权侵害民事责任的认定与行为人和受害人的职业结合起来判断，与我国当前一般社会观念将人格尊严与人的社会地位相联系并进行主客观评价的客观现实密切相关。在我国司法实务上看，因人格尊严而生的人格权益是指“作为一个人所应有的最起码的社会地位及应受到社会和他人最起码的尊重”，③或者是自然人“基于自己所处的社会环境、地位、声望、工作环境、家庭关系等各种客观条件而对自己或他人的人格价值或社会价值的认识和尊重”。④ 这种观念与秩序性尊严观相吻合，后者强调社会共同体中的个人因特定社会秩序、规则及人身属性或者特别的伦理禁忌而享有的地位、权威或状态而具有的不可冒犯性、不可亵渎性和不可侵越性。⑤ 这种尊严的享有及保护，与个人在社会共同体中从事的职业密切相关，在社会中从事特定职业享有与之相对应的社会地位及尊严。⑥ 因此，秩序性尊严的目的在于维护共同体的井然秩序，而这必然导致现实生活中的自然人的人格权益的保护受其影响。《民法典》第 998 条将行为人和受害人的职业明确列举出来作为判断人格权侵权责任是否成立的考量

---

① 参见张红：《民法典人格权编立法论》，法律出版社 2020 年版，第 14 页。

② 参见王利明：《民法典人格权编中动态系统论的采纳与运用》，载《法学家》2020 年第 4 期；最高人民法院民法典贯彻实施工作领导小组主编：《中华人民共和国民法典人格权编理解与适用》，人民法院出版社 2020 年版，第 103 页。

③ 张某红与袁某兰一般人格权纠纷案，山东省乳山市人民法院（2018）鲁 1083 民初 2542 号民事判决书；卢某梅、宋某一般人格权纠纷案，湖北省襄阳市中级人民法院（2019）鄂 06 民终 2064 号民事判决书；俞某华与刘某琪一般人格权纠纷案，江苏省无锡市中级人民法院（2021）苏 02 民申 31 号民事裁定书。

④ 李某君与周某英一般人格权纠纷案，辽宁省抚顺市中级人民法院（2018）辽 04 民终 2330 号民事判决书；王某彤、李某凤一般人格权纠纷案，广东省深圳市福田区人民法院（2021）粤 0304 民初 31266 号民事判决书。

⑤ 参见朱晓峰：《中国语境下人格尊严的民法保护》，知识产权出版社 2019 年版，第 36 页。

⑥ 参见史志磊：《论罗马法中人的尊严及其影响——以 dignitas 为考察对象》，载《浙江社会科学》2015 年第 5 期。

因素，当然会影响个案中具体的人格权侵害行为是否构成人格权侵权的具体判断。就行为人和受害人而言，其具体从事的特定职业及与此相适应的社会身份，既可能成为强化认定特定侵害行为承担民事责任的事实基础，亦可能构成不承担民事责任的正当性论证事由。

对于特定职业及与此相适应的社会身份成为强化认定特定侵害行为承担民事责任之事实基础的。例如，在陈某诉付某、金某、武某、柳某谦等人身损害赔偿纠纷案中，法院认为："柳某谦、付某作为具有完全民事行为能力的比赛运动员，在比赛之际为发泄个人不满，到比赛检录处吵闹，当众辱打当值裁判，无视国家法律，置运动员职业道德于不顾，更为恶劣的是付某在被公安人员拉住制止后仍不罢休，继续冲上前去踢踩受害人。这种行为使社会公众对受害人已树立的人格尊严以及名誉的社会评价产生负面影响。"①另外，如果特定职业与社会公众人物形象联系起来，那么其对侵权责任成立的认定就尤其重要。例如，在北京金山安全软件有限公司诉周某祎侵犯名誉权案中，法院认为，在判断周某祎微博言论是否构成侵权时，应注意周某祎的特殊或者双重身份。周某祎并非普通网民，而是金山系竞争对手 360 公司的董事长，还是微博上被新浪认证加"V"的公众人物。周某祎在将个人对于竞争对手的负面评价公之于众时，更应三思而行、克制而为。周某祎在微博上拥有众多粉丝，更多话语权，理应承担更多的责任。故周某祎对微博言论自由的注意义务要适当高于普通网民或消费者。②相应地，如果行为人是普通人或一般消费者，那么其从事相应行为的注意义务较低，在认定相应侵害行为是否构成侵权时就会宽松一些。③

特定职业构成不承担民事责任正当性论证事由，主要是考虑到相应职业内容的履行与公共利益的保护与实现密切相关。例如，在认定从事新闻报道、舆论监督等职业的行为人的具体新闻报道、舆论监督等行为是否构成侵权时，应考虑相应职业的特殊性而在公共利益和个人利益之间进行平衡保护。对此，《民法典》第 999 条明确规定了法官于此有权进行平衡处理的基本立场。结合《民法典》第 998 条、第 999 条规定的对于因从事特定职业而产生的公共利益保护与个人尤其是公众人物的人格权益保护之间的

---

① 陈某诉付某、金某、武某、柳某谦人身损害赔偿纠纷案，广东省江门市蓬江区人民法院（2002）蓬民初字第 736 号民事判决书。

② 参见北京金山安全软件有限公司诉周某祎侵犯名誉权案，北京市第一中级人民法院（2011）一中民终字第 09328 号民事判决书。

③ 参见黄薇主编：《中华人民共和国民法典人格权编解读》，中国法制出版社 2020 年版，第 47 页。

利益权衡,并不存在公共利益必然优先于个人人格权益的价值位阶判断,①其既需要考虑对公共利益的满足,也需要保护个人之基本人格权益,对此的合理界限则由法官在个案中予以把握。② 其中,优先保护公共利益的,例如,在范某毅诉文汇新民联合报业集团名誉侵权案中,法院认为:"公众人物较之于非公众人物,应该对媒体在行使正当舆论监督过程中所可能造成的轻微损害以必要的容忍和理解。因此,即使被告明确披露原告姓名等个人信息的行为给原告确实造成了一定的损害,但鉴于原告公众人物这一特殊身份与公共利益保护的需要,所以对原告主张的损害赔偿请求不予支持。"③法院在该案审理中判断人格权侵害所具体考量的因素就包括受害人职业以及因此而生的身份上的特殊性。④ 当然,对于人格权益的适当限制并不意味着个人利益在与公共利益相碰触时即完全不受保护。为保护公共利益,个人尤其是公众人物应对轻微侵害其人格权益的行为以必要的容忍,但如果此种侵害超出了合理限度而对人格权益造成严重侵害,那么即不能以公共利益为由而使相应的行为人免于承担责任。⑤

关于合理的界限,我国司法实务上通常认为,应当满足获取方式合理和实施方式合理双重界定标准;⑥也有观点从比例原则的视角出发,认为应依据《民法典》第998条而运用比例原则,在综合考量各种评价因素的前提下,分析目的是否妥当、使用是否有助于实现目的以及使用是否在必要范围内的三阶构造来判断合理性问题。⑦ 将《民法典》第998条与此处的合理判断结合起来以引入比例原则作为合理性问题的判断标准,在相应的法律效果评价上具有较强的说服力。以隐私权保护为例,对于基于特定职

---

① 对于个人利益与公共利益之间并不存在必然优先保护的关系,学理上亦普遍予以认可。相应的论述参见杨立新、曹英博:《论人格权的冲突与协调》,载《河北法学》2011年第8期;刘召成:《基本权利对民法人格权构造的发展与限定》,载《福建师范大学学报(哲学社会科学版)》2020年第5期;[德]卡尔·拉伦茨:《法学方法论》,陈爱娥译,商务印书馆2003年版,第285页。

② 参见最高人民法院民法典贯彻实施工作领导小组主编:《中华人民共和国民法典人格权编理解与适用》,人民法院出版社2020年版,第108页。

③ 范某毅诉文汇新民联合报业集团名誉侵权案,上海市静安区人民法院(2002)静民一(民)初字第1776号民事判决书。

④ 参见朱晓峰:《比较法视野下隐私保护机制的分歧与效果:以中德比较为例》,载《兰州学刊》2016年第10期。

⑤ 参见王利明、程啸、朱虎:《中华人民共和国民法典人格权编释义》,中国法制出版社2020年版,第148~149页。

⑥ 参见最高人民法院民法典贯彻实施工作领导小组主编:《中华人民共和国民法典人格权编理解与适用》,人民法院出版社2020年版,第112页。

⑦ 参见黄薇主编:《中华人民共和国民法典人格权编解读》,中国法制出版社2020年版,第53页。

业或社会身份而成为公众人物的个人隐私和公共利益的平衡保护来说，在通常情形下如果个人隐私对于社会公众相应的信息需求的价值越大，则其对相应公众人物应予保护的价值即越小；反过来讲亦然。因为与公众人物的隐私等人格权益的保护相比较，凭借该隐私等而得以塑造并形成的现代民主社会的公共性观点，具有更重要的价值，而公众好奇心的满足以及闲谈需求等则是微不足道的。① 基于此种考虑，在臧某朔诉北京网蛙数字音乐技术有限公司等侵害名誉权、人格权、肖像权案中，法院认为：作为知名歌手的公众人物仍然是社会中的一般自然人，其人格尊严同样受法律保护，本案中臧某朔因受他人无端干扰，产生不安和痛苦，已超越了其作为公众人物的正常承载范畴，属正常的内心感受，行为人评丑的行为侵犯了臧某朔作为社会一般人的应受尊重的权利，构成了对臧某朔人格尊严的侵害。② 显然，对于因从事特定职业而成为公众人物的自然人的人格权侵害责任认定来说，其从事的职业以及公众人物的身份不能当然成为侵权人免于承担民事责任的抗辩。

（二）影响范围

将影响范围作为人格权侵害民事责任认定的考量因素，学理上存在较大分歧。反对观点认为，无论是从行为人还是受害人角度看，影响范围都不能作为影响责任成立和具体责任承担方式的考量因素，③否则就构成对人格权平等性以及绝对性特质的违反。支持者则认为，不同行为导致的侵权后果的严重程度不同，这必然会使相应的侵权责任在程度上存在差异，而影响范围与侵害的严重程度相关，因此其对评价行为人相应行为是否构成侵权以及承担何种责任具有重要意义。④ 折中观点认为，影响范围不是认定人格权侵害民事责任成立的构成要件，但属于认定责任范围的考量因素，因为权利人基于人格权的绝对权属性而在其被侵害时可以向行为人主张承担相应的民事责任，但行为人在何种范围内承担责任则与侵害程

---

① 参见朱晓峰：《侵权可赔损害类型论》，法律出版社 2017 年版，第 598 页。

② 在本案中，被告在未告知知名歌手臧某朔并征得其同意的情形下，擅自将其列为“国内歌坛十大丑星评选”活动的候选人之一，并在相应图片上加配了涉及臧某朔人身的调侃性文字，让网民发表评选意见，最后根据选票给臧某朔冠以“国内歌坛十大丑星第三名”的称谓。案件详情参见臧某朔诉北京网蛙数字音乐技术有限公司等侵害名誉权、人格权、肖像权案，北京市朝阳区人民法院（2001）民第 1935 号民事判决书，北京市第二中级人民法院（2002）民第 397 号民事判决书。

③ 参见张红：《民法典人格权编立法论》，法律出版社 2020 年版，第 14 页。

④ 参见王利明：《民法典人格权编中动态系统论的采纳与运用》，载《法学家》2020 年第 4 期；最高人民法院民法典贯彻实施工作领导小组主编：《中华人民共和国民法典人格权编理解与适用》，人民法院出版社 2020 年版，第 103 页。

度相关。[①]《民法典》第998条显然并未接受反对观点，其将影响范围作为认定人格权侵害民事责任的考量因素明确规定下来，但是对于其究竟是作用于责任成立还是责任范围的法律效果评价，则交由法官在个案中予以判断。《民法典》的这种立场应予赞同。因为在以人格尊严为价值基础的人格权益的保护问题上，将行为的影响范围作为人格权侵害民事责任认定的考量因素，主要与一般社会观念中的人格尊严本身的认识相关。

在我国的一般社会观念当中，"人格尊严是指公民基于自己所处的社会环境、地位、声望、工作环境、家庭关系等各种客观条件而对自己或他人的人格价值或社会价值的认识和尊重"，[②]"人格尊严的内容包含权利主体自身的人格价值和社会价值得到他人的认识和尊重"。[③] 这也就是说，"人格尊严具有主观因素，又具有客观因素，其中主观因素反映的是民事主体对自身价值的认识，客观因素是社会对特定主体作为人的尊重，是对人的价值的评价"。[④] 因此，当人格尊严侵害行为的社会影响范围越大，那么对于相应人格尊严的贬损则越严重。在此意义上，对具体行为影响范围作用于人格权侵害民事责任认定的具体判断上，应从两个方面展开：

一方面，如果相应侵害行为是在公众场合，那么相应的社会影响则更恶劣，其作用于民事责任认定的积极影响更加强烈。例如，行为人当众抽人耳光[⑤]、搜包[⑥]，公然在他人大门以及院内倾倒污秽物[⑦]，当众向他人泼

---

① 参见杨立新、郭明瑞主编：《〈中华人民共和国民法典·人格权编〉释义》，人民出版社2020年版，第31页。

② 李某君与周某英一般人格权纠纷案，辽宁省抚顺市中级人民法院（2018）辽04民终2330号民事判决书；马某甲与马某丙名誉权纠纷案，甘肃省临夏市人民法院（2018）甘2901民初2065号民事判决书。

③ 徐某诉北京燕莎中心有限公司侵犯人格权案，北京市朝阳区人民法院（2000）朝民初字第120号民事判决书。

④ 胡某卫与于某亮一般人格权纠纷案，天津市第二中级人民法院（2015）二中民一终字第1388号民事判决书；俞某华与刘某琪一般人格权纠纷案，江苏省无锡市中级人民法院（2020）苏02民终1155号民事判决书。

⑤ 参见卞某付与吴某华健康权、一般人格权纠纷案，江苏省泰州市中级人民法院（2017）苏12民终472号民事判决书；宋某刚等与夏某玲等名誉权纠纷案，广东省深圳市中级人民法院（2016）粤03民终12040号民事判决书。

⑥ 参见张某与广州达意隆包装机械股份有限公司一般人格权纠纷案，广东省广州市中级人民法院（2012）穗中法民一终字第1661号民事判决书；夏某华与孙某苹一般人格权纠纷案，上海市第二中级人民法院（2009）沪二中民一（民）终字第451号民事判决书；邵某君人身自由权纠纷、一般人格权纠纷案，山东省微山县人民法院（2019）鲁0826民初1580号民事裁定书。

⑦ 参见彭某华、刘某华一般人格权纠纷案，江西省吉安市中级人民法院（2018）赣08民终1932号民事判决书。

洒尿液和粪便①,在他人上班时间毫无事实根据地冲入他人办公室拉扯他人②,将他人名字刻在石碑上并放置于公众场合令人观看③,散布他人已经死亡的虚假信息④,扰乱他人正常依民俗而进行的丧葬活动⑤等,由于这些行为通常会给受害人以难堪,造成其形象当众受损,出丑丢人,对其在社会生活中的地位、尊严造成不良影响,因此,法院于此情形下通常认为,相应行为构成对受害人人格权益的侵害,应承担侵权责任。⑥

另一方面,影响范围的判断应与法院对人格尊严以及行为自由的平衡保护相适应。在司法实践中,法院通常会认为:"人格尊严具有基本性和主客观价值复合性,判断自然人人格尊严是否受到侵害,不能仅考虑该自然人的主观自尊感受,更要从客观角度考虑其在通常社会范围内所享有的作为'人'之最基本尊重是否被贬损;如果是,则其人格尊严遭受侵害。"⑦因此,如果网络平台经人举报而依法封禁某网络用户博客并删除博文,由于该行为并未使用户在通常社会范围内所享有的作为"人"之最基本的尊重遭受贬损,那么法院在通常情形下认为,此种情形下相应的侵害行为未构成对用户人格权益的侵犯。⑧

(三)过错程度

将过错程度作为认定人格权侵害民事责任的考量因素予以规定,学理上并无疑义。存在分歧的是,于此的过错程度究竟是影响责任的成立还是责任的具体承担方式:(1)统一适用论认为,此时并不需要区分责任成立

---

① 参见廖某莲、陈某英、刘某香与邝某秀、陈某红一般人格权纠纷案,湖南省株洲市中级人民法院(2016)湘02民终990号民事判决书;张某英与姚某芳等一般人格权纠纷案,江苏省镇江市中级人民法院(2015)镇民终字第00695号民事判决书。

② 参见廖某娟诉朱某祥人身损害赔偿纠纷案,广西壮族自治区南宁市新城区人民法院(2002)新民初字第1597号民事判决书,广西壮族自治区南宁市中级人民法院(2002)南市民终字第1136号民事判决书。

③ 参见赵某甲、陈某、赵某、杨某甲、李某、孙某、王某与付某名誉权纠纷案,吉林省吉林市龙潭区人民法院(2018)吉0203民初1402号民事判决书。

④ 参见钟某昭与唐某荣一般人格权纠纷案,重庆市第五中级人民法院(2018)渝05民终4584号民事判决书。

⑤ 参见周某与俞甲一般人格权纠纷案,浙江省舟山市中级人民法院(2011)浙舟民终字第86号民事判决书。

⑥ 参见李某臣、李某广与张某一般人格权纠纷案,河南省濮阳市中级人民法院(2011)濮中法民一终字第842号民事判决书。

⑦ 邵某、广州网易计算机系统有限公司一般人格权纠纷案,山东省济宁市中级人民法院(2018)鲁08民终1462号民事判决书。

⑧ 参见邵某、广州网易计算机系统有限公司一般人格权纠纷案,山东省济宁市中级人民法院(2018)鲁08民终1462号民事判决书。

和具体责任承担方式,而是应由法官在个案中综合把握,统一适用;[①](2)区分适用论认为,基于人格权的绝对权属性,停止侵害等人格权请求权的成立与承担不应考虑行为人的主观过错,但损害赔偿、赔礼道歉的责任的成立与具体承担可以通过考量主观过错程度来确定。[②] 从人格权的绝对权属性以及《民法典》第995条明确规定人格权请求权以强化人格权保护的立法意旨来看,区分适用论更符合立法之本旨,应予肯定。

事实上,将过错程度作为评价人格权侵害民事责任之法律效果的法定考量因素的正当性基础在于:行为人的过错程度越高,法律上的可谴责性越强,这在本质上是因为故意甚至恶意侵害他人时,相应的侵害行为实质上表达了被害人不具有作为人本应具有的值得被尊重的权利的判断。这种过错程度较高的侵害行为表现了行为人对受害人作为人的价值的蔑视,它否认了个人彼此之间在道德上的平等性和每一个人所拥有的自主独立的这种人类价值,因此会构成对他人人格尊严的侵犯。[③]

在我国司法实务上,过错程度的高低主要通过客观行为的悖俗性来加以判断。通常认为,违背民风习俗在他人门前烧黄纸[④]、向受害人身上倾倒尿液和炉灰[⑤]、将人尿泼洒在他人身上[⑥]、认为他人有精神疾病而强行将之送往精神病医院[⑦],反复砸人窗户并在上面吐痰[⑧]、在他人家门口泼屎尿

① 参见王利明、程啸、朱虎:《中华人民共和国民法典人格权编释义》,中国法制出版社2020年版,第140页;张红:《民法典人格权编立法论》,法律出版社2020年版,第14页;最高人民法院民法典贯彻实施工作领导小组主编:《中华人民共和国民法典人格权编理解与适用》,人民法院出版社2020年版,第104页。

② 参见杨立新、郭明瑞主编:《〈中华人民共和国民法典·人格权编〉释义》,人民出版社2020年版,第31页。

③ See Jean Hampton, *Correcting Harms Versus Righting Wrongs: The Goal of Retribution*, 39 UCLA Law Review 1659(1991-1992); Amir Nezar, *Reconciling Punitive Damages with Torts Law's Normative Framework*, 121 The Yale Law Journal 678 (2011).

④ 参见王某等与郭某兰生命权、健康权、身体权纠纷案,江苏省南通市中级人民法院(2017)苏06民终4834号民事判决书;刘某与王某一般人格权纠纷案,山东省青岛市中级人民法院(2016)鲁02民终7460号民事判决书。

⑤ 参见周某娟诉潘某儿一般人格权纠纷案,浙江省高级人民法院(2015)浙民申字第1331号民事判决书。

⑥ 参见洪某花与张某娟一般人格权纠纷案,浙江省金华市中级人民法院(2013)浙金民终字第426号民事判决书。

⑦ 参见张某珍诉杨某作为配偶四处散布其有精神问题并当众强行将其送往精神病院侵害名誉权案,【法宝引证码】CLI. C. 22562。

⑧ 参见李某林、张某一般人格权纠纷案,山东省烟台市中级人民法院(2018)鲁06民终4102号民事判决书。

甚至撒尿[1]、向他人裤腿及鞋上撒尿[2]、故意用不洁液体泼洒他人[3]、将屎糊在他人脸上[4]、频繁给受害人发送恐吓短信[5]，上门辱骂[6]或者在公众场合辱骂[7]，会构成对受害人人格尊严的侵害；对于通过短信、电子邮件、微信等方式进行辱骂的，通常需要在程度上更恶劣，如时间上的持续性、频率上的频繁性、言辞内容上的恶毒性等，若行为人仅向他人发送含有不当言语的短信及邮件且内容未达到侮辱程度，那么法院通常认为该行为并未使信息接收方丧失了社会的尊重而人格尊严受损[8]；若行为人在其自己家中发表个人观点且事出有因[9]，那么法院依据日常经验法则一般认为行为人缺乏践踏、贬损受害人人格尊严的主观恶意。

（四）行为的目的、方式、后果

将行为的目的、方式、后果作为人格权侵害民事责任认定的考量因素加以规定，学理上存在较大分歧。反对观点认为，民事责任的成立仅需考虑相应行为是否符合特定行为要件，行为目的、方式和后果等只能是在认定责任已经成立基础上法院酌情考虑的内容，并不影响民事责任的承担，将这些因素作为认定特定行为侵害人格权民事责任的法定考量因素，违反民法基本原理，对受害人极为不利。[10] 支持者则笼统地指出，行为目的、方式和后果等会对侵害人格权民事责任的认定产生一定影响，但并

---

① 参见时某宝、时某国一般人格权纠纷案，河南省新乡市中级人民法院（2018）豫07民终3760号民事判决书。

② 参见王某虎与江苏汇金人力资源服务有限公司、陈某民一般人格权纠纷案，江苏省南京市中级人民法院（2019）苏01民终3468号民事判决书。

③ 参见骆某某与吕某某一般人格权纠纷案，浙江省绍兴市中级人民法院（2012）浙绍民终字第965号民事判决书。

④ 参见李某臣、李某广与张某一般人格权纠纷案，河南省濮阳市中级人民法院（2011）濮中法民一终字第842号民事判决书。

⑤ 参见白某梅与崔某玲一般人格权纠纷案，山西省晋中市中级人民法院（2013）晋中中法民终字835号民事判决书；周某、全某慧一般人格权纠纷案，贵州省贵阳市中级人民法院（2021）黔01民终1148号民事判决书。

⑥ 参见卢某梅、宋某一般人格权纠纷案，湖北省襄阳市中级人民法院（2019）鄂06民终2064号民事判决书；杨某甲、杨某乙一般人格权纠纷案，天津市第一中级人民法院（2018）津01民终7033号民事判决书。

⑦ 参见刘某与肖某芬一般人格权纠纷案，北京市第二中级人民法院（2016）京02民终10385号民事判决书。

⑧ 参见胡某卫与于某亮一般人格权纠纷案，天津市第二中级人民法院（2015）二中民一终字第1388号民事判决书。

⑨ 参见张某红、袁某兰一般人格权纠纷案，山东省威海市中级人民法院（2018）鲁10民终2423号民事判决书。

⑩ 参见张红：《民法典人格权编立法论》，法律出版社2020年版，第15页；杨立新、郭明瑞主编：《〈中华人民共和国民法典·人格权编〉释义》，人民出版社2020年版，第32页。

未指出具体的支持理由。[①] 事实上，由于行为目的、方式和后果等以不同形态表现了具体行为与被侵害人格权益在个案中应予平衡考虑以确定何者优先保护的正当性基础，在认定人格权侵害民事责任时将之纳入考量范围有助于提高法官作出相应法律效果评价的说服力。或正是基于此种考虑，《民法典》第 998 条将行为目的、方式、后果规定下来，由法官在个案审理中具体从以下两个方面加以把握：

第一，对行为目的、方式、后果的综合考量。例如，若行为人以侮辱[②]、诅咒[③]、恐吓[④]、贬损[⑤]等为目的，在行为方式上表现为多次给受害人发送带有淫秽、侮辱字眼的短信[⑥]，持续给受害人发送带有侮辱、诅咒字眼的短信[⑦]，或者在他人居所墙壁上涂写具有诅咒、诽谤、污辱、贬损内容的话语[⑧]，那么法院通常认为于此情形下存在对受害人人格权益的严重侵犯而需要承担相应的侵权责任[⑨]。

第二，对行为方式的认定需与具体侵害行为类型结合起来判断。例

---

① 参见王利明、程啸、朱虎：《中华人民共和国民法典人格权编释义》，中国法制出版社 2020 年版，第 140~141 页；最高人民法院民法典贯彻实施工作领导小组主编：《中华人民共和国民法典人格权编理解与适用》，人民法院出版社 2020 年版，第 104~105 页。

② 参见周某某与陆某某一般人格权纠纷案，上海市第二中级人民法院（2009）沪二中民一（民）终字第 4468 号民事判决书。

③ 参见李某与 Franck 名誉权、一般人格权纠纷案，江苏省泰州市中级人民法院（2017）苏 12 民终 234 号民事判决书。

④ 参见白某梅与崔某玲一般人格权纠纷案，山西省晋中市中级人民法院（2013）晋中中法民终字 835 号民事判决书。

⑤ 参见卢某梅、宋某一般人格权纠纷案，湖北省襄阳市中级人民法院（2019）鄂 06 民终 2064 号民事判决书。

⑥ 参见江某等与黄某一般人格权纠纷案，山东省青岛市中级人民法院（2017）鲁 02 民终 3204 号民事判决书；于某英与战某增等一般人格权纠纷案，山东省青岛市中级人民法院（2017）鲁 02 民终 3114 号民事判决书；战某与战某增、战某国一般人格权纠纷案，山东省青岛市中级人民法院（2017）鲁 02 民终 3156 号民事判决书；王某甲、杨某某诉陈某名誉权纠纷案，上海市闵行区人民法院（2018）沪 0112 民初 27327 号民事判决书。

⑦ 参见高某生与郁某华一般人格权纠纷案，上海市第二中级人民法院（2019）沪 02 民终 8375 号民事判决书；周某、全某慧一般人格权纠纷案，贵州省贵阳市中级人民法院（2021）黔 01 民终 1148 号民事判决书。

⑧ 参见薛某林诉杨某风侵害人格尊严精神损害赔偿案，江苏省镇江市中级人民法院（2006）镇民一终字第 339 号民事判决书。

⑨ 参见张某红与袁某兰一般人格权纠纷案，山东省乳山市人民法院（2018）鲁 1083 民初 2542 号民事判决书。

如,对于言辞侵害,相应的言辞应直接指向受害人本人,①在未指名道姓场合,如果可以证明存在确定的辱骂对象,受害人所主张的人格权益被侵犯的事实亦会被法院支持。例如,行为人向受害人的同事发送微信,虽未指名道姓,但通过微信内容及双方当事人陈述可以认定辱骂对象是受害人,并且该行为给受害人的工作生活造成了困扰,于此情形下,法院即认为该行为对受害人的人格尊严造成了损害;②如果行为人面向受害人家门口方向进行辱骂且可通过录像及双方当事人陈述认定辱骂对象为受害人及其家人,此种情形下法院亦认为该辱骂行为侵害了受害人人格尊严。③ 对于相互辱骂的行为,法院通常并不支持其中一方基于人格尊严被侵犯而主张的损害救济请求权。例如,对于行为人在林业部门工作人员丈量占用林地面积时因争执继而相互辱骂并因辱骂行为而已遭受行政处罚的情形下,法院认为在当时特定情况下、特定范围内,辱骂行为不足以使对方社会评价降低、人格利益受损,不存在人格尊严被侵犯的问题。④ 在行为人对交通事故的处理事宜进行电话沟通时发生争执继而一方说脏话的,法院认为,此举虽然给另一方造成了不愉快的感觉,但由于持续时间很短,且系双方在言语上互相刺激的结果,因此尚不足以认定该不当言语已经构成对对方人格尊严的侵犯而需承担侵权责任。⑤ 另外,若行为人通过言辞表达出来的内容是客观事实,如学校出具关于某位同学在校内的意外伤害报告,那么该报告"仅是原告自身主观感知人格尊严受到侵犯,社会和他人并没有因该报告而不尊重原告",因此法院在对相应的行为进行法律效果评价之后认为其并不涉及对该同学之人格权益的侵害。⑥

整体而言,《民法典》第 998 条列举的具体认定因素彼此之间,一方

① 参见魏某燕与梁某一般人格权纠纷案,山东省淄博市中级人民法院(2017)鲁 03 民终 748 号民事判决书;苏某与梁某一般人格权纠纷案,山东省淄博市中级人民法院(2017)鲁 03 民终 747 号民事判决书;广州酷思纬哲网络科技有限公司、陈某逸网络侵权责任纠纷案,广东省广州市中级人民法院(2022)粤 01 民终 5389 号民事判决书;叶某华、王某人格权纠纷案,浙江省杭州市中级人民法院(2021)浙 01 民终 82 号民事判决书。

② 参见张某蕾与马某一般人格权纠纷案,北京市第一中级人民法院(2019)京 01 民终 666 号民事裁定书。

③ 参见刘某与肖某芬一般人格权纠纷案,北京市第二中级人民法院(2016)京 02 民终 10385 号民事判决书。

④ 参见张某建、孙某然一般人格权纠纷案,天津市第一中级人民法院(2018)津 01 民终 2692 号民事判决书。

⑤ 参见李某前与朱某弟一般人格权纠纷案,浙江省温州市中级人民法院(2016)浙 03 民终 5211 号民事判决书。

⑥ 参见曾某祺诉龙海市某中心小学人格权纠纷案,福建省龙海市人民法院(2012)龙民初字第 2835 号民事判决书。

面,并不存在价值位阶和适用上的优先顺序,而是处于并列的平等地位,在个案中究竟是作用于人格权侵害民事责任成立的认定,还是影响民事责任的具体承担,在通常情形下需要结合具体案情进行判断;①另一方面,正如动态体系论者强调的,作用于人格权侵害民事责任认定之法律效果评价的因素或动态力量并非构成要件,不是绝对的和僵化的,在法律效果的评价过程中,如果某一因素能够以特殊强度作用于法律效果评价过程与结果,那么其本身甚至就足以正当化法律效果,②但通常情况下这些因素主要是通过彼此之间的协动来展现自身之于效果评价的影响,此种影响取决于因素的数量、强度和彼此结合的方式。诸考量因素彼此之间的协动是指因素之间的互补,这种互补性关系的存在以因素背后所隐藏的原理为基础。③ 就同一评价对象而言,有可能同时存在多个具备妥当性的原理。这些原理在功能上可能是同质的,亦可能是异质的而彼此之间存在冲突和矛盾。在同质时,某一原理的充足度可推知其他同质原理的充足度;而在异质时,由于具有妥当性的原理均应尽可能地被满足,所以必须在相互矛盾的原理中经过权衡而实现具有更高充足度的原理,以限制与之矛盾的原理。④ 并且纳入《民法典》第 998 条评价体系的因素亦是开放的,能够包容所有可以想象得到的情形及其特殊性质。⑤ 在此意义上,《民法典》第 998 条将作用于人格权侵害民事责任认定的因素加以规定并在立法技术上采取开放模式,有助于促成个案中进行利益权衡的法官正确处理自由裁量权和法的安定性的关系。

四、人格权侵害民事责任认定条款考量因素的综合作用方式

由于《民法典》第 998 条折中了利益权衡论和动态体系论的观点而采取了更妥适的立场,既摆脱了僵化的构成要件的束缚,又将法官自由裁量权予以适当限制,而这二者间的平衡点的核心在于法官在人格权侵害民事责任认定中对诸法律效果评价因素的综合运用。就个案中人格权侵害民

---

① 参见黄薇主编:《中华人民共和国民法典人格权编解读》,中国法制出版社 2020 年版,第 49 页。

② 参见解亘、班天可:《被误解和被高估的动态体系论》,载《法学研究》2017 年第 2 期。

③ 参见[日]山本敬三:《民法中的动态系统论——有关法律评价及方法的绪论性考察》,解亘译,载梁慧星主编:《民商法论丛》第 23 卷,金桥文化出版(香港)有限公司 2002 年版,第 203 页。

④ 参见雷磊:《法律推理基本形式的结构分析》,载《法学研究》2009 年第 4 期。

⑤ 参见[奥]瓦尔特·维尔伯格:《私法领域内动态体系的发展》,李昊译,载《苏州大学学报(法学版)》2015 年第 4 期。

事责任的认定而言，相应的法律效果评价过程与结果是《民法典》第998条规定的诸考量因素协动的过程与结果。这些考量因素在综合作用于人格权侵害民事责任认定过程中并非杂乱无章的，而是在遵循制定法已经明确给定或学理与实务上所普遍认可的一般原则的前提下有序展开的。

（一）合法性原则

合法性原则要求人格权侵害民事责任认定过程中的利益权衡应符合法律要求，对此具体包括两个方面：

一是法官享有在个案中进行利益权衡的自由裁量权必须基于法律明确规定，否则在具有绝对权属性的人格权益受侵害时不依《民法典》第1165条第1款规定的一般侵权条款的构成要件对之进行认定，而是直接进行利益权衡以认定相应的侵权责任，则构成对《民法典》第3条民事主体合法权益受法律保护条款以及第991条人格权益受法律保护条款的违反，违反立法者关于“更好地维护人民权益，不断增加人民群众获得感、幸福感和安全感，促进人的全面发展”的立法目的。①

二是法官在个案中进行利益权衡时享有的自由裁量权在法律有明确规定时应遵循法律的规定。例如，《民法典》第998条排除利益权衡对物质性人格权侵害责任认定领域的适用并规定利益权衡时必须考量的因素、第999条的合理使用、第1020条的合理实施以及第1025条的公共利益保护条款等，②都构成对第998条法官自由裁量权行使的明确法律限制。

（二）价值位阶原则

价值位阶原则的主旨在于依据法律体系的价值秩序来判断一种法益较他种法益是否具有明显的优越性。③ 在我国现行法律体系的价值秩序中，依据《民法典》第998条及第1005条，生命权、身体权和健康权的价值位阶较其他非物质性人格权高，物质性人格权内部又以生命权为最高。④当价值位阶较高的法益与价值位阶较低的法益发生冲突时，通常应当优先保护价值位阶较高的法益。⑤ 但对生命权等物质性人格权益之外的其他

---

① 王晨：《关于〈中华人民共和国民法典（草案）〉的说明——2020年5月22日在第十三届全国人民代表大会第三次会议上》，载《民法典立法背景与观点全集》编写组编：《民法典立法背景与观点全集》，法律出版社2020年版，第5页。

② 参见黄薇主编：《中华人民共和国民法典人格权编解读》，中国法制出版社2020年版，第50页。

③ 参见［德］卡尔·拉伦茨：《法学方法论》，陈爱娥译，商务印书馆2003年版，第285页。

④ 参见韩大元：《生命权与其他权利的冲突及其平衡》，载《人权》2020年第3期；黄薇主编：《中华人民共和国民法典人格权编解读》，中国法制出版社2020年版，第47页。

⑤ 参见王利明、程啸、朱虎：《中华人民共和国民法典人格权编释义》，中国法制出版社2020年版，第134页。

权益,现行法并未明确其在价值秩序中的位阶。对此,学理上尽管有观点认为应按照“自由型人格权高于评价型人格权,评价型人格权高于标表型人格权”的位阶来确定法律上的优先保护顺序,①但这种观点并未取得学理上的普遍认同,亦未有司法案例予以支持。

在此背景下,对于涉及位阶相同的权益如同种人格权之间的冲突,或者由于权利之间因异质性而根本无法做抽象比较的权益之间的冲突,如名誉权与艺术创作自由之间的冲突时,法官在依据《民法典》第998条进行人格权侵害民事责任认定的利益权衡时,应当在受法律保护的人格权益被侵害的程度和假使某种权益让步时其受害程度如何二者之间斟酌把握。②例如,对人物原型可识别文艺作品中的艺术创作自由所涉及的名誉权侵害民事责任认定问题,依据前述判断标准,除非相应的文艺作品丑化或严重扭曲人物原型的人格形象,或者导致人物原型的社会评价严重降低,否则对人物原型的人格形象的轻微扭曲或者导致其社会评价的轻微负面影响,通常不会被认定为构成名誉权侵害。③

(三)比例原则

比例原则是现代行政法上的“帝王原则”,具体包含了适当性、必要性、均衡性以及目的正当性四项子原则,④其主要是通过对手段与目的二者之间的关联性的考察来判断具体行政行为对基本权利的影响是否超越了必要限度,其核心意旨在于控制国家权力对基本权利的过度干预。⑤ 对于比例原则是否可以在民法领域普遍适用,学理上存在不同观点,但对法官在依据《民法典》第998条赋予的自由裁量权认定人格权侵害民事责任的过程中,是否可以运用比例原则展开相应的法律效果评价问题,我国学理与实务上普遍予以认可。⑥ 这就意味着,若将比例原则引用到人格权侵害民事责任认定的利益权衡过程,那么也应当依据比例原则运用中具体遵循的四阶分析法,分别考虑行为人为特定行为的目的是否正当、相应的手段

① 杨立新主编:《中华人民共和国民法典释义与案例评注:人格权编》,中国法制出版社2020年版,第81页。

② 参见[德]卡尔·拉伦茨:《法学方法论》,陈爱娥译,商务印书馆2003年版,第285页。

③ 参见刘召成:《基本权利对民法人格权构造的发展与限定》,载《福建师范大学学报(哲学社会科学版)》2020年第5期。

④ 对于目的正当性原则是否属于比例原则的独立子原则,行政法学理上存在分歧。详细讨论参见刘权:《目的正当性与比例原则的重构》,载《中国法学》2014年第4期。

⑤ 参见郑晓剑:《比例原则在民法上的适用及展开》,载《中国法学》2016年第2期。

⑥ 参见王利明、程啸、朱虎:《中华人民共和国民法典人格权编释义》,中国法制出版社2020年版,第142页;杨立新主编:《中华人民共和国民法典释义与案例评注:人格权编》,中国法制出版社2020年版,第82页。

是否有助于实现该目的、在具体的手段运用中是否遵循了对他人权利的最小限制原则、因相应手段的运用所取得的成效是否大于因此的付出等。①

当然,比例原则亦有其局限性,法官据其进行法律效果评价时仍有充分自由裁量余地。这也就是说,比例原则并未完全克服法官自由裁量权运用可能导致的司法恣意,但其在人格权侵害民事责任认定的法律效果评价中所显现出来的优势在于:其将法官个案审理中的利益权衡过程清楚显现出来,充分表明法官自由裁量权的运用并非单纯地依据其自然法感,利益权衡亦并非完全无法合理掌握的神秘过程,而是在某种程度上需要遵守若干具体可视的原则,在此意义上,比例原则的运用解决了通过利益权衡进行相应法律效果评价的"去神秘化"问题,使相应的论证具有可反驳性且能经受得住反驳,增强了相应法律效果评价结果的说服力和可接受度。②就此而言,比例原则通过利益权衡方法实现人格权侵害民事责任认定的过程清晰表明了"法官裁判既非对法律的单纯适用,亦非法官的任意行为,而是没有被法律完全确定但是可以理性证立的决定",③具有其合理性,值得肯定。

(四)权利适当限制原则

尽管人格权是绝对权,但就精神性人格权益而言,在多数情形下往往因其开放性、流动性特征而欠缺清晰的构成要件,因此也就无法一次性确定相应权益受法律保护的边界和自始即确定该权利的效力范围,这就导致相应权益彼此之间的冲突频繁发生。④ 精神性人格权益的这种特性也就决定了法律对其保护本身并非绝对的,在涉及权利冲突时应进行利益权衡并在特定情形下对相应的权利以适当的限制。对此主要区分两个层面:

第一个是在立法层面的明确限制,如《宪法》第 40 条规定的基于国家安全或追查刑事犯罪而对通信自由和通信秘密的限制,《刑事诉讼法》第 136 条以及第 143 条第 1 款规定的基于打击刑事犯罪的需要而对犯罪嫌疑人人身权利的限制,《国家安全法》第 65 条规定的国家进入紧急状态、战争状态等情形下依法对公民权利的限制,《民法典》第 999 条规定的基于公共利益的保护需要而对人格权益的合理限制以及第 1020 条规定的对于肖像

---

① 参见黄薇主编:《中华人民共和国民法典人格权编解读》,中国法制出版社 2020 年版,第 49 页。

② 参见[德]卡尔·拉伦茨:《法学方法论》,陈爱娥译,商务印书馆 2003 年版,第 286 页。

③ 朱晓峰:《抚养纠纷中未成年人最大利益原则的评估准则》,载《法律科学(西北政法大学学报)》2020 年第 6 期。

④ 参见[德]卡尔·拉伦茨:《法学方法论》,陈爱娥译,商务印书馆 2003 年版,第 279 页。

权的合理限制。[①] 由于人格权属于公民的基本权利,因此对其具有普遍约束力的限制应遵循《中华人民共和国立法法》(2023 年修正)第 11 条规定的法律保留原则而由法律作出。[②]

第二个是司法层面,法官在个案中根据法律的授权在自由裁量空间内对具体人格权益的保护以适当限制。如我国司法实务上通常认为:“表达自由已经成为民事主体一般人格尊严的重要内容。但言论自由并非没有边界,如果超出合理的限度,则会侵害他人的合法权益以及更为重要的社会公共利益。学术自由、言论自由以不侵害他人合法权益、社会公共利益和国家利益为前提。”[③]因此,对于行为人通过发短信批评他人[④]、对他人进行调侃性评价[⑤]、称做过整容手术的某选美选手为“人造美女”[⑥]、认为投诉者在表达问题时“语无伦次”[⑦],或者因邻居房屋漏水致其损失的情况下而在给邻居发送的短信中确实存在个别用语不当甚至过激的情况等具体行为[⑧],法院在结合行为目的、方式等进行具体法律效果评价后即认为相应的言语尚未达到侵犯他人人格尊严的严重后果,因此无须承担侵权责任。

为防止法官在利益权衡时滥用自由裁量权,司法实务上通常要求法官在个案审理中采取客观判断标准进行相应法律效果评价,从而增强限制个人人格权益的正当化论证效果。例如,在涉及对以人格尊严为价值基础的人格权益侵害民事责任的认定时,司法实务上通常会认为人格尊严是“人的主观认识和客观评价的结合,包括自我认识的主观因素,也包括社会和他人的客观评价和尊重,这两种因素结合在一起,才构成完整的人格尊

① 参见黄薇主编:《中华人民共和国民法典人格权编解读》,中国法制出版社 2020 年版,第 50~51 页。

② 参见王利明、程啸、朱虎:《中华人民共和国民法典人格权编释义》,中国法制出版社 2020 年版,第 146~147 页。

③ 葛某生与洪某快名誉权、荣誉权纠纷案,北京市第二中级人民法院(2016)京 02 民终 6272 号民事判决书。

④ 参见刘甲与刘乙名誉权纠纷案,上海市第二中级人民法院(2012)沪二中民一(民)终字第 1423 号民事判决书。

⑤ 参见栗某井与栗某芹等一般人格权纠纷案,北京市第一中级人民法院(2018)京 01 民终 3534 号民事判决书。

⑥ 参见杨某诉北京天九伟业文化传媒有限公司侵犯人格权案,北京市东城区人民法院(2004)东民初字第 3244 号民事判决书。

⑦ 参见孙某东与中国移动通信集团江苏有限公司徐州分公司一般人格权纠纷案,江苏省徐州市中级人民法院(2018)苏 03 民终 6444 号民事判决书。

⑧ 参见魏某岚上诉张某人格权纠纷案,北京市第一中级人民法院(2016)京 01 民终 6034 号民事判决书。

严”,[①]因此“判断自然人人格尊严是否受到侵害,不能仅考虑该自然人的主观自尊感受,更要从客观角度考虑其在通常社会范围内所享有的作为‘人’之最基本尊重是否被贬损;如果是,则其人格尊严遭受侵害”。[②] 以此为前提,法官在依据《民法典》第998条的考量因素认定侵害以人格尊严为价值基础的人格权益的民事责任时,通常以一般社会观念的视角展开正当性与合法性论证,而不是以受害人的主观认知为准。[③] 在法院看来,以人格尊严为价值基础的人格权益是否被侵犯的判断标准应当是从客观角度考虑其在通常社会范围内所享有的人之尊严或者作为人的最基本的尊重是否被严重贬损。[④] 例如,完全民事行为能力人应当对其个人行为加以约束和管控,行为人无故谩骂受害人以贬损其人格,超出正常理性人的行为边界,应承担受害人人格尊严被侵犯的侵权责任。[⑤] 对受害人来说,若相应的辱骂行为超出了一般人的容忍限度,给其带来精神压力和精神伤害,影响其正常生活,[⑥]或者相应的恐吓短信内容“超出了正常生活所能容忍的界限,属于文明社会完全不能容忍的行为”,[⑦]那么即可认定该行为构成对受害人以人格尊严为价值基础的人格权益侵害,应承担相应民事责任。

这四项一般原则在法官个案利益权衡的具体运用中的规范关系是:合法原则作为人格权侵害民事责任认定的前提,法官运用其他三项原则进行

---

① 杨某与王某某一般人格权纠纷案,浙江省嘉兴市中级人民法院(2009)浙嘉民终字第250号民事判决书。

② 邵某、广州网易计算机系统有限公司一般人格权纠纷案,山东省济宁市中级人民法院(2018)鲁08民终1462号民事判决书。

③ 参见曾某祺诉龙海市某中心小学人格权纠纷案,福建省龙海市人民法院(2012)龙民初字第2835号民事判决书;杨某诉北京天九伟业文化传媒有限公司侵犯人格权案,北京市东城区人民法院(2004)东民初字第3244号民事判决书。

④ 参见张某红、袁某兰一般人格权纠纷案,山东省威海市中级人民法院(2018)鲁10民终2423号民事判决书;刘某诉上海吉祥航空股份有限公司一般人格权纠纷案,上海市第一中级人民法院(2017)沪01民终4146号民事判决书;文某与曾某人格权纠纷案,湖南省郴州市中级人民法院(2016)湘10民终410号民事判决书;廖某东与王某中名誉权纠纷案,福建省福州市中级人民法院(2013)榕民终字第4300号民事判决书;俞某华与田某网络侵权责任纠纷案,江苏省无锡市梁溪区人民法院(2020)苏0213民初65号民事判决书。

⑤ 参见王某与程某一般人格权纠纷案,安徽省宣城市中级人民法院(2017)皖18民终1457号民事判决书。

⑥ 参见魏某燕与梁某一般人格权纠纷案,山东省淄博市中级人民法院(2017)鲁03民终748号民事判决书;苏某与梁某一般人格权纠纷案,山东省淄博市中级人民法院(2017)鲁03民终747号民事判决书;程某起、刘某芝等健康权纠纷案,山东省临沂市中级人民法院(2021)鲁13民终7406号民事判决书。

⑦ 白某梅与崔某玲一般人格权纠纷案,山西省晋中市中级人民法院(2013)晋中中法民终字835号民事判决书。

利益权衡时,需要在合法原则的基础上展开。其中,价值位阶原则是合法原则的继续,若制定法对涉案法律价值位阶已有明确规定,那么在此种情形下法官的利益权衡需遵循法律的明确规定;若法律对涉案法律价值的位阶没有规定或规定不明,在此种情形下应依据比例原则和权利适当限制原则来进行相应的法律效果评价。比例原则与权利适当限制原则在逻辑关系上是并列且有交集的同一问题的两个方面:前者主要从行为人角度出发,考察侵害他人人格权益的具体行为的法律效果评价问题;而后者则主要从受害人角度出发,讨论人格权侵害场合受害人人格权保护的限度。在法官通过《民法典》第 998 条规定的考量因素对人格权侵害民事责任的认定进行利益权衡时,这四项一般原则的协同运用有助于公开法官进行法律效果评价的过程,增强相应法律效果评价的说服力,实现最高人民法院在指导案例 93 号要求的"确保司法裁判既经得起法律检验,也符合社会公平正义观念"的基本目标。①

五、本章小结

整体而言,作为裁判规则的《民法典》第 998 条在作用于人格权侵害民事责任认定的过程中,是作为一般侵权条款即第 1165 条第 1 款的辅助性条款而发生法律评价效果的。法官在依据第 998 条规定的评价因素认定人格权侵害民事责任时,应以立法者通过该条所明确表达的承认但合理限制法官自由裁量权以维持法的安定性与开放性二者之间平衡关系的基本目的为出发点,在人格权侵害民事责任认定条款的具体作用方式上,将评价因素彼此之间的协动与内含现行法秩序一般法律思想或价值基础的一般原则结合起来,在法律规则的具体理解与适用上贯彻法秩序内在体系与外在体系融贯的基本要求,从而为人格权的充分保护提供更具说服力的法律论证。

---

① 于某故意伤害案,最高人民法院指导案例 93 号(2018 年)。

结　论

我国《民法典》第109条与第990条第2款无论是被作为人格权保护的一般性条款还是一般人格权条款,实际上都是立法者因应社会发展而在制定法上对充分保护人格权的现实需求所作出的及时回应,整体上应予肯定。囿于立法者的有限理性,民法典一般人格权条款在外在具体表达、内在规范构造以及与外部相关条款的规范关系的体系性处理上都存在问题。因此,为更好地实现立法者通过创制一般人格权条款而强化保护自然人人格尊严的基本目的,在解释论上应将作为民法一般人格权条款的《民法典》第109条、第990条第2款理解为宪法一般人格权条款所要实现的基本价值进入民事领域的通道,从而在现行法律体系内按照统一的价值体系来理解民法典一般人格权条款内含的一般法律思想,并以此为前提将《民法典》第109条与第990条第2款规定的人身自由作为通向人格尊严的桥梁,从而将人格尊严作为民法典一般人格权条款内在体系的核心。

由于人格尊严内涵本身的开放性特征,在思想渊源上既包括源于我国的传统尊严观,也包括人文主义-启蒙主义、康德思想与马克思主义理论中的人格尊严思想,因此以之为价值基础来论证通过一般人格权条款所要保护的人格权益的正当性问题,具有更强的说服力。易言之,民法典一般人格权条款通过宣示人格尊严为其价值基础,将不具有第三人效力的宪法基本价值引入了民事法律实践领域,法院在司法实践中可以通过这种具有广阔涵摄能力的一般性条款为现实生活中的人格利益的及时保护提供更充分的正当性论证,并使相应的法律效果评价更具有合法性基础。

考虑到一般人格权条款的广阔涵摄能力并赋予了法官在个案审理时的较大自由裁量权,因此,在扩展人格利益保护范围的同时若不适当控制一般人格权条款的适用,可能导致对行为自由的戕害,与立法者创制一般人格权条款的初始目的相悖。因此,在涉及侵犯一般人格权民事责任的认定时,应将《民法典》第998条与第1165条第1款结合起来,既承认法官的自由裁量权,又对其予以限制,从而将作用于法律效果评价的诸考量因素的协动过程以可视化的方式呈现,使相应的法律论证具有可反驳性且能经受得住反驳,增强相应法律效果评价结果的说服力和可接受度,助益于立法者平衡处理法秩序的安定性和开放性二者关系的目的的实现。

在通过民法典一般人格权条款涵摄相应人格权益并结合其他法律规则作用于具体法律事实效果评价时,除需平衡制定法规则的安定性和开放性二者之间的关系外,还应处理好作为一般性条款的一般人格权条款与具体人格权条款之间的适用关系,既要防止司法实践向一般条款逃逸所可能造成的司法对于立法明确表达出来的意志的侵蚀,也要在自然人人格尊严实现这一核心法律价值的基础上沟通具体人格权条款与一般人格权条款,使具体人格权条款就特定人格利益的保护完全没有规定或相应的规定存在不利于人格尊严目的实现的情形下,可以经由一般人格权条款而解决相应的法律依据问题,最终助益于立法者保护自然人人格尊严这一立法目的的落实。

整体而言,《民法典》第 109 条与第 990 条第 2 款作为民法上的一般人格权条款,为自然人人格尊严的民法保护提供了直接依据,解决了具体人格权条款保护领域之外的其他人格权益保护的正当性与合法性论证难题,值得肯定。但正如我国司法实践经验所显现出来的一样,基于人格尊严而生的现实生活中的人格权益的保护需求与个人所处的具体社会环境密切相关,因此,就通过一般人格权条款保护的人格权益而言,其是一个需要在个案中进行利益权衡处理的问题。亦即,民法典一般人格权条款仅为司法实践中法院的处理提供了进行利益衡量的框架,其他人格权益的具体保护领域以及个案中特定人格权益的具体保护,还需要司法实践的继续努力,践行立法者保护人格尊严的立法目的。对此,学说理论并不需要过于匆忙,相反,它需要内在的集中精神、最冷静的观察和最全面的研究,以为相应的法律实践提供科学的支持和保障。

参考文献

一、专著

程啸:《人格权研究》,中国人民大学出版社 2022 年版。

李震山:《人性尊严与人权保障》,台北,元照出版公司 2001 年版。

梁慧星:《民法总论》(第 6 版),法律出版社 2021 年版。

马俊驹:《人格和人格权理论讲稿》,法律出版社 2009 年版。

沈建峰:《一般人格权研究》,法律出版社 2012 年版。

王利明:《人格权法》,中国人民大学出版社 2021 年版。

王泽鉴:《人格权法:法释义学、比较法、案例研究》,北京大学出版社 2013 年版。

王泽鉴:《侵权行为》,北京大学出版社 2016 年版。

杨立新:《人格权法》,法律出版社 2020 年版。

姚辉:《人格权法论》,中国人民大学出版社 2011 年版。

张红:《人格权总论》,法律出版社 2022 年版。

张民安:《法国人格权法》(上),清华大学出版社 2016 年版。

朱晓峰:《中国语境下人格尊严的民法保护》,知识产权出版社 2019 年版。

二、立法资料与释义

陈甦、谢鸿飞主编:《民法典评注:人格权编》,中国法制出版社 2020 年版。

陈甦主编:《民法总则评注》(上、下),法律出版社 2017 年版。

黄薇主编:《中华人民共和国民法典人格权编解读》,中国法制出版社 2020 年版。

李适时主编:《中华人民共和国民法总则释义》,法律出版社 2017 年版。

梁慧星主编:《中国民法典草案建议稿附理由:总则编》,法律出版社 2013 年版。

《民法总则立法背景与观点全集》编写组编:《民法总则立法背景与观

点全集》,法律出版社 2017 年版。

王利明、程啸、朱虎:《中华人民共和国民法典人格权编释义》,中国法制出版社 2020 年版。

王利明主编:《中国民法典学者建议稿及立法理由:人格权编、婚姻家庭编、继承编》,法律出版社 2005 年版。

张新宝:《〈中华人民共和国民法总则〉释义》,中国人民大学出版社 2017 年版。

最高人民法院民法典贯彻实施工作领导小组主编:《中华人民共和国民法典人格权编理解与适用》,人民法院出版社 2020 年版。